S0-EAX-549

VAMPIROS EMOCIONALES EN EL TRABAJO

VAMPIROS
EMOCIONALES
EN EL TRABAJO

¡QUE NO TE CHUPEN LA ENERGÍA!

Albert J. Bernstein, PhD

Autor del *bestseller Vampiros emocionales*

AGUILAR

AGUILAR

Vampiros emocionales en el trabajo
D.R. © Albert J. Bernstein, 2013
Título original: *Emotional Vampires at Work*
Publicado originalmente por McGraw-Hill Education,
en Estados Unidos.

D.R. © de esta edición:
Santillana Ediciones Generales, S.A. de C.V.
Av. Río Mixcoac 274, Col. Acacias
03240, México, D.F.

Primera edición: febrero de 2014

Traducción: Elena Preciado

ISBN: 978-607-11-2999-4

Diseño de cubierta: Jesús Manuel Guedea Cordero / Equipo de Diseño de Santillana
Ediciones Generales.

Impreso en México

Índice

CAPÍTULO 3

CAPÍTULO 4

CAPÍTULO 5

CAPÍTULO 6

CAPÍTULO 13

CAPÍTULO 14

CAPÍTULO 15

CAPÍTULO 16

CAPÍTULO 17

Prefacio

DURANTE 13 AÑOS, desde que se publicó el original *Vampiros Emocionales,* he recibido muchos *e-mails* y comentarios de lectores agradeciéndome por escribir un libro que explica muchas relaciones difíciles en casa y el trabajo. También ha habido dos peticiones consistentes y contradictorias: que dé más información sobre vampiros en el trabajo y, aparte, sobre vampiros en la vida personal de los lectores.

Mi editorial, McGraw-Hill, tomó muy en serio estas peticiones y me ofreció la oportunidad de revisar cada tema por separado, con el beneficio de 13 años más de práctica e investigación. Me sentía feliz y obligado.

Primero revisé y actualicé la versión original de *Vampiros Emocionales* para encargarme solamente de las relaciones personales.

Ahora, me siento feliz de ofrecerte un libro que se ocupa únicamente de los vampiros emocionales en el trabajo.

No parece necesario decirles que ahora el trabajo es diferente al de finales del siglo pasado: negocios, organizaciones no lucrativas, gobiernos y ejército, todos han cambiado considerablemente. Los vampiros emocionales no. En la confusión e incertidumbre de los últimos años, se han hecho más poderosos e incluso peligrosos, a menos que los reconozcas por lo que son y sepas lidiar con ellos efectivamente. Espero que este libro te enseñe lo necesario para protegerte.

En mis 40 años como psicólogo y consultor empresarial, siempre he creído que si la gente realmente entendiera cómo funciona la mente humana (tanto la suya como la de los demás), podría usar ese conocimiento para obtener lo que desee de su trabajo y de su vida.

Mi trabajo es explicar conceptos psicológicos de manera suficientemente clara para que la gente los use diariamente. Este libro es mi último intento. En él, trato de describir a las personas más difíciles y agotadoras que encontrarás en el trabajo y decirte exactamente qué hacer para controlar tus interacciones con estos vampiros emocionales.

Este material es serio, pero eso no significa que deba presentarlo de forma aburrida. Espero provocarte una risita aquí y allá. Basado en tantos años de estar sentado cara a cara con la miseria humana, sé que el humor tiene un enorme poder curativo. Sin él, estaríamos acabados.

He aquí *Vampiros emocionales en el trabajo*. Espero que encuentres algo que te ayude.

AL BERNSTEIN
Portland, Oregon

Agradecimientos

NO HUBIERA SIDO POSIBLE realizar este libro sin la ayuda y el soporte de las siguientes personas:

Mindy Ranik, quien sugirió el título y me dio un enorme apoyo durante la escritura de todos los libros de vampiros.

Mis estimados colegas, Bill Casey y Wendi Peck, quienes amablemente han proporcionado muchos conocimientos, e incluso me han permitido robar algunas de sus mejores ideas.

El doctor Rick Kischner, cuyos acertados comentarios me ayudaron a crear un libro mejor y más claro.

Luahna Ude y Bob Poole, médicos clínicos de un raro conocimiento y humor, quienes siempre han estado ahí para ayudarme a entender a los vampiros más difíciles.

Mi agente, Janet Rosen, de Sheree Bykofsky y Asociados, quien siempre aparece con una idea cuando la necesito.

Mi editor, Casey Ebro, quien me ha guiado a través de los procesos de escribir y de producción.

Mis amigos Peter Bessas, Sundari SitaRam, Donna Sherwood y Janine Robbins, quienes me han ayudado y apoyado con varios aspectos de este proyecto.

Y, sobre todo, quiero agradecer a mi familia: Luahna, Jessica, Josh y Clara por aguantarme mientras escribía, ya que se requiere coraje y paciencia para lograr esta hazaña, tanto como visitar la Abadía de Carfax a medianoche.

CAPÍTULO 1

Vampiros emocionales

¿Quiénes son?

LOS VAMPIROS TE ACECHAN, incluso mientras hablamos. Están en el cubículo de al lado, en la recepción, en las escaleras o en la oficina del rincón. No es tu sangre lo que consumen; es tu energía emocional. No hablamos de las molestias que ocurren todos los días, ni de la gente gruñona, despistada o desmotivada de la que aprendiste en el seminario "Cómo manejar a gente difícil". No, los vampiros son auténticas criaturas de la oscuridad. Tienen el poder, no sólo de irritarte sino de nublar la mente con falsas promesas e hipnotizar a todos para que crean que son las mejores personas en el trabajo, cualquiera que éste sea. Atraen gente, la consumen, la dejan agotada y exhausta, todavía preguntándose en la noche y sin poder dormir: *¿serán ellos o soy yo?*

Son ellos: *los vampiros emocionales.*

El mundo de las organizaciones está lleno de vampiros emocionales, incluso en la cima. Su habilidad para cambiar de forma y nublar la mente les permite prosperar en culturas donde lo que se ve es más importante que lo que se es. De hecho, como veremos, los vampiros emocionales crearon estas culturas.

No importa dónde trabajes, no puedes escapar de ellos. Cómo manejes a los vampiros emocionales en tu organización, tendrá un profundo efecto en el curso de tu carrera y en tu calidad de vida.

Entonces, ¿quiénes son estos depredadores, nubladores de mentes, cambiantes de forma, que ejercen tal poder en los negocios, las organizaciones no lucrativas, el ejército y la política? De hecho, son personas con un tipo particular de discapacidad mental.

A principios del siglo XXI, usaba el término *vampiros emocionales* para describir personas con desórdenes de personalidad. La melodramática metáfora es simplemente psicología clínica, disfrazada con un traje de *Halloween*, pero *les queda perfecto*. Los vampiros son depredadores peligrosos que se evaporan con la luz de sol, pero aparte de eso, son mucho más emocionantes y atractivos que las demás personas. Hoy en día todos quieren ser vampiros, tener una cita con alguno o por lo menos leer libros y ver películas sobre ellos. Lo mismo pasa con las personas con desorden de personalidad. Pueden ser inmaduras y peligrosas, pero nos enamoramos de ellas, las elegimos en la oficina, las contratamos en las grandes corporaciones y las vemos en la tele.

Las personas con desórdenes de personalidad son, como los vampiros, primero y sobre todo, *diferentes*. Parecen mejores que la gente normal, pero a menudo actúan mucho peor. Es cierto que los vampiros hacen cosas que lastiman a otras personas, pero eso no los hace tan peligrosos y agotadores. Lo que causa más dolor son nuestras propias expectativas. Si creemos que piensan y actúan igual que nosotros, no veremos el riesgo, pues pensaremos que seguramente esta vez entrarán en razón. No lo harán, y nos capturarán una y otra vez. El conocimiento es la única protección. Para evitar ser consumidos, debemos saber que los vampiros son diferentes y entender exactamente cuáles son estas diferencias.

En la universidad aprendí esta simple distinción: cuando las personas se vuelven locas, están neuróticas o psicóticas. Cuando vuelven locas a otras personas, tienen desórdenes de personalidad.

Lo que es un desorden de personalidad y cómo nombrarlo, es materia de problemas políticos dentro de la comunidad psiquiátrica. Un nuevo manual de diagnóstico, el *DSMV,* está en proceso y probablemente saldrá pronto. El nuevo manual agrupa diez personalidades en cinco grandes categorías. A través de los años, los nombres de los desórdenes de personalidad han cambiado muchas veces por razones políticas, pero las formas de actuar y pensar que describen son las mismas. La nomenclatura aquí utilizada es del manual vigente al momento de escribir este libro. Dicho manual es el *DSM IV,** publicado en 1994 por la Asociación Estadounidense de Psiquiatría. De acuerdo con este manual, un desorden de personalidad es:

> Un patrón permanente de experiencia interna y de comportamiento que se aparta de modo notable de la cultura del sujeto. El patrón se manifiesta en dos o más de las siguientes áreas:
> 1. Formas de percibir e interpretarse a sí mismo, a los demás y los acontecimientos.
> 2. El rango, la intensidad, la responsabilidad y lo apropiado de la respuesta emocional.
> 3. Funcionamiento interpersonal.
> 4. Control de impulsos.

Esta descripción aclara por qué la gente con desórdenes de personalidad puede ser difícil, pero no la razón de que estas mismas personas sean tan endemoniadamente atractivas y exitosas en sus trabajos. Para entenderlo, echemos un vistazo más de cerca a los síntomas y de dónde vienen.

Labilidad emocional significa cambiar rápidamente de un estado emocional a otro, falta de control de impulsos y distorsiones de la percepción –como creer que eres el centro del universo–, ésta es una característica no sólo de la gente con desórdenes de personalidad sino también de los niños normales. He aquí lo primero que debes entender: los vampiros emocionales, estos niños de la

---

* Asociación Estadounidense de Psiquiatría, *Manual Diagnóstico y Estadístico de los Trastornos Mentales,* 4ª Edición, Asociación Estadounidense de Psiquiatría, Washington, DC, 1994.

noche, efectivamente son niños. No han madurado lo suficiente para ser empáticos. Como los niños, creen que las otras personas no son como ellos, sino objetos creados para llenar sus necesidades.

Los niños son muy buenos para mostrar lo que quieren, pero los adultos infantiles son mejores. Un minuto pueden ser tan encantadores y halagadores como un niño; y al siguiente, hacer caso omiso de los sentimientos de otros y volverse superintolerantes con cualquier cosa que se interponga entre ellos y su deseo.

Las personas con desórdenes de personalidad pueden ser exitosas en todo lo que emprenden, porque están dispuestas a hacer lo que sea con tal de obtener lo que quieren. Comparados con las personas normales, se detienen menos ante la pena, la vergüenza o la preocupación que sus acciones puedan causar sobre otros. Su principal y única preocupación es su propio bienestar.

Los vampiros emocionales pueden ser inmaduros y discapacitados emocionalmente, pero no son gente disfuncional que nunca llega a algún lado. A menudo son los primeros en la lista para ser contratados o promovidos, esto gracias a su casi supernatural habilidad para verse bien. Incluso, tu jefe y el presidente de la compañía podrían ser vampiros emocionales.

No sólo deberás lidiar con ellos directamente, también descubrirás que cuando un vampiro emocional está en posición de autoridad, el ambiente de los departamentos y organizaciones que éste controla, adquiere aspectos de su personalidad. No puedes escapar de ellos. Para protegerte, tendrás que reconocerlos y entender cómo piensan.

El manual de diagnóstico vigente describe los patrones de conducta y pensamiento de diez desórdenes de personalidad diferentes, de los cuales consideraremos los cinco que pueden causarte mayores problemas en el trabajo: *antisociales, histriónicos, narcisistas, obsesivo-compulsivos* y *paranoicos.*

He aquí algunas palabras sobre esta nomenclatura que serán útiles. Todos los humanos están distribuidos a lo largo de un *continuum*, incluyendo las características que conforman los desórdenes de personalidad. Todos tenemos síntomas, pero la mayoría de la gente, no posee suficientes para garantizar un diagnóstico. Incluso las personas normales tienen pequeñas rarezas. La gente a la que me refiero como *vampiro emocional* califica para un diagnóstico específico o está muy cerca de ello. Las listas de características te ayudarán a identificarlos. También puede ser que encuentres puntajes altos en más de un área. Si es así, ¡pon mucha atención!

Casi al final del espectro del desorden de personalidad están las personas comúnmente llamadas *psicópatas,* término impreciso y algunas veces usado con exceso. Los psicópatas son lo peor de lo peor. A menudo son súper antisociales, pero también narcisistas o paranoicos. Espero que no te encuentres con ninguno en tu centro de trabajo. Si hallas a alguien con puntajes perfectos en algunas listas, mi mejor consejo es que te alejes lo más posible. Puede ser muy peligroso para tu salud, bienestar y cordura.

Los vampiros emocionales son personas que seguro encontrarás en el trabajo. No son psicópatas, pero sí lo suficientemente peligrosos para causarte muchos problemas si no reconoces que juegan con reglas diferentes a las tuyas.

La forma más útil de entender a las personas con desórdenes de personalidad es reconocer el deseo que las motiva. Cada uno de los tipos que discutiremos se maneja por una inmadurez particular y una necesidad imposible, que es lo más importante en el mundo para ellos. Esta singular forma de manejarse es el secreto de su éxito y a la vez de su fracaso. Saber que, aunque los vampiros emocionales son exitosos en algunas áreas, generalmente no son muy felices, puede ser un consuelo. Nada es suficiente para satisfacerlos. Al final, generalmente se autodestruyen, pero el proceso puede causar un enorme daño colateral.

Los vampiros emocionales no se dan cuenta de las necesidades irracionales que los mueven. Como los niños pequeños, casi nunca se auto-examinan, sólo van tras lo que quieren. Ésta es el área vulnerable que debes explotar. Si conoces su necesidad, conoces al vampiro. Si sabes lo que espera, entonces puedes defenderte.

Conocer a los vampiros es necesario, pero no suficiente. También debes conocerte a ti mismo. Como veremos a lo largo de este libro, tu personalidad ofrecerá fortalezas y debilidades para lidiar con los diferentes tipos de vampiros. En el capítulo 3 tendrás la oportunidad de conocerte un poco mejor.

Por ahora, vamos a conocerlos a ellos.

ANTISOCIALES

Los vampiros emocionales antisociales son adictos a la emoción. Los llamamos antisociales, no porque no les gusten las fiestas, sino porque ignoran las reglas sociales. Los antisociales *aman* las fiestas. También el sexo, las drogas, el *rock and roll*, apostar con el dinero de otros y todo lo que sea excitante o estimulante. Odian el aburrimiento más que una estaca en el corazón. Todo lo que quieren es un buen momento, un poco de acción, mucho dinero y complacer de inmediato cada uno de sus deseos.

De todos los vampiros emocionales, los antisociales son los más sensuales, excitantes y divertidos. La gente los acepta fácil y rápido, e igual de rápido, cae en sus redes. Estas personas no tienen mucho que ofrecer, salvo momentos divertidos.

¡Ah, pero qué momentos! Como todos los tipos de vampiros, los antisociales te presentan un dilema: son Ferraris en un mundo de Toyotas, hechos para la velocidad y la emoción. Estarás muy decepcionado si esperas que sean confiables o digan la verdad.

El vampiro Adam, agente de ventas de Nosferatu Software, está en una reunión con unos probables clientes: el vicepresidente regional, el director general y representantes del grupo IT. La reunión es una cena extravagante, llena de risas, adulaciones, demasiadas botellas de vino y mucha plática sobre deportes. Aunque está fuera de la ciudad, Adam siempre ha sido un gran *fan* del equipo local (de hecho, nunca los ha visto jugar, pero visitó su página en Internet). Todos están de acuerdo en que este año será bueno si hay pocos lastimados y un mejor entrenador.

Finalmente, la conversación se encamina al producto de Adam. "Nuestro sistema es tan innovador que sólo unas pocas y seleccionadas compañías usan algo parecido", dice Adam.

"Ya que son los primeros en usar nuestros servicios, podemos ofrecerles un mejor contrato del que seríamos capaces de brindar una vez que nos convirtamos en una industria estándar." (Realmente el sistema ha estado en servicio desde hace un año, pero no está actualizado. Es muy similar a lo que se encuentra hoy en el mercado, pero con algunas fallas que paralizan todo el sistema.)

"¿Y qué hay sobre el soporte?", pregunta el gerente de IT.

"Estamos las veinticuatro horas, los siete días de la semana por teléfono e Internet y en el lugar, en persona, en menos de 24 horas desde que surge su petición." (El equipo de soporte técnico de la compañía de Adam se sorprendería de oír esto. Pero, qué importa, ya cerraron, sólo obtendrás un correo de voz.)

"¿Y el precio?", pregunta el vicepresidente.

Adam duda un poco y entonces menciona una cifra. Al no tener una respuesta inmediata, continua: "Todo el trato viene con un respaldo monetario de garantía, así que no hay riesgo. Podemos mandar un técnico para instalarlo mañana en la mañana, si firman esta noche." Adam desliza su portafolio Vuitton. Se ve esperanzado. (No es necesario decir que la garantía no está exactamente escrita.)

El vicepresidente siente un destello de desesperación, se reclina en su silla y sugiere 40 por ciento menos del precio original.

"¡Hecho!", dice Adam mientras ofrece el contrato.

¿Alguna vez te has preguntado por qué tantas compañías se bloquean con malas inversiones y un software nefasto que no sirve? Frecuentemente es por el seductivo encanto de los vendedores antisociales, como Adam.

Al leer esto, tal vez pienses que Adam no es muy diferente a otros agentes de ventas, excepto porque todo lo que dice es mentira. De hecho, sabemos que los agentes de ventas son persuasivos y exageran un poco. ¿Cómo reconocerías que Adam es un vampiro, si viniera y te hablara?

Los indicadores están ahí y los vamos a ver con profundidad en los capítulos del 4 al 7. La pista más grande es que el paquete completo, sus historias y el negocio son demasiado buenos para ser verdad. Si revisaras la información, descubrirías la farsa. Pero, como la mayoría de las personas atrapadas por los antisociales, simplemente no queremos echar a perder el buen momento por estar revisando información. Los antisociales te ofrecen un mundo paralelo, hecho a tu medida. Como veremos, son hipnotizadores naturales y practican algunas técnicas utilizadas en el escenario para hacer que la gente actúe como gallina. La hipnosis es el recurso de los vampiros. Los antisociales son los hipnotizadores más sutiles, aunque todos los tipos de vampiros atraen a personas, ofreciéndoles un mundo paralelo demasiado bueno para ser verdad. Esto nos brinda el punto más importante que debemos saber sobre los desórdenes de personalidad:

> Los antisociales y los demás vampiros emocionales se comunican de forma diferente a la gente normal. Para la mayoría de nosotros, la comunicación permite expresar lo que pensamos, sentimos, o alguna situación. Cuando los vampiros emocionales se comunican, todo lo que dicen está encaminado a lograr un efecto en la persona que escucha. La verdad es irrelevante.

Lo importante para Adam es venderse. Es un tipo guapo, *fan* del mismo equipo, entonces, seguro vende un buen producto. Está explotando el hecho de que tendemos a preferir personas similares a nosotros, y atribuir cualidades positivas, sin evidencias reales, a la gente que nos agrada.

El objetivo principal de Adam es la persona que toma las decisiones, el vicepresidente, cuyo interés es hacer un trato en vez de interesarse en el software. La presentación completa está dirigida a él.

En párrafos anteriores mencioné que los vampiros emocionales no son empáticos, pero parece que Adam es bueno y entiende lo que pasa en la mente de quienes están a la mesa. ¿Qué pasa?

Hay una gran diferencia entre saber y preocuparse. Los cazadores saben muchísimo del comportamiento de su presa pero, en términos de sentimientos y derechos, no la ven como si fuera *igual* a ellos. Así es como los vampiros ven a las personas en sus vidas: como el origen de su sustento, pero sin existir más allá de eso. Si un vampiro quiere algo de ti, te dirá y hará lo que sea para obtenerlo. Son capaces de leerte lo suficientemente bien para saber lo que deben ser, pero no se preocupan de cómo puedes sentirte en el proceso. Si esperas que piensen de la misma forma que tú, te atraparán una y otra vez.

Los antisociales son muy buenos para descubrir lo que alimenta el ego de otras personas y lo ofrecen en una ilusoria charola de plata. Adam sintió que el deseo del vicepresidente era ser el tipo más inteligente de la cena y actuó toda la noche para lograrlo. Su fingida indecisión y su figura claramente rebuscada lanzaron el anzuelo para que el vicepresidente creyera que hizo el mejor trato de su vida.

Después, cuando el software no sirva, el vicepresidente se quejará de que sus subordinados no hicieron su trabajo. Discutiremos *su* tipo de personalidad, páginas más adelante. Por ahora, lo importante es reconocer cómo las habilidades de los antisociales, como Adam, descubren nuestros deseos escondidos. Para evitar ser usado, conócelos bien, y mejor aún, conócete a ti mismo. Como veremos en el capítulo siguiente, diferentes tipos de personas en cada organización tienen puntos vulnerables que los vampiros emocionales –especialmente los antisociales– reconocen y explotan.

En el trabajo, los antisociales no sólo resultan malévolos gerentes de ventas. Hay estafadores que mienten por diversión y lucro, falsificadores de libros de contabilidad, jefes abusivos que adoran ver a la gente rebajarse, estafadores que operan el esquema Ponzi, legal e ilegal, y todos aquellos en tu oficina que se ganan la vida o consiguen sus objetivos mediante la seducción en todas sus formas.

HISTRIÓNICOS

Los vampiros emocionales histriónicos viven para la atención y aprobación. Su especialidad es verse bien. Todo lo demás, son detalles sin importancia. Los histriónicos tienen lo que se necesita para entrar en tu negocio o en tu vida, pero ¡cuidado!, *histriónico* significa *dramático.* Todo lo que ves es un espectáculo y no lo que tendrás.

Los vampiros no pueden ver su reflejo en el espejo. Los histriónicos, ni siquiera ven el espejo. Son expertos en esconder sus intenciones egoístas. Creen que son personas maravillosas que nunca hacen nada mal, como cometer errores o tener malos pensamientos. Como jefes, evitan los conflictos, pero se distinguen porque crean discordia al ignorar problemas. Intentan dirigir con magia, creyendo que a lo que no le pongan atención, simplemente desaparecerá. Más que atender los detalles diarios, se concentran en lo que consideran un panorama general de conceptos. *Motivación* es su término favorito. En el mundo de los histriónicos, si la gente está lo suficientemente motivada, todos los problemas desaparecen.

La vampira de Janine está teniendo una conversación con Stacy, su jefa.

"Así que, Janine, ¿cómo van las cosas en tu departamento?", pregunta Stacy.

"¡De maravilla! No podrían ir mejor", contesta Janine, mostrando una deslumbrante sonrisa.

"No es exactamente lo que he oído. Últimamente ha habido algunas quejas."

La sonrisa se desvanece: "¿De quién?"

"No creo que importe."

Janine fija la vista en su jefa: "Stacy, sabes tan bien como yo que hay algunas personas inmaduras que nunca están satisfechas. Siempre causan problemas en vez de realizar su trabajo. ¿Fue Donna? Ella es la peor del equipo."

"No fue Donna. Lo que dicen es que la traes contra ella y contra otros."

"Eso no es cierto. ¿Quién te dijo?"

"No importa quién me dijo. Lo que me llama la atención es que se percibe un trato diferente."

Janine se ve molesta: "Algunas personas sólo se quejan. ¿Vas a creer todo lo que te dicen?"

"No sé qué pensar. Pero creo que hablan tanto del tema, que debes hacer algo, tal vez traer a un consultor para que te ayude a resolver las cosas, y tal vez a trabajar con algunas de tus personas problemáticas."

En la siguiente junta de departamento Janine anuncia un seminario con Cleve Gower, el ex jugador de baloncesto. El tema será: "No hay 'Yo' en Equipos." Janine está emocionada. Ha escuchado a Cleve antes y lo considera realmente inspirador.

La ausencia de entusiasmo de su equipo es una clara evidencia de que lo único que necesitaban era un poco de motivación.

Si alguna vez te has preguntado quién compra esas brillantes fotos con frases de filosofía oriental que cuelgan en los corredores, en lugar de obras de arte, ya tienes la respuesta. Son los gerentes histriónicos, como Janine. Para ellos, la motivación no tiene que ver con las consecuencias externas; viene del corazón. Es una chispa de pasión que puede avivar las llamas del rendimiento con una sola retórica, eliminando la necesidad de preocuparse con molestos detalles diarios (como manejar conflictos). La motivación es la magia que crea situaciones en las que todos ganan todo el tiempo. Cualquiera que crea lo contrario está… bueno, *desmotivado*.

El nivel medio de gerencia está lleno de histriónicos como Janine, con sus grandes sonrisas y su actitud de *yo-puedo*.

A veces su infeccioso optimismo puede hacer que incluso los promuevan a director ejecutivo o sean elegidos en la carrera política. Donde sea que estén, los histriónicos se manejan para obtener un gran control sobre las operaciones diarias en cada organización donde trabajan. Son promovidos porque se ven como cualquier director espera que se vean y dicen lo que cualquier director quiere escuchar. La cultura de los negocios, las organizaciones no lucrativas, el ejército, el gobierno y la política son fuertemente influidas por personalidades histriónicas. En medio del manejo de muchas organizaciones hay un estrato de histriónicos. Deberás aprender a pensar como ellos y hablar su lenguaje si quieres tener buenos resultados.

Los histriónicos son de dos tipos distintos: los Dramáticos que dan pláticas motivacionales y, los más comunes, los Pasivo-agresivos, que enfrentan los problemas ignorándolos. Nunca se enojan, pero de alguna manera, la gente siempre se enoja con ellos.

Liz corre a alcanzar al vampiro Gail en el pasillo: "Gail, espera un momento. ¿Ya tienes las proyecciones que te pedí?"

"¿Qué proyecciones?"

"Las del negocio de Lawton. ¿Recuerdas?, hablamos sobre ellas en la reunión de la semana pasada y te mandé un correo el jueves."

"No recibí ningún correo."

Liz siente un escalofrío: "¿Eso significa que no tienes nada de la proyección de Lawton?"

"Tengo unos diseños en borrador, pero no me dijiste que querías que yo desarrollara las proyecciones."

"¿A qué te refieres con que no te dije? Si desde hace tres semanas en todo el departamento no se habla de otra cosa que no sea de este negocio."

"Creí que Jeff me daría un descanso por los cambios en costos de producción. Esperaba oírlo de él."

> "Gail", Liz escucha el chillido de pánico en su propia voz, "necesitaba esas proyecciones ayer. Regresa a tu oficina y ponte a trabajar en ellas ahora."
>
> "De acuerdo", dice Gail. "No hay problema."
>
> Dos horas después, Liz está en su escritorio, tratando fervientemente de hacer una propuesta creíble, sin números muy complicados, cuando recibe una llamada de su jefe. "Liz", dice, "necesito verte en este momento. Uno de tus empleados acaba de llenar una queja de abuso verbal en recursos humanos."

Los histriónicos odian tratar con detalles aburridos. Los consideran equivalentes a la tortura.

Siempre tienen buenas razones para no seguir las mismas reglas que los demás. Si tratas de que hagan algo que no desean, convertirán la oficina en una telenovela o en un drama médico. Son famosos por convertir la enfermedad en una forma de arte.

Compadezco al pobre gerente que trate de escribir algo en el "buzón de sugerencias" sobre la revisión anual de un histriónico, o de algún miembro desmotivado de su equipo.

Lo importante que debe recordarse de los histriónicos es que resulta inútil tratar de que reconozcan sus propias actividades ocultas. Su mundo interno es tan tenebroso como Transilvania de noche. Tampoco tienen condescendencia. Para lidiar con ellos, recuerda que están hambrientos de atención y aprobación y necesitan halagos en una dosis tan abundante que provocaría nauseas a otras personas. Piensa de bien a maravilloso y de ahí a supercalifragilisticoespiralidoso.

NARCISISTAS

¿Has notado que la gente con grandes egos suele ser pequeña en otros ámbitos? Los vampiros emocionales narcisistas quieren vivir sus grandiosas fantasías de ser los más inteligentes, los más talentosos y todo lo relacionado con las mejores personas en el mundo. No es tanto que se consideren mejores que otros, simplemente no consideran personas a los demás. ¿Recuerdas el trato cerrado por el vicepresidente que mencionamos en el apartado anterior? Si hubiera pensado en las necesidades de su compañía en lugar de las propias, quizá hubiera hecho un mejor trato.

Los narcisistas en posición de poder son leyendas en su propia mente. Por supuesto, no esperes que vivan con las reglas de los simples mortales.

Michael, el CEO, gana 50 veces más que tú, y la compañía sigue perdiendo dinero. Él ha mantenido un precio alto en las acciones, y con ello su compensación, organizando dos grandes rondas de despidos. Por difícil que parezca, así maneja los negocios.

Ésas son las pequeñas cosas que te agobian: la forma en que Michael trata a las personas con las que trabaja. Si pasa junto a ti en el vestíbulo, hazte a un lado, porque te atropellará. Cuando alguien más está hablando, él interrumpe, mira su reloj o juega con su teléfono. Siempre llega tarde a las reuniones, nunca ve su agenda. Difícilmente se interesa, porque de todos modos olvida lo que la gente dice.

La oficina de Michael está decorada con fotos suyas, saludando a políticos o estrellas de cine. Si no eres de los que están en su pizarrón, él actúa como si no existieras; eso, mientras no necesite algo de ti porque entonces te prodigará halagos y vagas promesas, pero sólo mientras consigue lo que busca. El resto del tiempo tendrás suerte si recuerda tu nombre.

Los narcisistas presentan un dilema difícil. Aunque hay bastante narcisismo sin grandeza, no hay grandeza sin narcisismo. Sin estos vampiros emocionales, no habría nadie con agallas a quién seguir.

Sin importar lo que digan, los narcisistas rara vez hacen algo que no sea egoísta. Mientras tengas algo que desean, actuarán como si fueras tan maravilloso como ellos. En el instante en que consigan lo que buscan, te olvidarán y se moverán a su siguiente fuente de sustento.

Los contratos verbales de los narcisistas son poco confiables. Si quieren un favor, di tu precio y hazlos que te paguen por adelantado. Otras personas serían insultadas por este tipo de sobornos, pero los narcisistas usualmente no. Asumen que todo mundo está buscando ser el número uno, igual que ellos. Piensan que sólo estás siendo directo.

Los narcisistas necesitan ganar. No compitas con ellos a menos que puedas aniquilarlos. Incluso si puedes, ten cuidado. Son conocidos por surgir de las cenizas para vengarse. Mejor deberías acercarte sigilosamente por la espalda, darle un masaje a su ego y aprender cómo brindarles los halagos que necesitan sin rendirte ante ellos.

Si se te dificulta adular, en definitiva tendrás problemas con los narcisistas. Antes de lidiar con ellos, deberías tener una plática sincera con tu adolescente interior acerca de tus propios intereses.

OBSESIVO-COMPULSIVOS

Los vampiros emocionales obsesivo-compulsivos son adictos a la seguridad, pues les hace creer que lograrán, con escrupulosa atención en los detalles, un completo control sobre *todo*. Ya sabes quiénes son: personas con memoria compulsiva que no pueden ver el bosque por el número excesivo de árboles innecesarios, abundantes y repetitivos. Lo que tal vez no sabes es que toda esa atención en los detalles está diseñada para mantener al vampiro antisocial contenido de forma segura.

Sin los obsesivo-compulsivos, no se haría ninguna de las actividades desagradables y difíciles del mundo, nada funcionaría correctamente y ninguno de nosotros haría su tarea, jamás. Para bien o para mal, los obsesivo-compulsivos son los únicos que se preocupan porque ninguno de nosotros se vaya por el mal camino. Puede ser que muchas veces no nos agraden, pero los necesitamos.

Para los obsesivo-compulsivos, el conflicto más importante es interno. No disfrutan lastimando a otros, pero lo harán si tus acciones amenazan su sentido de control. Para los obsesivo-compulsivos, las sorpresas –incluso las más agradables– son como si les rociaran agua bendita. No pretenden herir tus sentimientos, pero se sienten obligados a manifestar su opinión.

Carly trabajó durante dos semanas en el material para la conferencia. Finalmente acabó, y el resultado fue muy bueno, incluso ella lo sabe. La presentación de Power Point fluye muy bien de un tema a otro, y el reporte respalda todos los hechos y cifras. Es artística y sólida, como una roca. No puede esperar para mostrársela a la vampira Joanne, su jefa.

Joanne mostró poco entusiasmo, y eso es decir mucho. Su única observación en el reporte fue hacer dos círculos en torno a los errores gramaticales en la página 10. Mientras Carly estaba exponiendo su presentación, Joanne la detuvo.

"No sabía que hubiéramos decidido poner el fondo azul. Pensé que trataríamos con uno bronce y el otro verde para después elegir cuál usar."

"Pero...", Carly tiene un nudo en la garganta tan grande que ni siquiera puede hablar bien, "¿qué no habíamos visto eso la semana pasada?"

Para un obsesivo–compulsivo, tomar una decisión hace que un segundo se vuelva una eternidad. Aunque sólo sea una palabra en una oración.

El perfeccionismo, control excesivo y atención a los detalles son vicios que estos vampiros obsesivo-compulsivos enmascaran como virtudes. Habitualmente confunden el proceso con el producto y la letra de la ley con su espíritu. La mejor protección contra los hechizos de estos vampiros es que sigas viendo la foto general y no te pierdas en el bosque oscuro de los detalles obsesivos.

Del capítulo 16 al 18 discutiremos estrategias para lidiar con estas raras personas y su manejo excesivo del control. El primer paso es no llamarlos así. La única manera de desvanecer a un obsesivo–compulsivo es enfocarte en sus miedos y no en tus molestias e irritación. Esto tal vez requiera otra plática sincera con tu adolescente interior.

PARANOICOS

En un lenguaje común, *paranoicos* significa que piensas que la gente está detrás de ti.

Es difícil imaginar que puede haber algo atractivo en las alucinaciones de persecución, a menos que pienses en todos los grupos que se enorgullecen de ser minorías oprimidas.

Lo que ofrecen los paranoicos claramente es un mundo de ambigüedades. Conocen La Verdad, y están felices de compartirla. Siempre y cuando aceptes su punto de vista sobre el mundo. En el momento en que no estés de acuerdo con ellos, te volverás un traidor. Sin importar las razones de tu desacuerdo, te verán como su perseguidor y actuarán de acuerdo con ello. Otros tipos de vampiros tal vez hagan tratos, pero los jefes paranoicos te despedirán o te harán renunciar.

La vida de los paranoicos tiene reglas grabadas sobre piedra. Y esperan que todos los demás vivan bajo ellas. Siempre están al acecho de evidencias de desviación, y usualmente las encuentran.

El vampiro Richard es dueño de su propia compañía, y muy *fan* de Ayn Rand, aunque la señorita Rand podría tener algunas dificultades si supiera que sus pensamientos apoyaban las acciones de Richard. Su idea básica es que cualquier restricción de lo que un empresario pueda hacer, es un crimen contra la razón. La manera de dirigir de Richard incluye largos discursos de filosofía y moral, pero con una dirección poco específica. Si eres parte de su equipo de dirección, espera que asumas responsabilidad por tus acciones y las de tus subordinados. Esto significa leer su mente, lo suficiente como para saber qué hacer sin que él te lo diga. Y si sabes lo que te conviene, más te vale haber leído *El Manantial* y *La rebelión de Atlas*.

Hoy el equipo de dirección discute un proyecto de expansión. Para desgracia de David, director de operaciones, él debe saber qué regulación oficial aplica.

"Odio decir esto chicos", afirma, "pero antes de empezar, necesitamos el permiso de la EPA."

Richard frunce el ceño y dice: "¿Qué dijiste?"

"Dije que..."

"¡Ya sé lo que dijiste! Tú y tu EPA, OSHA (Administración de Ocupación Segura y Salud, por sus siglas en inglés) y el resto de esas idioteces burocráticas que esperan que les pida permiso cada vez que tolero una tontería. La pregunta no es quién va a dejarme, sino quién va a detenerme."

Se oyen murmullos de aprobación alrededor de la mesa, los mismos que hay cada vez que Richard cita la *Palabra del profeta.*

"¿Sugieres que nos saltemos los permisos?", pregunta David. "Es tu departamento", contesta Richard. "Asume la responsabilidad."

La influencia magnética que ejerce sobre ti un paranoico puede desorientar tu brújula moral. Entre más desorientado, mayor confianza sentirás en la seguridad de los paranoicos, y tendrás más miedo de su ira. Es muy fácil perder tu camino.

Para empeorar las cosas, resulta que a veces los paranoicos *tienen razón.* En su búsqueda de la claridad, encuentran bajo el agua los significados ocultos y las realidades más escondidas. Muchos de los grandes moralistas, visionarios y teóricos, son paranoicos. Si no lo estuvieran, simplemente hubieran aceptado todo con un valor aparente.

Desafortunadamente, la paranoia hace una ligera distinción entre las grandes ideas y las desilusiones. La misma motivación de claridad que guía a las grandes verdades religiosas de todos los tiempos guía también a un refresco venenoso y un hombre-bomba. ¿Verdad o desilusión? La decisión depende de ti.

Para retomar tu rumbo moral, debes preguntarte: *¿a quién beneficia?* Las grandes verdades nos benefician a todos. Las ilusiones son usualmente egoístas. Sus beneficios sólo son para un grupo reducido de verdaderos creyentes, y la gran rebanada del pastel es para el paranoico en jefe.

La paranoia, como todos los desórdenes de personalidad, se manifiesta en diferentes niveles. En pequeñas dosis, la paranoia es la esencia del carisma. En grandes cantidades se vuelve tóxica. ¿Qué tanto es demasiado? De nuevo, eso depende de ti. Pero hasta estar seguro, no tomes ningún refresco.

Ahora que ya sabes quiénes son los vampiros emocionales, probablemente te des cuenta de que ya los conocías. El resto de este libro te ayudará a entenderlos mejor y confrontarlos con mejores resultados. Para ello, aquí habrá listas de características para identificarlos, e instrucciones paso a paso para manejar situaciones específicas.

Una parte importante de cómo protegerte de los vampiros emocionales es entenderte a ti mismo. Si utilizas tus emociones en contra suya, quién eres y cómo piensas determinará el daño que te puedan hacer.

Reconoce a los vampiros emocionales al verlos

Usualmente los vampiros emocionales generan una fuerte primera impresión. A menudo, la mejor forma de reconocerlos es por los sentimientos que te provocan. Uno de los primeros signos de que estás lidiando con un vampiro es pensar en términos exagerados. Tendemos a verlos como los mejores, los peores, los más diferentes, o todo lo superior. Los vampiros difícilmente pueden ser ignorados. Esto es el principio del embrujo.

Cada tipo de vampiro busca engatusar con respuestas específicas. Los antisociales son emocionantes. Sean amables o malévolos, siempre hay un vibrante sentimiento de estar en el filo. Algunas veces se colocan detrás de tu cuello para morderte. Los histriónicos pueden hacer que creas que tus sueños se vuelven realidad, o pueden atropellarte con su evidente manipulación. Los narcisistas pueden levantar envidias, además de ser constantemente odiados por actuar como si fueran mejores que tú. Los obsesivo-compulsivos pueden convertirte en un adolescente rebelde que odia que le digan lo que debe hacer. Los paranoicos generan confianza y una creencia ciega. Si abres los ojos, la confianza se transforma en terror.

Tus propios modelos de pensamiento y percepción determinan el efecto que los vampiros emocionales con quienes trabajas tienen en ti y, fundamentalmente, cuánto daño pueden hacerte. El primer recurso de evaluación te ayudará a descubrir tus propias áreas de fuerza y debilidad.

Cómo pueden transformarte los vampiros emocionales en alguien que no reconoces

Todos sabemos por películas y libros que la mordida de un vampiro te transforma en uno de ellos. Los emocionales también pueden hacer eso. Te infectan su inmadurez y forma de pensar depredadora para que coincidas con sus necesidades. Paso a paso, te alejan de tu centro moral, y te tientan o provocan a actuar de manera que nunca pensaste que reaccionarías. Esto nunca pasa al mismo tiempo.

El término psicológico para este discreto proceso es la *preparación*, el cual tiene una oscura connotación al ser usado de modo regular en un escenario de trabajo. Todos los vampiros emocionales preparan a sus víctimas de una forma u otra, no importando si están conscientes o no. Los estafadores antisociales son los más reflexivos en el proceso de preparación y lo explicaremos más ampliamente en el capítulo 6.

Hipnosis vampírica

Los vampiros hipnotizan naturalmente. Usan algunas de las mismas técnicas utilizadas por los hipnotizadores en los escenarios, pero cuando lo hacen, no es para entretener sino para que cumplas su voluntad. La hipnosis significa usar el poder de la sugestión para proyectar una realidad alternativa, demasiado buena para ser verdad o demasiado aterradora para ser ignorada. La ilusión es un recurso de los vampiros y, a menos que seas muy cuidadoso, tal vez te encuentres atrapado en su telaraña de decepción.

Cómo romper el hechizo

El propósito de este libro es ayudarte a no ser atrapado por los embrujos hipnóticos de los vampiros. El primer paso es reconocer a los emocionales cuando te los encuentres. La lista de características te ayudará, al igual que poner mucha atención en tus propias reacciones.

Una vez que reconozcas un vampiro emocional, necesitarás saber cómo protegerte. Lo lograrás siguiendo el proceso que yo llamo: "Entrar en su mundo y salir del patrón esperado."

Los vampiros actúan basados en los instintos que se relacionan con la parte más primitiva de sus cerebros. Estos instintos están programados en tu cerebro también. Son automáticos y apremiantes, a menos que te controles y reescribas tus respuestas emocionales, usando la parte nueva y más racional de tu cerebro.

Los desórdenes de personalidad son, en el fondo, inmadurez. Siempre debes recordar que los vampiros emocionales, estos asustados niños de la noche, verdaderamente son niños. Para manejarlos de manera efectiva debes ser más maduro que ellos. El siguiente capítulo explicará qué es la madurez y cómo conservarla frente a los vampiros.

CAPÍTULO 2

Madurez y salud mental

Protégete de los vampiros emocionales pensando más lento que ellos

---

SI LOS VAMPIROS EMOCIONALES SON NIÑOS,
¿QUÉ SE NECESITA PARA SER ADULTO?

EN MI OPINIÓN, la madurez y la salud mental son la misma cosa. Ambas son directamente proporcionales a la habilidad de una persona en el proceso del *pensamiento lento*.

Las últimas investigaciones neurofisiológicas sostienen la denominada *teoría del proceso dual*. Esta idea sostiene que el cerebro trabaja de dos modos separados: el *pensamiento rápido*, automático y emocional, y el *pensamiento lento*, más controlado y racional. En la poesía, el corazón rige a la razón. En la vida real debe ser lo contrario o alguien saldrá lastimado.

El *pensamiento rápido* está determinado por la programación ya incluida en nuestro cerebro, mucho del cual hemos heredado de nuestros ancestros reptílicos. Estas subrutinas básicas no han cambiado demasiado en los últimos 200 millones de años.

Esta parte jurásica de nuestro cerebro está codificada con instintos que nuestros antepasados necesitaron para sobrevivir en la jungla. En ella hay secuencias neuronales para aparearse, defender el territorio, operar dentro de una jerarquía y responder al daño físico. Esta parte ancestral de nuestro cerebro nos habla sin palabras, pero sus significados siempre son acertados: utilizando las conexiones directas en las áreas emocionales del cerebro y, mediante hormonas poderosas como adrenalina y testosterona, afecta todos los órganos del cuerpo.

El *pensamiento lento* usa las nuevas áreas del cerebro para reescribir manualmente la programación automática y sustituir con el análisis racional una reacción fisiológica. *La habilidad de analizar una situación y hacer lo que se debe en vez de lo que se quiere es la esencia de la madurez.* Es una habilidad difícil de adquirir y requiere ejercitarla constantemente para que funcione.

He aquí un ejemplo simple de cómo las formas de pensamiento rápido y lento pueden operar en un escenario de trabajo:

Digamos que, como mucha gente, experimentas cierto miedo de hablar en público. Lo que esto significa es que la parte de tu cerebro que piensa rápido, al exponer tu presentación de Power Point, reacciona de la misma forma que si fuera un ataque físico. Tus instintos no distinguen entre la posibilidad de ser avergonzado o de ser comido vivo. El pensamiento rápido, instintivamente te "protege", mandando descargas de adrenalina y fantasías de escape cada vez que te imaginas parado frente a un grupo.

Para dar una presentación, debes ser capaz de pensar más lento y racional para superar el miedo.

El primer paso, y comúnmente el más difícil, es autoconvencerte de que realmente necesitas hacer la presentación. Aquí es donde la interacción entre pensamiento rápido y lento se torna confusa. El sistema de pensamiento rápido puede usar esta confusión para perturbar tus funciones cerebrales superiores. El deseo de huir puede crear cualquier número de razones, que parecen racionales, para no hacer la presentación. Tal vez estás demasiado ocupado haciendo algo más, o un compañero de trabajo es mejor para hacer la presentación en Power Point.

Estos razonamientos pueden engañarte, haciéndote creer que piensas cuando en realidad sólo reaccionas a tu programa automático. Los diferentes niveles de tu cerebro, regularmente juegan trucos entre ellos. Por esta razón no debes creerte todo lo que piensas.

La madurez, el pensamiento lento, como un grillo en tu hombro, reconoce estos razonamientos y hace lo posible para convencerte de lo contrario. Aún sientes el miedo, pero no dejas que tome decisiones por ti. Una vez que no hay escapatoria y crees que el espectáculo debe continuar, tienes el incentivo de aprender técnicas para manejar tu pánico escénico.

Los vampiros emocionales son menos maduros que tú. Esto significa que se guían más por el pensamiento rápido. Son manejados por sus necesidades emocionales. En vez de usar el pensamiento lento y controlar sus emociones, se autoengañan con razonamientos ingeniosos para dejar que sus emociones los controlen.

Pueden mentir e incluso estafarte para que te autoengañes. Sus emociones pueden conectarse directamente con las tuyas, llevándote a actuar tan inmaduramente como ellos. Una vez que reaccionas sin pensar, estás en su poder. En este juego no puedes ganar. Incluso, los vampiros más tontos son más inmaduros que tú.

En vez de eso, usa tu fuerza. Sé maduro. *El secreto para lidiar efectivamente contra los vampiros emocionales es pensar más lentamente que ellos.* En resumen, enseñarte a hacer eso es la razón de este libro.

Lo que sigue es tu primera lección.

CÓMO DIFERENCIAR ENTRE PENSAMIENTO LENTO Y RÁPIDO

Nuestro cerebro siempre está ocupado en los dos: en el pensamiento rápido y en el lento. Si tu mundo interior parece una revoltura de conflictos y emociones, eres normal. Todo mundo siempre está pensando algo, incluso si no pone atención. El pensamiento lento significa usar tu mente para desenredar esta mezcla de signos en tu cerebro y decidir sobre cuáles actuar. Entre más maduro seas, más variables debes considerar.

Para personas con desórdenes de personalidad, las opciones son más simples y automáticas. Una de las muchas funciones del pensamiento rápido es reducir las opciones para que las decisiones de supervivencia sean tomadas sin perder tiempo. Los vampiros emocionales no se esfuerzan en conceptos difíciles como ética y moral. Sólo siguen su instinto de pensamiento rápido. A veces esto les ofrece una notable ventaja en el corto plazo.

Sin embargo, las vidas y carreras son juegos que duran más. A menos que seas perseguido por un animal salvaje, usualmente harás mejor escogiendo el pensamiento lento en vez del rápido. Pero, ¿cuál es cuál? A veces es difícil saberlo.

El pensamiento rápido y el lento no son absolutos; se mezclan entre ellos y a veces provocan desesperación, pero en cuatro áreas tienden a moverse en direcciones notablemente opuestas. En esta encrucijada es donde los dos tipos de pensamiento son más fáciles de identificar. Cada vez que reconozcas un pensamiento rápido en ti o en las personas que trabajan contigo, harás bien deteniéndote y desacelerando antes de que te confundas.

Algunas señales que pueden ayudarte a encontrar tu camino son las siguientes:

El pensamiento lento te mueve hacia degradaciones en lugar de dicotomías

Practicamente, todo en el mundo real está distribuido a lo largo de un *continuum*. El pensamiento rápido simplifica la complejidad de la existencia en un sistema de categorías duales para un entendimiento más sencillo. A pesar de que la gente las llame categorías duales –bueno y malo, seguro y peligroso, similar y diferente– éstas se refieren a una misma cosa. Es importante recordar que, *más que atributos de la realidad, los sistemas de categorías duales son una manifestación del pensamiento rápido.*

Las dicotomías pueden ser simplificaciones útiles para tomar decisiones, pero al final son sólo dedos apuntando a la Luna, en vez de la Luna misma. No confundas una cosa con la otra.

El pensamiento metódico, lento, es más a menudo un proceso de fuerzas en balance, en vez de una elección entre una y otra. Las decisiones de trabajo son por lo general dilemas que requieren compromisos, en lugar de problemas con una solución que es correcta o incorrecta.

El pensamiento lento mueve hacia el control interno en lugar del externo

El pensamiento lento empieza contigo mismo. Entre más maduro seas, notarás con mayor claridad que la mejor forma para regir tu vida es controlando tus propios pensamientos, sentimientos y acciones.

El pensamiento rápido se orienta a lo superficial. Produce reacciones generadas, en parte por instintos de supervivencia y, en parte por hábitos; éstos son pensamientos y secuencias de conducta aprendidos, la mayoría de manera automática, basados en las circunstancias de nuestra vida.

Una circunstancia es una situación de *si-entonces*. *Si* haces una cosa en particular, *entonces* obtendrás ciertas consecuencias.

Las circunstancias operan con reglas que, como los instintos, están programadas dentro del cerebro.

La primera y más importante es: *cualquier cosa que se recompensa sucede más seguido.* Las recompensas pueden ser obtener lo que quieres y/o evitar lo que no quieres. Esto último es la mayor motivación, especialmente en el pensamiento rápido.

Por favor, nótese que no hay una regla que diga: *lo que es castigado sucede menos seguido,* porque esto no es cierto. A pesar de la popularidad universal del castigo, cualquier psicólogo te dirá que el castigo no funciona. Sus efectos son impredecibles. En lugar de hacer que las personas se abstengan de hacer algo, el castigo es más como enseñarlas a engañar, a esconder sus acciones del castigo. Lo sabes si has sido adolescente. Si el castigo actualmente funcionara, tus hijos siempre harían su tarea, no habría mercado para los detectores de robo, y la gente no iría a prisión por cometer el mismo crimen.

A veces, el castigo persuade, pero funciona más en gente que no lo necesita, porque sus acciones son determinadas por circunstancias internas más que externas.

Esto es a lo que me refiero: pregúntate a ti mismo por qué no robas.

Si dices que es porque no quieres ir a prisión, miremos un poco más a fondo. Lo que piensas es una circunstancia externa, evitar el castigo. Es una circunstancia interna, si buscas evitar la culpa. Si sólo fuera por miedo a ir a la cárcel, te abstendrías de robar, pero estarías triste por no robar algo si estás seguro de que no van a atraparte. Un vampiro emocional, en especial uno antisocial, puede que robe, pero tú no.

La gran diferencia entre gente sana, normal como tú y personas con desórdenes de personalidad es que, te guste o no estás consciente de eso; la mayoría de tus acciones son determinadas por circunstancias emocionales en lugar de externas. Las circunstancias emocionales están basadas en seguir las normas sociales no escritas que definen el grupo al que perteneces. Los vampiros emocionales son grupos de un miembro.

El pensamiento lento nos mueve hacia la conexión en lugar de la separación

Los vampiros emocionales no siguen las normas sociales, porque se ven a sí mismos como aparte del grupo. Para ellos, sus necesidades son más importantes que las de los demás. No es que se consideren mejor que otras personas, aunque algunos sí lo hacen. El pensamiento rápido, normalmente es egoísta. Su propósito es individual más que grupal. Se necesita el pensamiento lento para reconocer que si el grupo no sobrevive, ninguno de sus miembros lo hará.

La madurez, el pensamiento lento, aprecia el hecho de que todas las cosas se conectan entre sí. Los seres humanos son criaturas sociales. Tenemos una experiencia plena de humanidad, sólo cuando somos parte de algo más grande que nosotros mismos. Entre más grande sea el grupo al que pertenecemos, más saludables y maduros somos. Demostramos esta conexión siguiendo las reglas sociales. Estos son algunos ejemplos.

Otras personas son igual que yo. Esta regla es la base de todas las demás.

El pensamiento rápido divide a la humanidad en dos categorías: *como yo* y *diferentes*. Para muchos vampiros emocionales, el grupo de los *como yo* es muy pequeño, con frecuencia de sólo uno. Mientras la gente normal crece, se vuelve más consciente de las similitudes con otros. La empatía es gran parte de la madurez. Los vampiros, simplemente no son empáticos. Para ellos, las otras personas fueron creadas para llenar sus necesidades.

Lo que es justo es justo. Los sistemas sociales se basan en la reciprocidad de que todas las cosas sean correctas. La madurez, el pensamiento lento de los adultos, usa su sentido de justicia como criterio para medir su comportamiento. Los vampiros no son recíprocos; su idea de justicia es que ellos obtienen lo que desean cuando quieren.

Lo que cosechas es lo que siembras. Los adultos entienden que mientras más das, más recibes. Los vampiros sólo toman.

Las demás personas tienen derecho a decir no. Las relaciones humanas dependen de una clara percepción de la línea psicológica entre lo mío y lo tuyo. Robert Frost lo describe bien: *"Las buenas cercas hacen buenos vecinos."*

Las personas con desórdenes de personalidad no tienen límites. Ellos creen que todo les pertenece, así que será mejor que lo entregues... ¡o vas a ver! Los vampiros emocionales se rigen por el *¡o vas a ver!* Ellos son mejores en intimidación que las demás personas. Ellos no tienen pena de usar cualquier estrategia para ser el número uno, porque en su mundo no hay otros números.

La gente con desórdenes de personalidad juega con reglas diferentes a las tuyas. No son justas, pero son bastante coherentes. Aquí están las reglas sociales que siguen los vampiros emocionales. Estúdialas bien, para que no te atrapen:

Mis necesidades son más importantes que las de los demás. La gente con desórdenes de personalidad opera con el egoísmo de un depredador o de un niño pequeño. A pesar de lo que digan, la mayoría de sus actos son guiados por sus deseos del momento, más que por cualquier principio moral o filosófico. Como veremos en los siguientes capítulos, si entiendes las necesidades momentáneas, entenderás a los vampiros.

Si tus necesidades coinciden con las suyas, los vampiros emocionales pueden verse bastante normales. Todo cambia cuando tus necesidades se interponen con las suyas. Ahí es cuando sacan los colmillos.

Las reglas se aplican para otras personas, no para mí. El término técnico para esta creencia es *el derecho*, una de las características más desesperantes de los vampiros emocionales. En el trabajo, en el camino, en las relaciones, o donde sea, la gente normal sigue las reglas básicas de justicia que aprendieron en el kínder. Toman turno, esperan en la fila, limpian las cosas después de usarlas, y escuchan mientras otra persona está hablando. En el kínder, los vampiros emocionales aprendieron lo fácil que es tomar ventaja cuando no estás sujeto a las reglas que las demás personas siguen.

No es mi culpa, jamás. Los vampiros nunca comenten errores, jamás están equivocados y sus motivos siempre son correctos. Las demás personas los critican injustamente. Los vampiros no se responsabilizan de su propio comportamiento, en especial cuando conlleva consecuencias negativas.

Lo quiero ahora. Los vampiros no esperan. Quieren lo que desean cuando ellos deciden. Si te interpones en su camino, o tratas de retardar lo que quieren, se volverán bruscos y gruñones.

Si no lo consigo a mi manera, hago berrinche. Los vampiros emocionales han elevado el berrinche a una forma de arte. Cuando no consiguen las cosas a su manera, pueden hacerle la vida de cuadritos a quien les dice NO. Como veremos en los siguientes capítulos, cada tipo de vampiro se especializa en una forma particular de explosiones emocionales manipuladoras. Muchas cosas fastidiosas y agotadoras que hacen los vampiros, tienen sentido cuando las ves como berrinche.

Los vampiros emocionales pueden parecer gente normal. Incluso verse mejor, pero que no te engañen. Los vampiros son, primero y sobre todo, diferentes. Para evitar que te consuman, debes estar consciente de cuáles son esas diferencias.

La diferencia más importante es que ellos actúan como si estuvieran separados del grupo social y, por lo tanto, no se rigen por sus reglas. Esta percepción de estar aparte, puede ser una ventaja competitiva, pero también es la razón de sus penas. El universo es un espacio frío y vacío donde no hay nada que sea mayor que sus propias necesidades.

El pensamiento lento nos mueve hacia el desafío, en lugar de a la convivencia. Cada día nos paramos en la encrucijada entre miedo y aburrimiento. Visto desde el pensamiento rápido, las opciones están entre lo seguro y peligroso, y las mentiras seguras que evitan lo difícil o aterrador. Esto es una ilusión. Si evitamos lo que tememos, nuestra vida se reduce a rutinas seguras, pero no satisfactorias. Nos aburriremos y, al final, nos deprimiremos. El pensamiento lento reconoce que todo cambia en la vida y debemos cambiar con ella o nos quedaremos atrás.

Como veremos en este libro, lidiar con vampiros emocionales requerirá que apagues el piloto automático, tengas nuevos pensamientos, y adoptes acciones no acostumbradas. Por momentos esto parecerá aterrador, pero enfrentar el miedo te hará madurar.

¿QUÉ HACE QUE LAS PERSONAS SE CONVIERTAN EN VAMPIROS EMOCIONALES?

Así como las historias de vampiros cuentan que su delicada condición se atribuye a un virus transmitido por sangre, así también hay muchas teorías sobre desórdenes de personalidad que afligen a sus primos, los vampiros emocionales. En el presente, algunos de los más modernos son un cerebro con desequilibrios químicos, traumas anteriores, o efectos venenosos a largo plazo por haber crecido en una familia disfuncional.

Olvida las teorías; ellos te lastimarán más de lo que tú los ayudarás. Hay dos razones. La primera, entender de dónde viene un problema, no es lo mismo que resolverlo. La segunda, los vampiros emocionales se ven a sí mismos como víctimas inocentes de fuerzas sin control. Si es así como los ves, su pasado puede distraerte de atender a las decisiones que tú y los vampiros están haciendo en el presente.

Muchos libros de autoayuda tienen amplias secciones sobre cómo las personas difíciles tienden a ser de esa manera. Este libro no lo hará. Después de años en el mundo de la terapia, me parece más importante entender la mecánica de los problemas humanos, cómo operan y qué hacer con ellos, en vez de especular sobre qué los origina.

Inmadurez contra maldad

Los vampiros emocionales no son malos por sí mismos, pero su inmadurez los hace actuar sin pensar si sus acciones son buenas o malas. Los vampiros ven a las demás personas como recursos potenciales para satisfacer lo que ellos necesitan en el momento, no como seres humanos separados con sus propias necesidades y sentimientos. En lugar de ser malos por sí mismos, la inmadurez de los vampiros es una puerta de escape, por la cual la maldad puede entrar fácilmente.

El propósito de este libro no es considerar la moralidad de los vampiros emocionales, sino enseñarte cómo ubicarlos y darte algunas ideas acerca de qué hacer cuando te encuentres ante el ataque de las fuerzas oscuras.

Sobre las evaluaciones

A lo largo de este libro encontrarás listas de características para evaluarte a ti mismo, a tu organización y en especial a los vampiros emocionales con los que trabajas.

Hay cientos de estas listas en libros, revistas e Internet: funcionan porque pequeñas muestras de comportamiento pueden ser indicadores precisos de las reglas sociales, fundamentales, que la gente sigue. Estas reglas definen la personalidad o una organización cultural.

Aquí las listas de características son medidas burdas, no precisamente instrumentos psicológicos, pero aun así pueden ofrecerte algunas ideas útiles sobre cómo piensa la gente y su probable forma de actuar.

Todas las pruebas psicológicas están sujetas a la *Regla de Todos y Nadie.* Los seres humanos no encajan claramente en las categorías de diagnóstico, aun si son específicas o bien hechas. Como leerás después, tal vez descubrirás que todos los que conoces, incluyéndote, tienen algunas características de cada vampiro. Todos tienen alguna; nadie las tiene todas.

La mayoría de la gente difícil es una mezcla de dos o más tipos de vampiros. Las probabilidades de encontrar al acosador de tu jefe o a tu arrogante compañero de trabajo, a lo largo de las páginas de este libro, son altas. Siéntete libre de usar las técnicas que te parezcan más apropiadas, no importa en qué capítulo las encuentres. Muchas técnicas son introducidas en los primeros capítulos y retomadas después. Probablemente será más útil si lo lees de corrido; de esta manera, al llegar al final, a los tipos más complejos de vampiros, tendrás un gran arsenal de técnicas para elegir.

¿Qué pasa si te encuentras entre los vampiros? Si lo haces, tómalo en serio; es una buena señal. Todos tendemos al desorden de personalidad. Si reconoces el tuyo, será menos problema que si no lo sabes.

Espero que encuentres útil este libro en el trabajo y en cualquier aspecto de tu vida. Más allá de esto, no me molestaría en lo más mínimo si te provoca una risita aquí y allá; y, si no fuera demasiado pedir, el destello ocasional de esperanza para la condición humana que viene con el entendimiento.

CAPÍTULO 3

¿Quién eres?

LOS GRUPOS A QUE PERTENECEMOS definen mucho de nosotros. Se caracterizan por sus similitudes étnicas, nacionales, laborales o, en un sentido psicológico más importante, por los valores que tenemos y los patrones típicos, mediante los que percibimos al mundo y las personas en él.

En el capítulo 1 mencioné que los diferentes modelos de pensamiento y percepción nos dan fortalezas y debilidades para lidiar con los vampiros emocionales. Para controlarlos de modo efectivo, primero debes conocerte a ti mismo. En este capítulo espero ofrecerte esta oportunidad.

Muchos de ustedes han cursado seminarios en los que usan varios test, como el Myers-Briggs para clasificar tipos de personalidad. Los encuentro útiles pero complicados. Aquí me gustaría proceder de manera un poco diferente.

En vez de clasificarte como introvertido o extrovertido, o si tu proceso de información pasa de intuición a sentimiento, para nuestro propósito, creo más útil saber cuál de las siguientes tres actitudes tienes hacia el trabajo.

A lo largo de treinta años como consultor empresarial, he estado muy influido por el trabajo de Terrence Deal y Allan Kennedy en culturas corporativas. De acuerdo con ellos, he tratado de observar organizaciones, estructuras sociales y reglas como antropólogo. Muy pronto descubrí que en la mayoría de las organizaciones culturales, en general, parece haber tres subgrupos separados y a menudo compitiendo que, de modo notable, son similares en pensamiento y comportamiento.

1. *Rebeldes:* orgullosos de sus habilidades técnicas y para manejar las crisis, no les gusta que les digan qué hacer.
2. *Creyentes:* trabajan duro y siguen las reglas. Esperan que su esfuerzo y responsabilidad los ayude a salir adelante. Por lo general, se decepcionan porque el trabajo duro es poco recompensado.
3. *Competidores:* se guían por reglas no escritas. Entienden y usan las políticas para hacer cosas. A veces, las políticas los usan.

Estos subgrupos son necesarios para el correcto funcionamiento de una organización, pero los miembros de cada uno, creen ser los únicos que hacen bien las cosas. Ven a los otros dos con sospecha, desdén y a veces burla descarada. Cada uno de estos grupos tiene fortalezas y debilidades para manejar el estrés en general y a los vampiros emocionales en particular.

El resto de este capítulo consiste en un test de autoevaluación que te ayudará a decidir si eres rebelde, creyente o competidor.

Cualquiera que sea tu grupo, sería una ventaja aprender a pensar como los otros dos. Ningún grupo tiene toda la razón.

Este test, como todos los indicadores psicológicos, sigue la Regla del Todos y Nadie, explicada en el capítulo anterior. Todos tienen algunos aspectos de lo que se mide, y nadie puede estar en una sola categoría. El test sólo indica en cuál encajas mejor.

¿ERES REBELDE, CREYENTE O COMPETIDOR?

Para cada pregunta, escoge la respuesta que mejor te describa la mayor parte del tiempo. Al final del cuestionario encontrarás una guía de puntaje y la explicación a tus respuestas.

1. Marca el enunciado con el que te identifiques mejor:
   a) Me molesta mucho hacer cosas que no son parte de mi trabajo.
   b) Estoy orgulloso de hacer mi trabajo lo mejor que puedo (incluyendo las partes que no me gustan y las que no me tocan).
   c) Concentro mi esfuerzo en las partes de mi trabajo que la compañía considera importantes.

2. Escoge lo que creas mejor:
   a) Sé en qué apoyar a mi jefe.
   b) Me gustaría que mi jefe me dejara solo.
   c) Me gustaría que mi jefe me diera más consejos y críticas.

3. Indica lo que defina mejor tu punto de vista:
   a) No me gusta que me consideren engreído.
   b) Soy responsable de hacer que la gente se dé cuenta de mis logros y habilidades.
   c) No me importa lo que piense la gente.

4. ¿Qué es el éxito?
   a) Es cuestión de suerte y contactos.
   b) Es cuestión de motivación y trabajo duro.
   c) Es cuestión de conocer el sistema y utilizarlo para lograr tus metas.

5. ¿Con qué te identificas más?
   a) Prefiero tener razón que ser feliz.
   b) Prefiero ser feliz a tener razón.
   c) No veo la conexión entre ser feliz y tener razón.

6. ¿Qué te describe mejor?
   a) Me han regañado por no hacer lo que se supone debo hacer.
   b) Hago lo necesario para que no me regañen.
   c) Si no te han regañado, significa que nunca has tomado riesgos.

7. En una situación desconocida, ¿qué haces para saber cómo actuar?
    a) Le pregunto a alguien o leo sobre el tema.
    b) Me fijo en lo que hacen las personas a cargo y hago lo mismo.
    c) Entiendo la situación y respondo con cosas que puedan funcionar.

8. ¿Con qué te identificas mejor?
    a) A veces ajusto las reglas.
    b) Me guío por las reglas.
    c) Depende de cuáles reglas.

9. Escoge una:
    a) Me gusta la emoción de una crisis.
    b) Actúo mejor en situaciones estables y predecibles.
    c) Actúo mejor bajo los reflectores.

10. ¿Con cuál estás más de acuerdo?
    a) Los medios son más importantes que el fin.
    b) El fin a veces justifica los medios.
    c) ¿A quién le importa?

11. Escoge lo que te identifique mejor:
    a) Quiero que me consideren muy talentoso.
    b) Quiero que me consideren inteligente, motivado y trabajador.
    c) A veces es una ventaja que te subestimen.

12. ¿Qué te molesta más?
    a) La gente que dice una cosa y hace otra.
    b) La gente que no entiende cómo funcionan las organizaciones.
    c) La gente que no sabe de qué habla.

¿Cómo calificarte?

Revisa tus respuestas y usa la siguiente guía, registrando los puntos para rebelde (RE), creyente (CR) y competidor (CO). Como verás, cada respuesta representa una forma de pensar y actuar en el trabajo, que puede ser fortaleza o debilidad.

Los vampiros emocionales siempre se acercan a tu punto débil, así que ten cuidado. Para ser fuerte, necesitas ejercitar la habilidad para cambiar tu percepción de las cosas, en especial cómo las ven personas diferentes a ti. Esta habilidad le falta a quienes tienen desórdenes de personalidad. El aislamiento es el punto débil de todos.

1. Marca el enunciado con el que te identifiques mejor:
   a) Me molesta mucho hacer cosas que no son parte de mi trabajo.
   b) Estoy orgulloso de hacer mi trabajo lo mejor que puedo (incluyendo las partes que no me gustan y las que no me tocan).
   c) Concentro mi esfuerzo en las partes de mi trabajo que la compañía considera importantes.

Si seleccionas *a,* anota **RE:** a menudo los rebeldes poseen fuerte concentración en aspectos técnicos del trabajo. Pregúntate si las tareas que tiendes a evitar en verdad no tienen importancia o son cosas que no te gustan, no haces bien, te asustan o no entiendes.

Si seleccionas *b,* anota **CR:** se muestra tu madurez y trabajo ético. Puedes estar orgulloso. También muestra tu ingenuidad. Pregúntate por qué nadie te nota. ¿Podría ser que estas partes de tu trabajo no garanticen que lo estés haciendo bien?

Si seleccionas *c,* anota **CO:** los competidores enfocan sus esfuerzos en lo que es recompensado y a menudo sólo atienden eso. Este es el camino para salir adelante en el trabajo. Por desgracia, algunas tareas no monitoreadas de cerca, también son importantes en el camino. ¿Eres eficiente o sólo te ahorras trabajo?

2. Escoge lo que creas mejor:
   a) Sé en qué apoyar a mi jefe.
   b) Me gustaría que mi jefe me dejara solo.
   c) Me gustaría que mi jefe me hiciera más comentarios.

Si seleccionas *a,* anota **CO:** los competidores saben que el trabajo principal es complacer a su jefe. Son expertos en darse cuenta de que cuando el jefe está satisfecho no necesitan decir nada. Para los competidores, el elogio es para los débiles.

Si seleccionas *b,* anota **RE:** a los rebeldes les gusta que los dejen solos para hacer su trabajo. Ser independiente es bueno, pero ver a tu jefe como piedra en el zapato, no.

Si seleccionas *c,* anota **CR:** a los creyentes les gustan los comentarios, porque así saben cómo están trabajando. Algunos estudios muestran que la retroalimentación, sobre todo positiva, es la manera óptima para obtener lo mejor de un empleado. Sin embargo, parece que tu jefe no ha leído estos estudios. Los competidores piensan que los comentarios son como llevarte de la mano. Si preguntas, es probable que te hagan uno, pero también te descartarán como jugador.

3. Indica lo que defina mejor tu punto de vista:
   a) No me gusta que me consideren engreído.
   b) Soy responsable de hacer que la gente se dé cuenta de mis logros y habilidades.
   c) No me importa lo que piense la gente.

Si seleccionas *a,* anota **CR:** los creyentes saben que no hay un YO en un EQUIPO. Lo que no notan es que si tú no les dices, nadie sabrá del buen trabajo que haces. Si pones un huevo, cacaréalo. Pregúntate dónde aprendiste que ser engreído está mal.

Si seleccionas *b,* anota **CO:** los competidores no tienen problema para promocionarse a sí mismos. A veces, esto puede irritar al resto del equipo. Hay un lugar y un tiempo para todo. Saben cuándo hacer ruido y cuándo estar en silencio.

Si seleccionas *c,* anota **RE:** los rebeldes están orgullosos de su independencia. A menudo creen que no les importa lo que la gente piensa. De hecho, esto no es posible para una criatura social. Todo mundo tiene una referencia grupal. ¿Qué hay de los que te dicen lamebotas, si te descubren desayunando con el jefe?

4. ¿Qué es el éxito?
   a) El éxito es cuestión de suerte y contactos.
   b) El éxito es cuestión de motivación y trabajo duro.
   c) El éxito es cuestión de conocer el sistema y utilizarlo para lograr tus metas.

Si seleccionas *a,* anota **RE:** los rebeldes creen que tienen poco control sobre lo que les pasa. Es probable que tengan razón, o no ponen atención. Controlar lo que puedes es esencial para la salud mental. Preocuparte por cosas que no puedes controlar te volverá loco. Debes encontrar el punto medio.

Si seleccionas *b,* anota **CR:** esto es lo que los creyentes creen. Si no lo hicieran, todo se vendría abajo. Una de las grandes tragedias en las compañías es que el trabajo duro no es valorado como debería. No es qué tanto trabajes, sino que esto determine tu recompensa.

Si seleccionas *c,* anota **CO:** es el corazón de lo que creen los competidores. Es correcto, hasta donde llegue; a veces muy lejos. Sólo tú puedes poner límite.

5. ¿Con qué te identificas más?
   a) Prefiero tener razón que ser feliz.
   b) Prefiero ser feliz a tener razón.
   c) No veo la conexión entre ser feliz y tener razón.

Si seleccionas *a,* anota **CR:** los creyentes se guían por principios. Si no lo hicieran, ¿quién lo haría? Por desgracia, tienden a ver conflictos morales donde no los hay. También olvidan que tener razón es una competencia. Si tú ganas, alguien pierde.

Si seleccionas *b,* anota **CO:** a los competidores les gusta tener razón tanto como al tipo de al lado. También reconocen que estar bien y ser feliz a menudo son recíprocos. Si ahondas demasiado en el pensamiento del relativismo moral, puedes perder tu camino.

Si seleccionas *c,* anota **RE:** los rebeldes piensan que tener *razón* y estar en lo *correcto* son sinónimos. Son buenos para tener razón, pero a veces pierden de vista la diferencia entre conocimiento y moralidad.

6. ¿Qué te describe mejor?
   a) Me han regañado por no hacer lo que se supone debo hacer.
   b) Hago lo necesario para que no me regañen.
   c) Si no te han regañado significa que nunca has tomado riesgos.

Si seleccionas *a,* anota **RE:** ¿valió la pena?

Si seleccionas *b,* anota **CR:** los creyentes tratan de permanecer en el buen camino. Algunas veces dejan que otros dirijan para evitar riesgos y buscan complacer a todo mundo. ¿Cuánto estás dispuesto a pagar por seguridad?

Si seleccionas *c,* anota **CO:** los competidores saben que en muchas situaciones vale más pedir perdón que permiso.

7. En una situación desconocida, ¿qué haces para saber cómo actuar?
   a) Le pregunto a alguien o leo sobre el tema.
   b) Me fijo en lo que hacen las personas a cargo y hago lo mismo.
   c) Entiendo la situación y respondo con cosas que puedan funcionar.

Si seleccionas *a,* anota **CR:** los creyentes hacen su tarea. Esta estrategia funciona bien si alguien te orienta o lo que buscas está escrito en alguna parte. Pero las respuestas que obtengas pueden estar mal o al menos incompletas. Lee todo lo que puedas, también entre líneas. Luego piensa por ti mismo.

Si seleccionas *b,* anota **CO:** los competidores aprenden viendo a la gente exitosa y haciendo lo que hacen. Es una buena forma de triunfar. También de aprender malos hábitos.

Si seleccionas *c,* anota **RE:** los rebeldes son independientes y creativos, a menudo aportan nuevas ideas. También pueden pasar horas reinventando la rueda. Al menos lee las instrucciones.

8. ¿Con qué te identificas más?
   a) A veces ajusto las reglas.
   b) Me guío por las reglas.
   c) Depende de cuáles reglas.

Si seleccionas *a,* anota **RE:** los rebeldes a veces ajustan las reglas a su conveniencia y quedan como una elegante solución. Pero a veces ajustan las reglas porque no les gusta que les digan qué deben hacer. Antes de empezar a ajustar, considera tu motivación y revisa qué ha pasado con las personas que lo han hecho.

Si seleccionas *b,* anota **CR:** los creyentes siguen las reglas porque ellos son las reglas. Esto los hace buenos ciudadanos. Seguir las reglas también te hace vulnerable, si es que nadie más las sigue.

Si seleccionas *c,* anota **CO:** los competidores pueden determinar cuáles reglas son importantes y cuáles sólo adorno. Desgraciadamente tienden a pensar que los buenos ciudadanos son bobos.

9. Escoge una:
   a) Me gusta la emoción de una crisis.
   b) Actúo mejor en situaciones estables y predecibles.
   c) Actúo mejor bajo los reflectores.

Si seleccionas *a,* anota **RE:** los rebeldes brillan en las crisis, pero se aburren en la rutina diaria. Si te sientes aburrido, busca no meterte en problemas.

Si seleccionas *b,* anota **CR:** los creyentes se enorgullecen de hacer bien su trabajo día con día. En esto hay honor, pero no gloria.

Si seleccionas *c,* anota **CO:** los competidores van por la gloria. Lo que eres también está determinado por lo que haces cuando no eres el centro de atención.

10. ¿Con cuál estás más de acuerdo?
   a) Los medios son más importantes que el fin.
   b) El fin a veces justifica los medios.
   c) ¿A quién le importa?

Si seleccionas *a,* anota **CR:** los creyentes son honestos cuando fallan. Pregúntate: *¿qué tan pequeño debe ser un conflicto moral para ignorarlo?*

Si seleccionas *b,* anota **CO:** los competidores creen que la ética es relativa. Pregúntate: *¿qué tan grande debe ser un conflicto moral para que llame mi atención?*

Si seleccionas *c,* anota **RE:** los rebeldes se preguntan por qué la gente anda discutiendo filosofía cuando tienen trabajo pendiente.

11. Escoge lo que te identifique mejor:
   a) Quiero que me consideren muy talentoso.
   b) Quiero que me consideren inteligente, motivado y trabajador.
   c) A veces es una ventaja que te subestimen.

Si seleccionas *a,* anota **RE:** los rebeldes creen que su talento les asegura independencia. Debería, pero no es cierto.

Si seleccionas *b,* anota **CR:** en general, los creyentes *son* inteligentes, motivados y trabajadores. Realzar estas virtudes es su recompensa personal.

Si seleccionas *c,* anota **CO:** los competidores son maquiavélicos. Para decidir si esto es una fortaleza o una debilidad, lee a Maquiavelo.

12. ¿Qué te molesta más?
   a) La gente que dice una cosa y hace otra.
   b) La gente que no entiende cómo funcionan las organizaciones.
   c) La gente que no sabe de qué habla.

Si seleccionas *a,* anota **CR:** los creyentes son adictos a la integridad. Su droga favorita es menospreciar a los hipócritas.

Si seleccionas *b,* anota **CO:** los competidores dividen el mundo en "jugadores" y "nadies". Nadie es demasiado pequeño para causarte problemas. Este enunciado se puede leer de dos formas. Asegúrate de hacerlo.

Si seleccionas *c,* anota **RE:** los rebeldes valoran sobre todo el conocimiento. A menudo consideran el conocimiento fuera de su área como una contradicción.

Cuenta el total de **RE** (rebelde), **CR** (creyente) y **CO** (competidores). Compara tu total para encontrar a qué grupo eres más parecido y más diferente. El puntaje ideal sería un balance entre los tres, aunque la mayoría de las personas tienden a calificar más alto sólo en uno. Los siguientes resúmenes te darán una idea de dónde estás parado ahora y cómo respondes de manera automática a ciertas situaciones en el trabajo. Como veremos a lo largo de este libro, cada grupo tiene fortalezas y debilidades para lidiar con los diferentes vampiros emocionales.

REBELDES

Si eres un rebelde, tiendes a concentrarte en aspectos específicos de tu trabajo. Se sienten orgullosos de su "saber-cómo", lo que significa que tienen talento, conocimiento, experiencia, creatividad y habilidad para manejar situaciones de emergencia. Esta es la cultura tradicional de los que responden primero. Personas que prefieren tener los pies en la tierra y no divagar en una lluvia de ideas.

A los rebeldes, las compañías los quieren cerca cuando algo colapsa, pero el resto del tiempo pueden estorbar. No les gusta que les digan qué hacer, y menos gente que no tiene el conocimiento o la experiencia de ellos.

Los rebeldes en general no consideran que la gerencia o las ventas requieran talento. Tienen una palabra para definir todas las formas de conducta política: *lamebotas.*

La mayoría de los rebeldes se entienden con los antisociales. Se desarrollan bien en situaciones conflictivas y sufren haciendo las aburridas tareas diarias. Tienen problemas con los vampiros emocionales obsesivos-compulsivos con los que trabajan. El término *obsesivo controlador* es un invento rebelde, como las autodestructivas y duras batallas que deben enfrentar.

A menudo, los rebeldes tienen sentido del humor y piensan que todo el mundo lo comparte. En el fondo, se sorprenden cuando una de sus bromas ofende a alguien.

La mayor fortaleza de los rebeldes es su valor. Si sienten que algo debe hacerse, lo llevan a cabo sin considerar el costo personal. Toman decisiones rápido y viven las consecuencias.

Los rebeldes son muy buenos para descubrir las farsas de todos, menos las suyas. No tienen paciencia para las juntas motivacionales de los histriónicos o para sus juegos políticos así, que son adorados por los narcisistas.

Si eres un rebelde, necesitas acercarte a las dificultades interpersonales con la misma actitud cuidadosa y analítica que requiere resolver problemas técnicos. Siempre utilizan la herramienta correcta para el trabajo. Para problemas con la gente recurren a otras opciones. No trates de sacar un tornillo con un martillo.

CREYENTES

Si eres un creyente, crees en la verdad, la justicia, el trabajo duro, la legitimidad, la motivación y el trabajo ético. Los creyentes son el corazón de cualquier empresa. No hablan por hablar y hacen su mejor esfuerzo paso a paso.

Los creyentes comparten algunos de las mejores características de los histriónicos y los obsesivo-compulsivos. Tratan de ser positivos y ponen atención a los detalles diarios. Los creyentes hacen su tarea, incluso si no los supervisan.

Cuando los creyentes hacen una promesa, eso realmente significa algo. Por desgracia, esto los hace presa fácil de vampiros emocionales, cuyas promesas sólo sirven para manipular.

La mayor debilidad de los creyentes es pensar que todos juegan con sus mismas reglas. Reaccionan a la traición que los rodea con indignación moral, en lugar de verla como una oportunidad de aprendizaje. Para los creyentes, caer en el juego de las intrigas evidencia un carácter débil. No se dan cuenta de que en ninguna oficina, *no jugar* con las reglas sea una opción. Sólo puedes jugar bien o mal.

Además de la constancia y veracidad, su gran fortaleza es la apertura a aprender cosas nuevas, si alguien les enseña. Sin embargo, en el trabajo nunca se enseñan las cosas más importantes. Deben aprender mediante la observación, ya que mucho de lo que se enseña en la actualidad es engañoso. Puedes agradecer esto a los vampiros emocionales. Su recurso es el engaño.

Si eres un creyente, para lidiar efectivamente con los vampiros emocionales necesitas observar muy bien su comportamiento y aguantar lo más que puedas, sin emitir juicios morales. Cuando piensas en conceptos como mentira, injusticia e hipocresía, limitas tus opciones de respuesta por asumir que los vampiros, como tú, son motivados por contingencias internas y esto significa para ellos verse como justos y honestos. Si alguien te acusa de hipócrita, eso te afecta al grado de tener que examinar tu comportamiento. Los vampiros simplemente reaccionan.

Los vampiros emocionales reconocen mejor las emergencias que la mayoría de los creyentes, algo que se recompensa y castiga en el sistema. Saben cómo obtener lo que quieren cuando quieren y por lo común no se detienen por cuestiones éticas o morales. Si quieres lidiar de manera efectiva contra los vampiros, debes buscar sus motivaciones.

Competidores

Si eres un competidor, reconoces las emergencias externas. Entiendes y usas las reglas. Tu pensamiento se rige por jerarquías, alianzas y saber a quién necesitas influir para que las cosas se hagan. Para los competidores, las reglas son la base de las relaciones humanas. Le das a la gente lo que quiere: te dan lo que quieres. No hay nada de injusto en el intercambio.

La mayor fortaleza de los competidores es su habilidad para hacer que las cosas sucedan. Son maestros en aprender por medio de la observación. Ellos descubren qué hacer viendo a la gente y copiándola. Esta habilidad es esencial si quieres salir adelante en cualquier empresa, porque el éxito está determinado por tu capacidad de discernir y seguir las reglas que nadie te dice.Los competidores son la praxis en persona. Siempre ponen especial cuidado en lo que funciona. Se distinguen por recoger buenas ideas y hacerlas funcionar.

La mayor debilidad de los competidores es, justamente, aprender por la observación. Cuando un vampiro está a cargo, los competidores aprenden a actuar como vampiros. Es a través de esta imitación, como los vampiros emocionales en el poder crean culturas que reflejan sus desórdenes de personalidad. En los siguientes capítulos veremos algunas de estas culturas.

Si te preguntas por qué insisto en culturas y modelos de percepción, y por qué no sólo describo a los vampiros emocionales y cómo lidiar con ellos, tienes un punto a tu favor.

Yo también tengo uno. La forma en que se manejan las personas con desórdenes de personalidad no consiste tanto en lo que te hacen sino en la manera de usar tus debilidades para controlarte. Si quieres protegerte, debes saber cuáles son estas debilidades.

También necesitas identificar las reglas escritas y no escritas de tu empresa. El resto del libro te dirigirá a ellas.

Una vez que te conozcas y reconozcas el contexto cultural en que trabajas, serás capaz de enfrentar a los vampiros emocionales en terreno seguro.

Ahora que dominas algunas de tus fortalezas y debilidades, estás listo para conocer a los vampiros.

CAPÍTULO 4

Antisociales

SON LOS VAMPIROS MÁS SIMPLES y en muchas ocasiones los más peligrosos. Todo lo que quieren es pasar un buen rato, tener un poco de acción e inmediata satisfacción de sus deseos. Si te pueden usar para cumplir sus metas, nadie será más emocionante, encantador o seductor que ellos. Si te pones en su camino, nadie será más amenazante.

Los antisociales son como todos los vampiros, inmaduros. En sus mejores días, sus emociones son como de adolescente y en los peores, pueden equipararse con cualquier escuincle, lo cual, bien mirado, también es una actitud adolescente.

En palabras más técnicas, hablamos de personas con el llamado *desorden de personalidad antisocial*. Antisocial, en este caso, significa que no socializa ni sigue normas sociales. El nombre es desafortunado. Como sus predecesores, *sociópata* y *psicópata*, nos regresa a los días en que los diagnósticos psiquiátricos eran juicios morales, más que descripciones de la personalidad. Hace cien años, cuando estos diagnósticos se formularon por primera vez, se consideraba la personalidad propia de los criminales. Todavía es así.

De todos los vampiros emocionales, éstos son los más propensos a involucrarse en comportamientos ilegales. Hay muchas razones para afirmar esto, todas simples y directas. Los antisociales quieren lo que quieren, cuando lo quieren. Como a niños pequeños, no les molesta la culpa. No aprecian lo moral ni lo legal. Si tienes lo que quieren, harán lo necesario para conseguirlo, incluso mentir, engañar o robar.

La mayoría de los antisociales que encuentres en el trabajo no son criminales. Desórdenes de personalidad existen a lo largo de un *continuum*. En un sentido son criminales; en el otro, adolescentes inmaduros, emocionales, aventureros y, a veces, metidos en cuestiones de sexo, drogas y *rock and roll*.

Otro problema es que el significado coloquial de *antisocial* remite a gente que no le gustan las fiestas. En definitiva, esto no es una verdad de los antisociales. Les gusta rodearse de gente y aman las fiestas por las oportunidades que representan. Son enérgicos, extrovertidos, cualquier lugar en que se encuentren, lo utilizan a su favor. Son expertos en causar una buena primera impresión. Parecen simpáticos, atractivos y altamente motivados. Tienen lo que se necesita para ser contratados o ascendidos. Por desgracia, no siempre tienen lo que se necesita para hacer el trabajo. Hacen lo más fácil y el resto del trabajo lo ignoran.

Lo que resulta fácil para los antisociales es la manipulación y las excusas. Adulan a sus superiores y aterrorizan a sus subordinados. A menudo logran mantener sus trabajos por más tiempo del que deberían, porque aparentan producir. Si los números fueran lo importante, los harían de cualquier manera posible. La gente que debería supervisarlos no lo hace porque son encantadores y tranquilizadores.

Los antisociales son extrovertidos pero, en otro sentido, solitarios. Tienen dificultades para hacer compromisos, ya que realmente no confían en nadie. Están convencidos de que el único motivador humano es el propio interés. Son verdaderos depredadores y se sienten orgullosos de serlo. Se sienten cómodos con el egoísmo, porque no creen que haya otro tipo de motivación.

Son a menudo atractivos y divertidos. Imagina a una persona normal, duplícale el nivel de energía, triplícale el amor a lo emocionante, y después apaga su circuito de la preocupación. ¿No contratarías a alguien así? Por supuesto, es muy fácil pensar que si sobresale en algo, sobresaldrá en todo.

EL DILEMA FERRARI-TOYOTA

Los antisociales son expertos hipnotizadores. Te presentan ilusiones, tanto positivas como negativas, más fascinantes que en la vida real. Sin importar cómo seas, saben con exactitud lo que quieres.

Hice un compendio de ofertas de trabajo que resume la fantasía de muchas personas sobre el perfil del empleado ideal.

Se busca emprendedor entusiasta con mucha energía. Estamos buscando una persona independiente que no necesite que le digan qué hacer a cada minuto, alguien con espíritu empresarial que cree su propia seguridad al ser rápido, decisivo, flexible y capaz de pensar por sí mismo. Indispensable: habilidades sociales y políticas. Aplicar sólo si puedes convertir contratiempos en oportunidades y si estás dispuesto a correr pequeños riesgos a cambio de grandes recompensas. No quejumbrosos.

Si puedes imaginar a estos aspirantes presentándose con una gran sonrisa y un firme apretón de manos, lo que tienes en mente es un vampiro antisocial. Un Ferrari en un mundo de Toyotas.

Los Toyota son seguros y prácticos, pero no divertidos. Los Ferrari son poderosamente peligrosos, fabulosamente caros, y lo son aún más dentro de la tienda que en las calles. Por eso pensamos en ellos cuando compramos un Toyota.

Después de algunos meses en el puesto, el desempeño de la persona contratada del anuncio anterior, podría merecer (pero no necesariamente obtener) una evaluación como la siguiente:

Poco fiable y algunas veces deshonesto. No acepta que le digan qué hacer. Está convencido de que la mayoría de las reglas son tontas, cerradas y hechas para violarse. Aburrido por el trabajo diario, llega al punto de buscar atajos y dejar tareas importantes incompletas. Toma ventaja de los demás y, a menudo, hace berrinches para salirse con la suya. Tiene poca habilidad para planear o aprender de sus errores. En lo personal está atravesando un divorcio, tiene dificultades financieras y se rumora que tiene problemas con el alcohol y las drogas.

Lo más importante para recordar sobre los antisociales es que el anuncio y la evaluación representan dos partes de la misma persona. Rara vez encontrarás uno sin el otro.

Los rasgos de los vampiros emocionales, tanto positivos como negativos, se encuentran en grupos identificables. Si los positivos están ahí; también los negativos, los veas o no. Este libro está lleno de descripciones, ejemplos y listas que te enseñarán más de lo que siempre quisiste saber sobre qué rasgos corresponden a qué tipo de personalidad. Estarás advertido.

Puede que no haya ninguna diferencia. Los Ferrari son, a pesar de ser tan imprácticos, deseados por todos. Quienes tienen uno lo aman lo suficiente para pretender que son útiles. Principiantes podrán pensar que el dilema Ferrari-Toyota no existe en realidad, o que es el resultado de una anomalía que puede corregirse con facilidad por un buen y habilidoso mecánico. Sé que esto es verdad porque, en más de cuarenta años como terapeuta y consultor empresarial, la gente me ha traído incontable número de Ferraris humanos para reparar. Ellos piensan que, de alguna forma, puedo deshacerme de las partes malas y conservar las buenas. Les digo que es imposible, pero la mayoría de las veces no me creen.

En la elección entre Ferrari y Toyota, no importa cuál escojas, sino que sepas identificar las diferencias. La gente más afectada por los vampiros emocionales cree que puede tener la velocidad y regocijo de un Ferrari con la seguridad y confiabilidad de un Toyota.

CÓMO RECONOCER A UN VAMPIRO ANTISOCIAL

Ahora llegamos al primer test para identificar vampiros. Seré el primero en admitir que es crudo por basarse más en opiniones, impresiones y juicios, que en hechos objetivos. La razón de esto es que en la mayoría de los casos, las impresiones son todo lo que tenemos a mano.

El propósito del test no es hacer un diagnóstico médico sino ayudarte a reconocer a la gente que te consume antes de vaciarte. Tu primera línea de defensa es siempre tu impresión subjetiva de que algo anda mal. Si tienes duda, comparte tus intuiciones con otra persona. Ésta es una buena idea, incluso si estás seguro.

Recuerda la regla del capítulo 2, *nadie es todo o nada*. Nadie se ajusta por completo a una categoría. Todos están hechos de un conjunto de características que los hacen únicos, pero algunos de ellos consumen mucha más energía emocional que otros.

TEST DEL VAMPIRO EMOCIONAL ANTISOCIAL

Verdadero o falso. Suma un punto por cada respuesta *verdadera*.

1. Esta persona piensa que las reglas se hicieron para violarse.   V   F

2. Esta persona por lo regular evita hacer cosas que no quiere hacer.   V   F

3. Se rumora que esta persona tiene problemas legales o éticos.   V   F

4. Esta persona por lo general se involucra en actividades peligrosas, por la emoción que representan.   V   F

5. Esta persona tiene destellos de encanto para conseguir lo que quiere.   V   F

6. Esta persona actúa muy diferente con superiores y subordinados. [V] [F]

7. Los "chistes" de esta persona, a menudo lastiman los sentimientos de otras personas. [V] [F]

8. Esta persona es bebedora, fumadora, jugadora, adicta a la adrenalina o todo lo anterior junto. [V] [F]

9. Esta persona tiene una tormentosa historia de relaciones personales. [V] [F]

10. Esta persona culpa a los demás de sus errores o defectos. [V] [F]

11. Esta persona es acosadora. [V] [F]

12. Esta persona no ve problema en mentir para conseguir una meta. [V] [F]

13. Esta persona no ve problema en tomar ventaja de clientes o colegas. [V] [F]

14. Esta persona hace berrinches si las cosas no se hacen a su manera. [V] [F]

15. Esta persona toma decisiones impulsivas. [V] [F]

16. Esta persona tiene a mucha gente engañada. [V] [F]

17. Esta persona fue despedida de un trabajo o renunció impulsivamente. [V] [F]

18. Esta persona se enoja, estalla, se calma y después se pregunta, por qué los demás siguen alterados. [V] [F]

19. Esta persona por lo regular hace promesas que nunca cumple. [V] [F]

20. A pesar de todo lo anterior, es una de las personas más emocionantes e interesantes que he conocido. [V] [F]

Puntuación: cinco o más respuestas verdaderas califican a la persona como vampiro emocional antisocial, pero esto no diagnostica un desorden de personalidad antisocial. Si la persona califica con diez o más, cuídate la espalda y aferra tu cartera.

El comportamiento específico, relacionado con diversas características de la personalidad, define al vampiro emocional antisocial.

Gran necesidad de estimulación

En el núcleo de la personalidad antisocial hay un deseo de estimulación de todo tipo. Todas las demás características surgen de este hilo conductor que busca emociones. En cualquier encrucijada, los antisociales escogerán a menudo el camino que los lleve a lo más emocionante en el menor tiempo posible. Ellos pueden desconocer esta dinámica por completo, pero en gran parte nos sirve para explicar su comportamiento.

Por el lado positivo, a los antisociales no los frenan dudas o preocupaciones. Actúan como si fueran a prueba de balas, aceptando riesgos y retos que aterrorizarían a la gente ordinaria. La mayoría de exploraciones, osadías financieras o hazañas físicas, fueron realizadas por personas cuyos criterios podrían igualarse con los de antisociales. Desde el principio de los tiempos, los hemos amado, emocionado con sus proezas y construido monumentos para honrar sus nombres. Sólo que no podemos vivir con ellos. Los héroes son a menudo tan peligrosos para sus amigos como para el enemigo.

Fastidio de la vida diaria

El mismo coraje que guía en un campo de batalla, en una arena deportiva o en una plaza bursátil, es el que conduce al fastidio de la vida diaria. El paisaje del mundo antisocial está hecho de intermitentes montañas de regocijo, con amplios desiertos de fastidio.

En la larga espera por gratificaciones atrasadas, la gente madura se contiene y continúa con sus responsabilidades; por su lado, los antisociales se sienten como bestias atrapadas que buscan cualquier forma de escapar. Los antisociales siempre están haciendo cosas para aliviar su fastidio. Según ellos, no buscan problemas, sólo una forma de ser libres. Libertad para ellos, a menudo significa problemas para los demás.

Poca tolerancia a la frustración

Los antisociales quieren lo que quieren y lo quieren ahora. Si interfieres en su camino, los haces esperar o les pides hacer algo que no quieren, se irritarán con facilidad. Por lo general, escogen batallas sólo para animar las cosas.

Adicciones

Cuando los antisociales están aburridos, quieren sentirse bien de inmediato. Se sienten atraídos a cosas adictivas, como las abejas a la miel. El sexo y las drogas son siempre populares, también el juego, sobregirar tarjetas de crédito y efectuar inversiones riesgosas con dinero ajeno. La droga elegida puede variar, pero el propósito es el mismo. Bajo la piel, todas las adicciones son semejantes, proporcionan cambios neuroquímicos que constituyen el impulso principal de la vida del antisocial.

Impulsividad

Los antisociales, rara vez reflexionan el porqué de sus acciones, sólo las realizan. Planear o considerar opciones es innecesario y aburrido. En los campos de batalla o de juego, son más atractivos de lo que el resto de nosotros podría soñar, debido a que no consideran preocupaciones y dudas que a nosotros nos contienen. Pocas veces ven sus errores, pero son rápidos para identificarlos en los demás. A veces pueden ser abiertamente agresivos. Conducir para ellos es un deporte competitivo.

Falta de dirección interna

Sólo con el tiempo resulta indudable que las decisiones antisociales son producto del azar. Internamente, los antisociales no se ven tomando decisiones. La vida para ellos es una serie de inevitables reacciones a lo que sucede en el momento. Dales lo que quieren y se alegrarán. Frústralos y harán un berrinche. Ponlos en una situación aburrida y harán un escándalo. Son la personificación del pensamiento rápido. Creen que sus acciones son una respuesta a lo que les pasa. Este pensamiento los libera de responsabilidad y culpa, pero también les roba la opción de tener el control de sus vidas, algo esencial para la salud mental. Puede que la preocupación y la duda nos alienten, pero también proporcionan significado y continuidad a nuestras vidas.

Encanto

A pesar de sus fallas, los vampiros antisociales son encantadores. Podrías pensar que estos depredadores humanos son odiados y rechazados, pero eso está muy alejado de la realidad. La inmadurez es el manantial de la atracción y fuente de todo encanto. Los antisociales forjan su vida emocional usando a otras personas. Para sobrevivir, deben ser muy buenos al convencerte de que tienen justo lo que necesitas. Y *realmente* lo tienen, pero pocas veces durante el tiempo suficiente.

Habilidades para vender

En el trabajo, es probable que hayas topado con antisociales en el área de ventas, donde su encanto, extroversión y falta de inhibición les ayuda a tener éxito. Diversos estudios han demostrado que los antisociales son menos sensibles a los efectos del castigo que la gente normal. Si lo reflexionas, éste resulta un rasgo importante para tener éxito en las ventas. Los antisociales son mejores que la mayoría de nosotros para levantarse el ánimo, desempolvarse y comenzar de nuevo.

Machismo

Algo que tal vez hayas notado en los antisociales es que el estilo de su personalidad suena como el estereotipo masculino que usa esteroides. Son estrellas deportivas y héroes de acción, que no saben qué hacer con sus vidas una vez que el juego o la película terminan. Esto no es para decir que no hay mujeres antisociales. Muchas actúan como hombres respecto al sexo, drogas, emoción, agresión y evasión de responsabilidades. Como veremos más adelante, el estilo histriónico es más estereotípico en la mujer.

¿CÓMO ES POSIBLE QUE GENTE TAN IRRESPONSABLE TERMINE EN PUESTOS DE RESPONSABILIDAD?

Ser agradable y tener cualidades altamente valoradas en una empresa, a menudo opacan las fallas de los antisociales. Podrán tener buenos números en ventas o estar tranquilos bajo fuego, pero como líderes, sus habilidades son pésimas. Esto no siempre impide que sean ascendidos. Aun cuando la gente encargada del ascenso necesite un Toyota, a menudo prefiere un Ferrari. En los siguientes capítulos veremos algunas técnicas antisociales utilizadas para obtener un empleo o un ascenso a posiciones en las que pueden hacer un poco de daño. También espero darte unas cuantas sugerencias sobre cómo protegerte.

CAPÍTULO 5

Acosadores antisociales y abusadores de sustancias

LOS ANTISOCIALES QUE, con seguridad, te darán más problemas en el trabajo son de dos tipos básicos: acosadores y estafadores. Sus maneras de operar pueden variar pero, como veremos, el modelo principal es común. Los antisociales de cualquier tipo tienen un alto riesgo de abusar de drogas o alcohol.

Al saber qué hacer con ellos, cuán deshonestos y poco confiables son, te sorprenderán las maneras que tienen para llegar al mando. Algunos poseen el encanto necesario para conseguir un ascenso, superior a su nivel de competencia. Por fuera, lucen muy bien. Por dentro, es una historia diferente, como quizá sabrás si tienes el infortunio de trabajar para alguno.

Desde nuestro punto de vista, los acosadores antisociales van a la cabeza, con los vampiros emocionales más amenazantes. Si aprendes a manejarlos, el resto te será fácil. Bueno, menos difícil.

La habilidad más importante para lidiar con los vampiros emocionales es pensar en lugar de reaccionar cuando eres objeto de la presión emocional. La buena noticia es que, si trabajas para un acosador, tendrás muchas oportunidades para practicar.

Hay algunas experiencias que te consumen más que la agresión verbal. No sólo los gritos y apodos te afectan, sino caminar todo el tiempo sobre arenas movedizas, así como la repetición de ataques a tu mente, añadiendo todas las cosas que debiste decir. Tu objetivo final con los acosadores y con el resto de los vampiros de que hablaremos, es limitar el daño que puedan ocasionar. Para protegerte, debes entenderlos, así pensarás la forma para librarte de situaciones estresantes, en vez de sólo reaccionar ante ellas.

Como el resto de los tipos antisociales, los acosadores son adictos a la emoción. Su droga favorita es la intimidación. Como jefes, les encanta hacer sufrir a sus subordinados. El miedo causa en ellos el mismo efecto que la sangre en el agua a los tiburones. Los patrones instintivos son provocados por drogas psicoactivas internas, más potentes que cualquier otra sustancia que pueda conseguirse en las calles. Si observas los patrones, tendrás una descarga justo en el centro del placer. Si te desvías, la ansiedad se comerá tus entrañas.

Los alcohólicos buscan excusas para beber. Los acosadores, razones para atacar. La causa no es importante. Lo hacen porque se siente bien.

Los jefes acosadores antisociales, a menudo generan miedo y confusión en la forma más cruda posible, con obscenidades, bromas crueles y apodos. Nunca escogen a nadie de su tamaño. Se complacen haciendo lo que sea necesario para sacar de balance a los subordinados y patearlos en el piso. En algunas culturas organizacionales, incluso se orinarían sobre ellos. El aire de satisfacción pretenciosa en el momento de atacar, es lo que diferencia a los acosadores de otros antisociales que hacen rabietas cuando se frustran, y de la gente normal que pierde la paciencia. Para otras personas, los arrebatos de ira tienen un propósito; para los acosadores antisociales son un fin en sí mismos.

Pensar en vez de reaccionar frente a los acosadores

La gente siempre te dirá que enfrentes a los acosadores pero, ¿qué quieren decir en realidad? No hay manera de igualar su cruda agresión, así que ¿para qué intentarlo? En vez de eso, haz lo que ellos *no hacen:* pensar lento.

La versión adulta de aguantar a los acosadores, significa escoger un camino y apegarse a él sin importar las dificultades; en otras palabras, tener valor. Puedo ayudarte a escoger algunas acciones que vale la pena seguir.

Si existe un secreto para lidiar contra los acosadores antisociales y otros vampiros emocionales, quienes sean y donde estén, es éste: *toda acción lastimera y molesta que los vampiros realizan sigue un modelo. De forma intencional o no, lo que hacen les ofrece las respuestas que esperan y los resultados que quieren. La mejor manera de defenderte es reconociendo los modelos y apartándote de ellos.*

Con los acosadores antisociales, apartarse del modelo significa quitarle lo divertido al abuso y convertirlo en trabajo. Esto no es fácil; tendrás que hacer uso de todo lo que hemos expuesto hasta ahora.

Clara está en una reunión con Chuck, su jefe, y los otros gerentes del equipo. Los números de este semestre parecen desalentadores, y Chuck está realmente molesto. ¿Qué hay de nuevo?

Aunque el déficit no es culpa del equipo (no se pueden vender productos que no están hechos), a Chuck no le importa; números son números, y los malos resultados lo meten en problemas con su jefe, lo cual es tan buena excusa como cualquier otra para destruir a quien sea.

Uno por uno, habla con cada miembro del equipo: "¿Qué pasa contigo?", le dice a Kevin. "¿Eres flojo o sólo estúpido? Si tuvieras el cerebro que Dios le dio a un retrasado, lo hubieras visto venir y habrías hecho algo al respecto."

"Pero, pero…", balbucea Kevin.

"Pero nada, se supone que pienses, no que inventes excusas."

Clara ya tuvo suficiente. Chuck se está comportando como un completo imbécil. Ella siente que debe hacer algo, ¿pero qué?

Junta valor e intenta cambiar el tono de la reunión.

"Chuck, yo sé que las cosas van muy mal, y lo sentimos mucho", dice. "Tal vez si unimos nuestras cabezas podremos resolverlo."

Por un segundo, todos se callan.

Chuck gira hacia Clara y sonríe. Todo mundo reconoce esa mirada. Ella sabe que es la siguiente víctima.

"¿Quieres saber lo que podemos hacer al respecto, señorita amable-unamos-nuestras-cabezas?" Chuck empieza suave y lento, luego eleva el tono. "Te diré qué podemos hacer. Podemos dejar de hacernos pendejos y mover algo del maldito producto. Y tú, Clara, ¿quieres saber qué puedes hacer? Dejar de quejarte como estúpida cada vez que alguien te dice que dejes de hacer pendejadas y trabajes un poco para variar."

Clara siente que la han cacheteado. ¡La llamó estúpida! Nadie merece eso. Y, hablando de pendejadas, ella se parte por todo el departamento mientras Chuck sólo las hace.

¡Ahora es personal!

Aquí está tu examen: ¿Qué debería hacer Clara?

A decir verdad, no tenemos suficiente información para responder la pregunta, pero eso no debe detenerte. Tu primera respuesta ante esta situación puede revelar algunas maneras automáticas de pensar. Aquí estamos buscando modelos, y las respuestas que des forman parte de su creación.

Los rebeldes pensarán que Clara debería defenderse. Tal vez golpear a Chuck con su *laptop* en la cabeza. O mejor aún, con un abogado. Podría demandarlo por crear un ambiente de trabajo hostil.

Los creyentes estarán pensando que debería reportar el incidente con el jefe de Chuck, esperando que haga cumplir las reglas contra el acoso a empleados.

Los competidores estarán intentando averiguar cuál es la respuesta que yo considero correcta.

Como sea, tu primera respuesta en una situación emocional es tu pensamiento rápido. Con frecuencia va a dar a las manos del vampiro emocional. En situaciones de estrés, tu primera idea, rara vez es la mejor. Incluso, si tienes una buena idea, ésta podría beneficiarse de una consideración más profunda. Lo cual no puede pasar si estás hablando.

Aquí hay algunas sugerencias que podrían ayudar a Clara a sobrevivir al ataque de Chuck.

Pedir tiempo: lo primero que necesita Clara para controlar lo que está pasando es calmar los ánimos. Una de las mejores formas de hacerlo es pidiendo un minuto para pensar su respuesta. Esto es lo último que espera un veloz acosador como Chuck, por lo que se interrumpe su modelo de ataque. Además, pedir tiempo para pensar demuestra una conducta adulta para el resto de la gente en la habitación.

Repite, si es necesario: desde luego, Chuck intentará atraer a Clara y provocar respuestas inmediatas con subsecuentes insultos. Si él continúa así, ella debería repetir lo propio; es decir, necesita tiempo para pensar lo que dirá antes de responder. Chuck, por su parte, tendrá que detenerse. ¿Cómo podría criticarla por tomarlo tan en serio?

Si algo tienes que aprender de este libro, es este pequeño truco que podrá ser suficiente para salvar tu salud mental: *en situaciones emocionales, antes de decir cualquier cosa, pide un momento para pensar.*

Conoce tu meta: Clara tuvo su momento, ¿qué debería pensar sobre eso?

Necesita decidir qué quiere que pase en el corto plazo. Su pensamiento rápido está clamando venganza, tal vez buscando la mejor respuesta para poner a Chuck en su lugar. Pensar lento la hará ver que la venganza es un plato que se sirve frío. Más tarde podrá tomar medidas a largo plazo, como elaborar una queja formal o hasta demandarlo. Esas cosas pueden esperar. Si está considerándolas, necesita mantener sus opciones y no descender al nivel de Chuck.

La meta en el corto plazo de Clara es calmar las cosas. Para hacerlo, necesita analizar la situación desde el punto de vista de Chuck. Si ella ha leído sobre acosadores antisociales, sabrá que atacar gente es su idea de diversión. Una estrategia efectiva es arruinarles la diversión convirtiéndola en trabajo.

Conserva el control haciendo preguntas: una manera para convertir la diversión del acosador en trabajo es ignorando sus ataques y hacer preguntas. Esta fue la primera idea de Clara antes de que Chuck la atacara, pero el momento se esfumó. Ahora que Clara ha interrumpido el ataque de Chuck, puede intentar de nuevo.

> "En serio, Chuck, esta es una situación grave, ¿qué piensas que debemos hacer?

Lo que sea que Chuck diga, será sin duda otro ataque. Clara debería tomarlo como una respuesta a su pregunta, y pedir una aclaración.

> "Me importa un carajo lo que hagas. Es tu trabajo resolverlo".
> "Yo sé que así es, y pienso que el equipo es capaz de hacerlo. Sólo necesitamos algunos parámetros de tu parte. ¿Qué quieres que pase?"

Con suerte, el resto del equipo verá una buena estrategia al escucharla, y seguirá con preguntas, como respuestas a los ataques de Chuck. Es probable que él no tenga sugerencias útiles, y quizá simplemente termine la reunión a disgusto, lo cual, si lo piensas, es un resultado positivo.

Ahora, el equipo puede decidir sobre los números, y Clara puede pensar qué acciones tomar en respuesta al acoso de Chuck.

Siendo una creyente, Clara quiere justicia para ella y sus colegas. Para hacer un plan realista, deberá pensar como un competidor práctico y decidir qué es posible. Primero, deberá considerar las reglas no escritas de la empresa. ¿Qué pasa cuando alguien se queja de un jefe? La respuesta más común es *nada*. Las empresas, por lo general, apoyan a la persona con mayor nivel, a pesar de los hechos. En cuanto a una demanda, antes de pensarlo, debería consultar a un abogado, de preferencia uno mayor y más desagradable que el contratado por la empresa para defender a Chuck. Debería también fijarse en lo que pasa con las carreras de la gente que demanda a sus jefes.

Clara puede no encontrar justicia, debería considerar sus propios intereses. ¿Es posible pedir una transferencia o encontrar otro trabajo? Para responder esa pregunta, deberá saber sobre la cultura de la empresa y el mercado laboral.

No sé qué decidirá Clara al final. Tengo fe en sus recursos, y sé que la mejor forma en que puede defenderse de los ataques de acosadores y de otros vampiros emocionales es usar el conocimiento y el pensamiento lento y cuidadoso para controlar cualquier parte de la situación. Eso es todo lo que cualquiera de nosotros puede hacer para lidiar contra la adversidad. Por lo general, es más que suficiente.

FÓRMULA PARA ESCAPAR DE LA DOMINACIÓN

La mayoría de los conflictos con acosadores se relacionan con dominación. El contenido apenas importa, todo lo determinan las reglas de compromiso que, de manera literal, están programadas en nuestros cerebros. Todos las conocen, no como palabras en la cabeza sino como sentimientos en las entrañas; botones que, cuando son oprimidos, activan secuencias de conducta automática.

La dominación tiene que ver con jerarquías. Las reglas son simples: los alfa son alfa porque son más grandes, fuertes y agresivos. Les toca la mayor parte de todo, y pueden atacarte, pero tú no puedes defenderte. Si lo haces, es una clara señal de que intentas tomar su lugar. Para mantener su estatus, te humillarán y sumirán en una posición claramente inferior a la suya. Los acosadores disfrutan rebajar a la gente, especialmente si no puede responder el ataque. Sin embargo, con la gente de mayor jerarquía, ellos son tan serviles como esperan que tú lo seas.

Este modelo de dominación es el mismo que siguen los lobos: su posición en la jerarquía se mantiene rompiendo, rugiendo y amenazando con agresiones físicas. Este programa está en nuestros cerebros. Todos respondemos a él, estemos o no conscientes de ello. Cuando nos atacan, nuestras emociones nos dicen si someternos o afirmar nuestra propia dominación. Cualquiera de las dos respuestas liberará la agresividad del atacante, y la secuencia se intensificará. Salir del modelo significa romper las reglas y escoger de manera activa una respuesta que no sea ni defenderte ni salir corriendo.

Los acosadores antisociales no son particularmente sutiles. Destrozar y gruñir es lo que hacen bien. Los acosadores narcisistas y los jefes paranoicos, como veremos después, son más cautelosos, pero el modelo básico de dominación es el mismo. Es momento de aprender reglas para que, cuando los encuentres en el trabajo, adoptes decisiones conscientes en lugar de dejarte llevar por los instintos.

El dominante ordena, el sumiso obedece

Esta regla es simple y directa, al menos en principio. El jefe da órdenes, y el subordinado las sigue. Pero bajo la superficie hay algo más. Recibir órdenes, en efecto, nos rebaja. No nos gusta ni siquiera cuando provienen de gente que tiene el derecho de hacerlo. Y no lo toleraremos de ninguna manera de quienes se supone son nuestros colegas y no tienen ninguna autoridad formal sobre nosotros.

Los rebeldes son más propensos a crear un problema por recibir órdenes y actúan de manera visiblemente agresiva; incluso, los creyentes se sentirán un poco insultados, en especial si se les pide algo que no es parte de su trabajo. Los acosadores antisociales, que siempre buscan una razón para atacar, tenderán trampas pidiéndote tareas fraudulentas hasta que te muestres irritado.

La manera para salir de este modelo es aceptar órdenes y pedir aclaraciones para estar seguro de hacerlo bien. Sigue preguntando. Los acosadores podrán llamarte tonto por hacerlo, pero no podrán llamarte insubordinado.

El dominante habla, el sumiso escucha

Tenemos que escuchar a nuestros superiores, pero ellos no tienen que escucharnos. Esto explica el casi universal desagrado por esta situación, así como lo molestos que nos sentimos cuando la gente mira su reloj o celular mientras hablamos. Esta regla tendrás que aceptarla sin chistar.

El dominante bromea, el sumiso ríe

En el trabajo, una risa tiene que ver más con quien hace la broma que por lo graciosa que resulte. Antes de atacarte de risa, no importa lo graciosa que sea, recuerda que Freud dijo que el humor es agresión disfrazada. Hacer una broma es una forma de defenderse y tendrá consecuencias. Los agresivos se ríen de ti. Nunca de ellos.

El dominante está bien, el sumiso está mal

No es accidente que bueno y malo signifiquen correcto e incorrecto, bondad y maldad. Los conceptos son difíciles porque la supremacía siempre lo es, sin importar de qué jerarquía hablemos. Recuerda, el pensamiento rápido divide todo en dos categorías, que significan lo mismo sin importar cómo la llames. Aun cuando los hechos sean claros, los superiores, incluso si ellos son los agresores, no estarán mal para los subordinados. Por esta razón, en una disputa entre tú y tu jefe, sus superiores lo apoyarán, esté o no en lo correcto.

A fin de salir de este modelo, debes estructurar con habilidad la situación para que tu jefe se tope con la conclusión correcta por sí mismo. Para hacerlo, rompe la regla de dominación, lo cual puedes hacer sin peligro, si lo haces cuidadosamente.

El dominante pregunta, el sumiso contesta

En general la persona que pregunta reafirma su dominación sobre la que contesta. Sin embargo, no importa quién haga una pregunta, la mayoría de las personas responde. En la zona gris entre estas dos reglas descansa tu mejor defensa contra jefes agresivos o cualquiera que intente sacar ventaja de ti. Toma el control haciendo preguntas.

Cualquier punto que tengas a tu favor, será más efectivo si lo presentas como una solicitud de información. ¿Por qué crees que tu terapeuta siempre contesta preguntas con más preguntas?

Por favor observa que dije solicitud de información, no interrogatorio. Interrogar es *demandar* información. Por ejemplo, cuando tu madre te pregunta dónde estuviste hasta las tres de la mañana. Las preguntas que funcionan se expresan como una petición sincera para aclarar algo, lo que permite guiar la conversación, aparentando comprender. Piensa: *es una gran idea pero no estoy seguro de un pequeño detalle.* Si quieres ver esta técnica hecha por un profesional, observa a Peter Falk actuando como Columbo. Nunca se ha hecho mejor.

Incluso, si no tienes un abrigo arrugado, puedes usar la técnica con delicadeza. Cuando tu jefe termine un discurso y pregunte si hay alguna duda, ten cuidado. Los subordinados pueden pedir aclaraciones, pero no justificaciones. Asegúrate de saber la diferencia.

La mayoría de los conflictos que probablemente has experimentado con jefes que son vampiros emocionales, sean antisociales o de algún otro tipo, comienzan como luchas por la dominación. Regresaremos a estas reglas una y otra vez, por lo que probablemente quieras marcar esta sección para futuras referencias.

Acosar al lado oscuro: los acosadores antisociales pueden hacer cosas peores que despedirte o destruir tu autoestima. La mayoría de los escándalos corporativos comienzan con una conversación como ésta. ¿Cómo responderías?

> "Tus cifras están equivocadas", dice Chuck. "Hazlas de nuevo. Ahora."
> Las cifras están correctas, pero no son muy alentadoras. Las has revisado mil veces y estás superseguro. No hay forma de hacer los números más favorables.
> Chuck también sabe que las cifras están correctas. ¿Estará sugiriendo que las cambies sin decir algo incriminatorio?
> Si cumples con una vaga y amenazante sugerencia como ésta, Chuck se apropiará de tu alma.

En estas conversaciones ambiguas es cuando comienzan los delitos de cuello blanco. ¿Tú qué harías?

Después de hablar con mucha gente que desearía haber escogido otra opción, puedo ofrecerte los siguientes consejos.

Consulta tu brújula moral: los hechos, en especial en el área financiera, son hechos. Siempre deja que tu trabajo muestre que lo son. Nunca permitas que nadie te convenza de alterar números. Esta es una verdadera cuestión moral por la que podrías perder tu trabajo. Si haces un pequeño cambio, las peticiones de Chuck nunca acabarán.

Hazte el tonto: haz exactamente lo que Chuck te pida, ni más ni menos. Mueve las cifras otra vez y dile que obtuviste los mismos resultados. Si quiere otra cosa innegable, haz que la pida.

Sé listo: no aceptes simplemente nuevos números o cualquier información que se te ofrezca, revisa todo cuidadosamente. Pregunta cuántos números se calcularon y de dónde viene la nueva información. Ignora tratos o promesas más o menos abiertas. Reitera tu negación a alterar números. Chuck hará menos daño a largo plazo que si incurres en esto. También recuerda que no importa qué tan difícil lo haga para ti, será siempre más fácil que ser procesado.

No Guardes Secretos: cuando te enfrentas a un dilema ético, siempre compártelo con alguien de confianza. Tu propia brújula moral puede estar influida por el polo magnético de las demandas de Chuck. Un amigo cercano, de preferencia ajeno a la empresa, puede ayudarte a mantener el rumbo.

No estoy sugiriendo que delates a Chuck, o hables sobre su encubierta petición con colegas o gerentes. No tienes más que especulaciones fácilmente rebatibles. Si las haces públicas sin argumentos concretos, él lo sabrá y podrá comerte vivo.

Di no, aun si estás aterrado: si un acosador como Chuck te da una orden directa para hacer algo ilegal o inmoral, dile que no, directamente. Si te pide alterar cifras, pídele algún tiempo para pensarlo, sólo para romper su ritmo. Cuando se acabe el tiempo, dile que lo sientes, pero que no estás dispuesto a hacer los cambios. Esto requerirá coraje, porque él podría despedirte en ese momento. ¿O no?

Si Chuck puede despedirte por rehusar algo ilegal, quizá sea mejor irte, pues es probable que el resto del equipo apoye sus maniobras clandestinas. Si sus actividades ilegales salen a la luz, la culpable será la gente de tu nivel. Chuck, como todo jefe fraudulento, dirá que no tenía idea de lo que pasaba en su departamento.

Antes de hacerlo público, contacta un abogado: si estás considerando dar el pitazo sobre Chuck, necesitarás un consejo profesional. Contacta a un experto antes de decir algo a *cualquiera* en la empresa. Tu abogado te dirá que todo lo que digas es confidencial.

El jefe alcóholico

> Colin es un fiestero y será el primero en decírtelo, porque para él, es lo mejor que puedes hacer. Trabajar duro y divertirse mucho, es su lema. Todos los días, a las cinco en punto, es la hora feliz. "¿Quieres venir?" Más te vale, si quieres un poco de tiempo con él.

A mucha gente, la palabra alcohólico le sugiere la imagen de una persona con dificultad para hablar, que se tambalea y apesta todo el tiempo. Así es la enfermedad en su última etapa; sin embargo, la mayoría de los alcohólicos son como Colin. Beben demasiado y con mucha frecuencia, pero se las arreglan para ir al trabajo y hacer sus labores, al menos en cierta forma.

Si les preguntas al respecto, aunque quizá no deberías, responderán que no son alcohólicos, no beben tanto, aún trabajan con regularidad y hacen muchas cosas; además, pueden parar cuando lo deseen. En lugar de discutir sobre quién es o no alcohólico, digamos que muchos vampiros emocionales consumen sustancias sin culpa, y los antisociales, con su gran necesidad de estimulación, están a la cabeza el grupo. También podríamos discutir sobre alcohólicos aquí, ya que muchos de ellos actúan como acosadores.

Los abusadores de sustancias piensan que el alcohol, o cualquier otra droga que usen, no altera su desempeño en el día a día. La gente que debe trabajar con ellos opina diferente. No necesitas estar ebrio en el trabajo para tener un problema.

De manera inadvertida, las drogas dictan pensamientos, acciones e incluso horarios de los adictos. Intenta discutir algo importante con Colin antes de su sexta taza de café en la mañana, o diez minutos antes de la hora feliz y verás a lo que me refiero.

La hora feliz empieza a las cinco por una razón. Beber es parte de la cultura de trabajo en muchas partes. Debes vivir con este hecho de alguna forma, ya que no podrás evitarlo, aun cuando no participes activamente.

Con un jefe alcohólico puedes caer en muchas trampas. Los creyentes consideran el alcoholismo como un problema moral o médico y asumen que alguien en la empresa será capaz de convencer al jefe de someterse a un tratamiento. Es probable que ese alguien no exista. En lugar de lidiar con la situación como es, los creyentes continúan esperando que alguien con autoridad haga algo al respecto, retrasando así el proceso por el heroico intento de mantener unido al departamento.

En vez de convertirse en facilitadores, los rebeldes y competidores podrán comenzar a beber ellos mismos, en diferentes lugares y por distintas razones. Los competidores, probablemente irán a la hora feliz con su jefe. Los rebeldes irán a la hora feliz de un lugar diferente para estar lejos de su jefe. De cualquier manera, el abuso de sustancias es contagioso.

Si tienes un tipo antisocial fiestero como Colin de jefe, he aquí algunas ideas.

Si tu jefe va a la hora feliz, tú también deberías ir: te guste o no, el departamento estará dividido entre los que van y los que no. Colin mirará a la gente que va, como parte real del equipo y actuará según eso. Si quieres que te tome en serio en el trabajo, necesitarás que te vea en el bar.

Si lo haces, no necesitas quedarte mucho tiempo; lo único que la gente recordará es quién estuvo ahí y quién no. Tampoco necesitas beber. Sin que nadie se dé cuenta, dale propina al *bartender* y dile que "lo de siempre" significa té helado en las rocas con una rebanada de fruta. Si bebes, que nunca sea más de un trago.

No es necesario recordarte, en caso de estar en proceso de rehabilitación, los peligros de incurrir en excesos. Debes estar orgulloso de la recuperación y no ocultarla. Pero no menciones detalles, a menos que estés en una reunión de AA.

Si eres un rebelde sentado en el bar al final de la calle, hablando mal de tu jefe, ¿qué estás pensando?

Conoce la agenda: los alcohólicos tienen momentos del día en que es seguro acercarse a ellos, y otros cuando lo mejor es mantenerse lejos porque están distraídos, irritables o ambas cosas a la vez. A menos que empiecen a beber a mediodía, unas horas antes de la comida son el mejor momento para trabajar.

No cubras a tu jefe: un jefe alcohólico siempre cometerá errores que afecten a todo el departamento. Por más tentador que sea, no intentes corregirlos. La posición más peligrosa en la que puedes colocarte es justo en medio de un antisocial y las consecuencias de su conducta. Si no hay consecuencias, no habrá ningún cambio.

Gana tiempo: los antisociales tienen mala memoria y los alcohólicos peor. Cuando tu jefe pida algo, escríbelo, de preferencia en un correo electrónico que diga: "Sólo para aclarar, en nuestra reunión de hoy usted dijo que… Hágame saber si me equivoco. Si no recibo respuesta asumiré que entendí bien sus intenciones." Envía una copia oculta a quien consideres confiable. Si tu jefe es un vampiro emocional de cualquier tipo, este simple y respetuoso correo puede salvarte la vida. Volveremos a él más adelante.

Ni se te ocurra intervenir: a menos que sean realizadas con mucha habilidad, las intervenciones sólo enojan a la gente. Son muy populares debido a que la gente piensa: *eso funcionaría conmigo.* Como ya he dicho, el mayor error que puedes cometer con vampiros emocionales es creer que piensan como tú.

Si intervienes, todo se volverá en tu contra. Los alcohólicos viven en la negación, y a la gente con desórdenes de personalidad no les importa lo que otros sientan. Las intervenciones son riesgosas, incluso para terapeutas con años de experiencia. Las únicas que escucharás serán las que funcionaron.

No cuentes con Recursos Humanos: en la mayoría de las empresas, el departamento de recursos humanos puede ayudar a las personas que desean ayuda, pero no pueden intervenir cuando alguien no está siguiendo las reglas. Peor aún, Recursos Humanos se vería obligado a investigar sobre el abuso de sustancias, lo cual implicará preguntar a tu jefe si tiene problemas con el alcohol. El único efecto será que, aunque sin intención, seas reportado por reportar.

Menciono esto porque estoy asombrado ante la cantidad de cartas advirtiendo de los problemas con personas difíciles que son enviadas a Recursos Humanos. A menos que en tu empresa tenga un historial limpio respecto a arreglar asuntos de manera correcta y confidencial, es mucho mejor acercarte con cuidado al superior de tu jefe y pedirle un consejo para manejar la situación.

Si el superior de tu jefe no está dispuesto a aconsejarte, sal de inmediato. Es probable que no se haga algo al respecto, y en cambio, sí meterte en serios problemas por estar ahí.

Concéntrate en la conducta, no en el alcohol: si debes confrontar a tu jefe, tú no menciones el alcoholismo. Tu jefe negará que sea un problema, y su jefe quizá no quiera poner el asunto sobre la mesa hasta que sea evidente. Si han ocurrido errores o no se han hecho las cosas, concéntrate en eso, no en el alcoholismo que podría ser la causa. Incluso si sabes que es el problema, no pasará nada a menos que alguien más se dé cuenta; quizá él mismo, o el superior de tu jefe.

Más sugerencias para manejar a un jefe acosador

¿Qué puedes hacer si te enfrentas a un acosador o a algún otro tipo de antisocial? Como es obvio, la mejor respuesta es buscar otro trabajo. Si ésta no es una opción, entonces no queda más que intentar lo mejor en una mala situación. La batalla más importante que pelearás está en tu cabeza, no en la sala de conferencias.

Los acosadores antisociales son los vampiros menos complicados. Las reglas con las que operan son simples, directas y evidentes. El poder que tienen está en la emoción que consumen de ti. Mientras más puedas controlar tus emociones y pensamientos, menos influencia tendrán sobre ti. Esto es fácil de decir y difícil de hacer, pero no tan difícil como muchos creen. Aquí hay algunas ideas para analizar. Te ayudarán a lidiar con los acosadores, alcohólicos y la mayoría de los vampiros con quienes tengas la desgracia de trabajar.

Primero pregúntate, ¿por qué sigo aquí?: nadie merece ser tratado como esclavo. Para conservar tu salud mental mientras trabajas con un acosador, necesitas buscar dentro de ti la razón para quedarte, y esa razón deberá sostenerte. Si es por dinero, poder o porque es un paso necesario para tu carrera, hazlo. En momentos difíciles, deberás recordártelo a ti mismo. Si la única razón para permanecer es el temor de no conseguir otro empleo, es tiempo de irte. Tu propio miedo te hará más daño que cualquier acosador.

Olvida la justicia: la estrategia más peligrosa que puedo imaginar es ir con el superior de tu jefe para quejarte, esperando que se ponga de tu lado. Por lo regular, los jefes tiránicos manejan bien los resultados y sus jefes les permiten un poco de libertad. Si vas con él, que sea para pedirle consejos sobre cómo ser un mejor empleado. Si intentas atacar por detrás, considera que es una situación de matar-o-morir.

La mayoría de las empresas tiene procedimientos para hacer reclamos. Antes de que consideres utilizarlos, consigue información sobre el destino de quienes recurrieron a ellos en el pasado.

Sé realista: rara vez los vampiros emocionales cambian. No hay nada que tú o cualquier otro pueda decir o hacer para que vean sus errores. Tú deberás adaptarte, no ellos.

No creas ni por un segundo que si haces todo de manera correcta, se acabarán las críticas: son la fuente de poder de un jefe acosador, además de un fin en sí mismo.

Supera el temperamento: los jefes acosadores no atacarán a sus empleados frente a otros. Cuando esto te suceda, sopórtalo con dignidad. La única seguridad en ese momento está en el control de tus emociones.

Muchos tiranos de oficina dicen que quieren empleados dispuestos a encararlos. Nunca he conocido a alguno que los tolere.

Si te regañan, ¡nunca des explicaciones!: los acosadores te atacarán sin ninguna razón. Cada parte de ti clamará por explicar la situación. No lo hagas. Esta necesidad, por más racional que sea, resulta una reacción emocional que viene directo de tu viejo cerebro reptílico.

Todas las explicaciones se reducen a esto: *si tú conoces los hechos, podrás ver que yo estoy bien y tú estás mal.* ¿Es necesario decir algo más?

No expliques nada a menos que se te pida. E incluso, a veces es mejor aceptar un error y decir que lo corregirás.

Evita la tentación de quejarte: no hay nada más tentador que reunirse con varios colegas y hablar sobre las últimas necedades de los acosadores. Te sientes bien en el momento, pero eso complica la situación a largo plazo. Tu meta es siempre calmar tus emociones, no exaltarlas. Los rebeldes deberían poner atención a este consejo.

Incluso, si eres un creyente, estás en lo correcto y parece que todo el mundo concuerda contigo, no te conviertas en el líder de la resistencia, a menos de que estés dispuesto a morir por la causa. Antes de atacar, mira detrás de ti. Puede ser que no haya nadie ahí. Todos estarán en la sala de descanso, quejándose.

Sé un colaborador bajo tu propia responsabilidad: los acosadores aman enterarse de todo. Ofrecen una sensación de seguridad a sus informantes. Los competidores pueden caer en esta trampa sin darse cuenta de si hay un problema. Los acosadores esperan que sus aliados tropiecen. Los creyentes también pueden ser atrapados, pero por razones diferentes. Pueden pensar que representan las inquietudes del equipo, cuando en realidad delatan a inconformes.

Vuélvete indispensable: de ser posible, desarrolla alguna habilidad en un área que no domine tu jefe. Ésta será tu mejor protección, en especial si eres rebelde con problemas de autoridad.

No compitas en el área de tu jefe; si eres demasiado competente, podrías desaparecer.

Mantén todo en orden: debes saber lo que ocurre en tu área y estar listo para dar datos y cifras. Los acosadores aman obtener información por medio de interrogatorios en lugar de escuchar presentaciones. Debes estar preparado en cualquier momento para dar información cuando seas sometido a uno.

Cuando te ordenen hacer algo, asegúrate de tener claro lo que debes hacer. Toma nota de conversaciones e instrucciones. Tal vez después necesites hacer referencia a ellas. Utiliza la estrategia del correo electrónico antes mencionada.

Evalúa tu propio desempeño: los acosadores son rápidos para culpar y lentos para premiar. Para conservar tu salud mental, debes saber qué tan bien haces tu trabajo sin que sea necesario que te lo digan. Presta atención a tus metas y objetivos y a qué tan bien los conoces. Ésta es una manera parcial de defensa, así como una forma para convencerte de que estás haciendo un buen trabajo, aun si no eres valorado.

Exige lo máximo: muchos tiranos están dispuestos a pagar por el privilegio de molestar a sus empleados. Si permaneces firme en algo, que sea en el sueldo. Da argumentos coherentes y no tengas miedo de presionar. Ésta es un área en la que es posible que tu jefe sea razonable.

Si no puedes exigir dinero, no deberías estar ahí.

Advierte a tu familia: haz saber a tu familia que el jefe puede pedirte cosas en momentos inconvenientes, como a media noche o en vacaciones. Asegúrate de compartir tus sentimientos encontrados y las razones para permanecer en el trabajo. Resiste la tentación de tratar a los miembros de tu familia como el jefe te trata a ti. Asimismo, evita convertirlo en un villano frente a tu familia, por contarles todos los días las horribles cosas que te hizo. Eso sólo te hará sentir peor y generará cierta presión en casa para enfrentar al imbécil.

Finalmente, si después de leer estas sugerencias sigues pensando que ninguna se adapta a tu situación, tal vez hoy sea el día en que debas resignarte.

CAPÍTULO 6

Estafadores

LOS ESTAFADORES, como los antisociales, buscan la emoción y descargar la adrenalina de vivir al límite. Sus dinámicas internas son similares a las de los acosadores; pero vistos desde fuera, son muy diferentes. Los acosadores son toscos; los estafadores, delicados operadores que prefieren engañar a menospreciar. Las emociones que buscan están en convencer a las personas para que hagan su voluntad. A diferencia de los narcisistas, quienes recurren a las mismas técnicas para crear grandes esquemas de Ponzi (operación fraudulenta de inversión, promovía el pago de intereses a inversionistas con su propio dinero o el de otros, son como las pirámides), los estafadores, por lo general, no tienen grandes planes; sólo quieren lo que quieren cuando lo quieren. Creen que, sin importar qué es, lo que desean ya es suyo, si tiene que ver contigo; todo lo que deben hacer es convencerte de que se los entregues.

Los estafadores leen a la gente, no como biografías, sino como manuales; ponen atención a sus dudas y deseos ocultos para manipularla. Ellos saben lo que quieres, incluso mejor que tú mismo, y te lo ofrecerán como una tentación. Al menos, así parece.

> Jake, el jefe de tu jefe, pone la mano en tu hombro y se inclina cerca de tu oído. "Si nos haces quedar bien en este proyecto, podrías obtener ciertas recompensas. No puedo decirte quién me lo dijo, pero creí que te gustaría saberlo."

Antes de que te emociones por las recompensas, piensa lo que en realidad dijo Jake. Exacto, nada. Pero es un hermoso nada y este recurso de los estafadores está en todas partes.

Aunque no dijo nada, suena delicioso; y si te lava el cerebro lo suficiente, te convencerá de hacer lo que sea para "hacernos quedar bien", incluso si va en contra de tus principios.

En el primer capítulo vimos que los vampiros emocionales se comunican de manera diferente a las demás personas. Todo lo que dicen es con un objetivo. Para los estafadores, el objetivo lo es todo. Los reconoces no tanto por lo que dicen, sino por cómo te hacen sentir. Es como si algo maravilloso estuviera por suceder, a menos que seas tan tonto para perdértelo. A fin de protegerte, debes conocerte y algunas veces hacerte preguntas difíciles.

Cuando alguien como Jake te lava el cerebro con halagos y promesas, en lugar de emocionarte, pregúntate: ¿por qué me dice esto?, ¿él qué gana? Sólo tú puedes decidir si las promesas son reales y los halagos auténticos, o si te lo dice para obtener algo gratis. Recuerda, si un acuerdo es demasiado bueno para ser verdad, por lo general no lo es.

Los estafadores hipnotizan por naturaleza. Te entusiasman con ilusiones tentadoras para que hagas su voluntad. En el trabajo, probablemente te los encontrarás en ventas, donde su habilidad hipnótica es recompensada con grandes comisiones. Pero te los puedes encontrar en cualquier lado al que llegues siendo convincente.

Tal vez recuerdas a Adam, el estafador representante de ventas del primer capítulo. A lo mejor te sigues preguntando, qué lo hace diferente de otros vendedores que has encontrado. Sus técnicas son las mismas. Las enseñan en todos los seminarios de ventas. Lo diferente es cómo las utiliza él.

Los representantes normales demuestran una relación con sus clientes que va más allá de la venta inmediata. Quieren vender algo que la gente en realidad necesita, para que regresen y compren de nuevo.

Los estafadores viven el momento. Quieren lo que quieren en este momento, y dirán lo que sea para conseguirlo. Te persuadirán o te desgastarán preguntando una y otra vez, pero no están interesados en las relaciones. Para ellos, las otras personas son presas puestas a su disposición para explotarlas. Si los clientes descubren, rápidamente, lo que realmente obtuvieron en el trato, ya no encontrarán a los estafadores, éstos tendrán siempre una buena excusa, prometiendo el mundo, o simplemente le echarán la culpa a alguien más. Lo que hacen, en realidad, es acomodar las piezas para la siguiente estafa.

La gente normal es empática; ve a otros como iguales y cree que merecen ser tratados de la misma manera. Todos los vampiros emocionales, en especial los estafadores, son buenos leyendo a la gente, pero usan ese conocimiento para explotarla más que para cooperar.

El resto de este capítulo trata de técnicas específicas de hipnosis y persuasión. Espero que las reconozcas cuando las veas y seas capaz de adoptar decisiones conscientes para no ser explotado. Las técnicas también pueden usarse para explotar. Lo que hagas con ellas depende de ti.

Con los estafadores, piensa en lugar de reaccionar

Los estafadores obtienen lo que quieren, provocando reacciones en ti. Para saber qué se siente, regresemos algunos años y sentémonos en la entrevista de trabajo que tuvo el estafador Jake, jefe de tu jefe, contratado en primer lugar.

Cuando Bill, vicepresidente de operaciones, hace pasar a su oficina para la entrevista de trabajo a Jake, éste empieza a buscar pistas acerca de quién es Bill y qué quiere.

Jake ve muchos libros y fotos de Bill saludando a varios dignatarios. Uno de ellos se parece al gran Stephen Covey, recientemente fallecido. Tras las estanterías, en el lugar de honor, cuelga una hilera de placas: premios de Mejora a la Calidad desde 2007 hasta la fecha.

"Vaya colección", dice Jake. "Pareciera que usted es el hombre a vencer en lo que se refiere a calidad."

Bill niega con la cabeza. "Yo no. Hasta donde sé, estas placas pertenecen al equipo." Y señala a los trabajadores que se afanan fuera de su oficina. "Ellos son la gente de agallas, merecen todo el crédito. Yo sólo soy quien mantiene las cosas organizadas."

Jake reconoce su retórica que apuesta por la humildad. Se da cuenta de que el hombre en la foto en realidad es Stephen Covey.

"Sabe", dice Jake, "eso me recuerda algo que leí en *Lo primero es lo primero*. Mhhh, ¿qué era exactamente?"

"Oh, eres *fan* de Covey", dice Billy.

"¡Por supuesto! Todos lo extrañamos."

Después de un momento de silencio, Bill se da vuelta y señala su librero: "Todas las palabras que Stephen Covey escribió." Bill extrae de su lugar *Siete hábitos* y muestra con reverencia el título del libro. "Éste está autografiado."

"¿Lo conocía?" Jake queda boquiabierto, como si cualquier persona asociada con Stephen Covey se sentara a la diestra de Dios.

Bill sonríe: "No diría que lo conocí, pero hablé con él un par de veces."

"Eso debió ser maravilloso", dice Jake. "Desearía haber tenido ese placer. Qué oportunidad." Esto abre las puertas a Bill para hablar de sus diálogos con Covey.

Después de una hora de conversación estimulante, Bill siente que entiende bien a Jake y puede entablar con él una relación en la que todos ganen.

> Si Bill se hubiera preguntado qué dijo Jake en realidad y por qué lo dijo, tal vez se hubiera dado cuenta de que descubrió muy poco sobre las cualidades de Jake para el trabajo, excepto su admiración por Covey y su habilidad para elevar el ego.
>
> Sin embargo, Bill está muy seguro de su juicio y ofrece a Jake el trabajo de inmediato. Ni siquiera revisa las referencias. Debió hacerlo.

¡Desde luego que los estafadores son buenos en entrevistas de trabajo! Para los vampiros emocionales, casi todas las conversaciones son una entrevista que sirve para algo. Jake ha transformado sus habilidades innatas en mucha experiencia. Sea que lo llames hipnosis o causar una buena impresión, sus habilidades funcionan.

¿En realidad, Jake pensará lo que dice y hace de la manera en que lo describo? Probablemente no. Él sabe que por lo general en las entrevistas creen que el candidato que gusta más es quien hará mejor el trabajo. En realidad, es lo único que necesita saber.

El secreto de Jake para agradar a las personas es que hablen de sí mismas. Es un buen plan, basado en años de investigaciones psicológicas, algo que Jake ignora por completo. Sólo sabe que funciona.

En su empeño por ser agradable, Jake tropieza con el hecho de que a Bill, declarado creyente, le toma tiempo reconocer su ego, al menos directamente. Jake usa esta información para crear una instintiva, pero elegante ceguera. ¿Cómo podría desagradarle a Bill alguien que lo ve superior a los seres humanos por su ligera asociación con un discípulo de la humildad?

Puede ser que ni Bill ni Jake se den cuenta, pero lo que está pasando es hipnosis.

Fórmula para escapar de la hipnosis

Los estafadores son hipnotizadores por naturaleza. Para protegerte, debes saber qué significa esto.

Cuando digo hipnosis, mucha gente se imagina una persona con turbante balanceando un reloj y convenciendo a la gente de que son gallinas lo que hay en el escenario. Las técnicas de hipnosis pueden ser usadas para entretener, pero también hacen mucho más.

Lo primero que debes saber sobre la hipnosis es que no es en verdad lo que parece. Un espectáculo de hipnosis no engloba turbantes, relojes y hacer que la gente actúe como gallina. Es leer a la gente, encontrar entre la audiencia, personas entusiasmadas en hacer lo que sea para ser parte del *show*.

La hipnosis significa crear un mundo paralelo y ofrecerlo como promesa para lograr acciones específicas. Un espectáculo de hipnosis implica que sólo las personas muy inteligentes tienen lo necesario para actuar como gallinas. Los estafadores como Jake quieren que le des lo que están tratando de conseguir. No importa cuál sea la meta, para que la hipnosis funcione, debes estar dispuesto a participar, aun si no estás seguro de en qué participas. El entusiasmo y la confusión son parte del proceso. La idea es que dejes de pensar y te dejes llevar porque se siente bien.

Las especialidades de los vampiros emocionales son el tipo de ilusiones que atraen a la gente para no pensar y dejarse llevar. Para protegerte, no debes dejar de pensar. Aquí están las señales de advertencia de que alguien está tratando de hipnotizarte.

Desviarte del procedimiento normal: la primera pista para Bill de que algo iba mal fue que no estaba siguiendo el patrón usual de entrevista de trabajo. En otras, Bill hubiera tratado de sacar información; en ésta, fue él quien estuvo hablando.

Pensar en superlativos: si Bill se hubiera preguntado por qué hacía las cosas de modo diferente con Jake, la respuesta podría ser algún tipo de superlativo. Jake es el *mejor* candidato o el *más prometedor* que ha visto en veinte años. Bill debió preguntarse cómo llegó a una conclusión semejante en tan poco tiempo. De haberlo hecho, habría comprendido que Jake era el mejor, no por sus cualidades, sino porque Bill vio en él precisamente lo que deseaba ver.

Entendimiento instantáneo: Bill creyó que Jake lo entendió de inmediato, pero ese sentimiento no era del todo cierto. Lo que Jake entendió fue que Bill quería a alguien que lo viera en la misma manera que él veía a Stephen Covey. Jake le dio justo lo que quería, en espera de que se lo recompensara. Y así fue.

Ver personas y situaciones como especiales: Jake no sólo encantó a Bill para que le diera el trabajo, preparó el camino para una relación laboral, diferente de las que Bill tiene con las demás personas. Jake se presenta como un prospecto de discípulo, alguien que pedirá consejos y sugerencias, todos sus conocimientos en cuanto a negocios. No sólo se ganó el trabajo, sino un lugar especial en su corazón.

Falta de preocupación por la información objetiva: de alguna manera, Bill decidió que no necesitaba saber mucho de la historia de Jake. Tal vez no deseaba saberla. Si hubiera puesto atención a los hechos, habría descubierto algo que hubiera roto el agradable hechizo.

Tus dos fuentes de información objetiva más importantes acerca de alguien son: los detalles de su historia y las opiniones de las demás personas. Si por alguna razón haces a un lado esas fuentes o piensas que no aplican, ¡cuidado!

Confusión: si preguntas a Bill cómo sacó tantas conclusiones inusuales de una simple entrevista, quizá su respuesta sería bastante vaga. La confusión de Bill acerca de los detalles de la conversación, y cómo éstos lo llevaron a tomar su decisión, tal vez no afectarían la idea de que sus decisiones fueron correctas. Esto último es una revelación involuntaria.

El que te confudas en cuanto a las razones de tu conducta, sumado a una certeza inusual, son un claro signo de que alguien se ha metido con tu mente. El propósito de esta sección es ayudarte a descubrir quiénes son, cómo lo hacen y la fórmula para escapar.

Al lidiar con expertos en hipnosis, debes buscar detrás de la cortina de humo para ver los hechos con objetividad. A veces eso significa admitir que tus impresiones están mal. Esto en realidad es difícil por la *disonancia cognitiva*. Una vez tomada una decisión, buscamos la justificación de que esa decisión es correcta e ignoramos que pueda ser incorrecta. Todos lo hacemos de manera inconsciente, y nos quedamos en el error.

> A veces, Bill cree que Jake no hace bien su trabajo, los números van mal y mucha gente ha comentado su falta de capacidad. Cuando Bill habla de esto, Jake siempre tiene una excusa (por lo general que sus subordinados no están suficientemente preparados para entender las grandes verdades que Bill y él conocen) y la promesa de que todo será mejor. Bill elige darle el beneficio de la duda porque quiere creer que Jake es en realidad la persona que pensó al contratarla.

Los estafadores provocan todo tipo de problemas encima y debajo de ellos en el organigrama. No es necesario decirlo, tu posición determina el tipo de acciones que puedes tomar para protegerte a ti y a tu empresa.

Si estás debajo de Jake, cuídate de manipulaciones mediante arreglos o promesas. Tratará de que hagas trabajo extra o manejes la información para que él no enfrente las consecuencias. Esfuérzate para mantener todo muy claro y por escrito. Igual que con los acosadores, es buena idea hacer lo que he llamado "ganar tiempo". Manda correos electrónicos pidiendo claridad sobre lo que se dijo. Las copias pueden ser útiles, pero sólo si quienes las reciben están incluidos directamente en el asunto.

Donde sea que te encuentres en la empresa, otra cosa que merece tu atención es el truco importante de hacerte enojar con alguien más. Si Jake causa una revuelta bastante conflictiva, distraerá a Bill de su propio desempeño deficiente y lo convencerá de que su departamento reúne sólo a insatisfechos. Cuidado si un estafador te dice que alguien más se está llevando el mérito. Es a *ti* a quien busca ver enojado.

No importa lo evidente que para los demás resulta lo que está haciendo Jake, ten en cuenta que no es claro para Bill. Está hechizado. Entre más critiques a Jake, más pensará que tú eres el conflictivo, en vez de tener quejas reales. Para romper el hechizo, Bill debe descubrir el problema por sí solo, y entonces tener coraje para reconocer su error y repararlo.

Tu mejor opción es hacer que Bill se fije en los números. Es el director, los números son para él más importantes que cualquier opinión, incluida la de Jake. Haz preguntas que recuerden a Bill que debe estudiar la hoja de cálculo, y espera a que obtenga sus propias conclusiones.

Si estás en la posición de Bill y oyes murmullos de descontento, no creas que sabes qué está pasando. Fíjate.

"Jake, toma asiento", dice Bill jalando una silla cerca de su escritorio y girando el monitor para que ambos lo vean.

"¿Hay algo mal?", pregunta Jake.

"Más o menos", dice Bill mientras mueve su *mouse* para sacar la hoja de cálculo del departamento de Jake: "Deberías ver estas cifras, ¿las has visto?"

Jake muestra un signo de alivio: "Ah, ésas. Recuerde que le mencioné la semana pasada que esos datos están incompletos. El *software* ha estado fallando y falta incluir muchas cosas de producción en el reporte. No sólo eso, sino también…"

"Jake. Has estado aquí siete meses, y aún no has sido capaz de darme una imagen exacta de qué está pasando en tu departamento."

Jake se ríe: "Bill, no me gusta señalar, pero la forma en que Tim Norton hizo las cosas cuando dirigió este departamento, antes de que yo llegara, hace casi imposible decir qué pasa. He tratado de hacer un poco de reingeniería. Ya sabe, como lo dijeron Hammer y Champy:

repensar los procesos y realizar un diseño radical. Con la forma en que Tim dejó las cosas, ¿qué puedo decir?", Jake se encoge de hombros: "Es un proceso muy lento."

Cuando los estafadores son descubiertos, arrojan alrededor opciones más rápido que el canal de ciencia ficción. Su mayor habilidad es ser convincentes, lo que en muchos casos es más que suficiente para ser contratados o promovidos y alejar a sus jefes de buscar datos objetivos. El mayor peligro es creer en ellos más que en los números o en lo que dicen sus colegas.

La verdad está ahí, pero los estafadores harán lo que sea para impedir que la busques.

"Bueno", dice Bill, reclinándose en su silla, "si tienes tanto problema con eso, considero que la reingeniería será una prioridad".

Jake hace la señal de buena suerte con el pulgar: "¡Claro que sí, señor!"

"Ah, pero no espero que lo hagas tú solo", dice Bill. "Estaré dispuesto a ayudarte."

"Ya ha sido de mucha ayuda el ejemplo que me dio…"

"Tengo la intención de ayudar con más que un ejemplo. El lunes en la mañana quiero hacer una reunión contigo y todo el departamento para ver si podemos trabajar juntos y descubrir qué está pasando. Reúne a los empleaos y todos los datos que tengan, lo revisaremos línea por línea."

Jake sacude la cabeza: "No estoy seguro de que el equipo lo tome de buena manera. Es como un voto de desconfianza. Después de todos los problemas del pasado, tal vez vayamos hacia atrás en el proceso en que ya hemos avanzado."

"Asumiré el riesgo", dice Bill.

Los vampiros actúan mejor en la oscuridad, y así desean mantenerse. Como directores, crean estructuras en las cuales ellos son la única puerta de entrada y salida de información. Un ejecutivo como Bill necesita coraje para prender las luces. Y de coraje están hechos los líderes, especialmente cuando se ha cometido un error.

PREPARACIÓN DE LOS ESTAFADORES

La mordida de un vampiro puede transformarte en uno. Los estafadores son expertos haciendo que la gente normal haga cosas que sabe están mal. Siempre pasa un poquito cada vez. Como dije en el capítulo 1, el término psicológico para este proceso es *preparación*. Significa usar halagos, intimidaciones o ambos para forzar sutilmente a sus víctimas a actuar de una manera que coincida con las necesidades de los vampiros.

Todos los vampiros emocionales preparan. Los acosadores lo hacen con intimidación, pero los estafadores son más delicados y efectivos. Con amabilidad inducen a sus víctimas a que den el primer paso fuera de su centro moral. Desde ahí, es más fácil persuadirlos a que den el siguiente y otro después enseguida.

Antes de que las víctimas puedan advertirlo, están perdidas en la niebla, con un vampiro como su única guía.

La preparación es difícil de detectar; así debe ser. Los estafadores lo hacen por instinto, y sus víctimas responden de modo semejante. Empieza como una relación normal y se establecen vínculos. Como ya hemos dicho, los estafadores son expertos en aparentar que son iguales a ti.

Mark, un contador, está en la sala de personal sirviéndose una taza de café. Entra la vampira Ángela Magnano, su nueva jefa: "Hola Angie", dice Mark. "El café está recién hecho, ¿quieres uno?"

"¿Llamas a eso café?", dice Angie. "Con un nombre como Mark Rossi, creí que sabrías que lo que hay en esa cafetera no es café." Sacude la cabeza: "No tengo idea de qué sea. Mira, compañero, es un buen día. ¿Qué dices si bajamos al carrito de Luigi por un exprés de verdad con cáscara de limón?"

Mark acepta de inmediato. Está halagado de que su jefa quiera ir con él por un café.

Sentados en la banca cercana al carrito de Luigi, Angie da un sorbo a su exprés: "Ahora sí sabe a café. Me recuerda mi viejo vecindario en el sur de Philly. Un lugar un poco difícil, pero aprendes rápido en las calles, y la comida y el café eran increíbles. ¿Tú, dónde creciste, Mark?"

"Nueva York."

"¿Brooklyn?"

"No exactamente. Más arriba, hacia el oeste, de hecho. Pero solía estar mucho con mis primos en Staten Island", dice Mark, tratando de sonar conocedor.

"Bueno, como sea. Al menos tú aprendiste a apreciar la buena comida y el buen café. No como algunos neófitos de la oficina", le dice en voz baja. "No le digas a nadie que dije eso."

"Ay, equis", dice Mark y ambos ríen.

¿Conversación amistosa o algo más oscuro? A veces, no hay forma de saberlo. Es difícil distinguir entre las primeras etapas de la preparación y lo que la gente ordinaria hace cuando le agradas. La primera pista para Mark es el énfasis de Angie, en que no sólo son parecidos sino diferentes de los demás. Entonces desliza su insinuación, casi como en broma, de que guarde el secreto. Para que la preparación funcione, los vampiros necesitan acercarte a ellos y alejarte de cualquiera que pueda romper el hechizo.

¿Había algo en esta conversación para alertar a Mark respecto a que Angie le tendía una trampa? Probablemente no. Pero, mirando hacia atrás, es fácil reconocer que ahí fue donde empezó todo.

Después de aquel día, Angie y Mark hablaron de comida italiana y bromearon entre ellos, haciendo malas imitaciones de la película *El poder de la mafia*. Las otras personas empezaron a preguntarse por qué la jefa se veía tan unida con el miembro más joven del departamento. Para empeorar las cosas, al menos para la gente que observaba, Angie de vez en cuando le asigna a Mark, proyectos que van un poco por encima de su nivel. Si hubiera chismes, Angie diría que son celos.

Mark no cuestiona su buena fortuna. Para él, pareciera que Angie reconoció su talento y lo ha adoptado. La *preparación* se parece a esto.

Mark fue el único que no se sorprendió cuando Angie le pidió que estuviera al frente de los nuevos resultados del estudio de mercado de todo el departamento. Después de todo, eso *fue* lo que estudió en la escuela de negocios.

Como con cualquier trato hecho con un vampiro emocional, hay una trampa.

"No tengo que decirte que el jefe no está del todo metido en esto de la mercadotecnia", dice Angie. "Sabes cómo es con los resultados. Cualquier cosa que no genere provecho en sólo diez minutos no tiene mérito. *¿Capisci?*"

Mark se endereza en su silla: "Ése es el objetivo de la mercadotecnia. Si sabemos lo que nuestros clientes quieren, podemos hacer productos a la medida, y nuestros representantes podrán vender más."

Angie sonríe: "Eso lo sé, pero para echarlo a andar, tendremos que convencer a los poderes que sea necesario. ¿Podrás hacer una presentación en, digamos, seis semanas?"

"No hay problema. Puedo planear un proyecto de investigación y…"

"No investigación, resultados."

"¿Cómo obtendremos resultados sin una investigación?"

"Amigo, estamos hablando de políticas. No tengo que decírselo a un italiano, ¿o sí? De ninguna manera. Tú sabrás qué hacer. Por eso te escogí para este trabajo. Así que dime, ¿estás conmigo en esto?"

Es claro que Angie espera una recompensa por haber dado el trabajo a Mark. Le insinúa que si está a la altura, se imaginará lo que ella espera y lo hará sin que se lo pida. Esto ocasionará una negativa más adelante, pero en su relación con Mark, tendrá un propósito más significativo. Si él cruza aquí la línea, Angie habrá cambiado la manera en que se ve a sí mismo. El jugar a ser *Buenos Muchachos* se moverá un paso más cerca de la realidad.

Angie hace presión, pidiendo respuestas inmediatas. Nunca dice qué pasará si él dice no. No tiene que hacerlo. En la confusión de Mark entre realidad y fantasía, parece que el siguiente paso para ser un "buen muchacho" es la única opción.

En el capítulo anterior vimos cómo los acosadores hacen que la gente se pase al lado oscuro usando la intimidación, y cómo de verdad se necesita coraje y dureza para mantener la integridad. Protegerte de la preparación de los estafadores requiere mucho más. Los estafadores te atraen aparentando verte como esperas ser visto. Mark, que es más que un duendecito, se siente halagado de ser visto como todo un hombre.

Para protegerse de este tipo de sutil persuasión, Mark debe considerar la posibilidad de que tal vez no es tan genial como Angie simula creer. Esto es difícil, pero absolutamente necesario.

Si las demás personas piensan que recibes excesiva atención de una persona poderosa de tu empresa, aquí hay algunas recomendaciones.

Apaga tu piloto automático: los vampiros emocionales se aprovechan de las respuestas automáticas, esas cosas que decimos y hacemos sólo por ser amigables o educados. En el trabajo, siempre es buena idea estar consciente. Cuando alguien diga algo, antes de responder, siempre pregúntate, *¿por qué me está diciendo esto?* En las interacciones humanas, nada pasa sin un propósito. En tu tiempo libre, puede ser que hables con las personas sin razones particulares. En el trabajo, debes poner más atención a las situaciones.

Conócete a ti mismo: adopta el consejo del Oráculo de Delfos. Para conocer cualquier cosa, primero necesitas conocerte a ti mismo. Esto significa tener un panorama real de tus fortalezas y, aún más, del panorama real de tus debilidades. Los estafadores saben que la debilidad, a menudo miente en áreas en que la gente se siente más segura. Saben que la gente no se defiende ante lo que piensa que jamás pasará. Deberías saber esto también.

Todos los vampiros emocionales se esfuerzan por ser tu fuente de información sobre ti mismo. Te convencen de que te conocen mejor que nadie. Esto es mortal. Todos deberían tener al menos un amigo en quien confiar y a quien ellos den permiso para llamarlo así. Si no tienes un amigo de esos, pregúntale a tu madre.

Reconoce el discurso de venta cuando lo oigas: la razón principal para estar alerta en el trabajo es que muchas veces la gente está tratando de venderte algo. A menos que sepas quiénes son y lo que venden, no puedes acabar comprando cosas que realmente no quieres.

Nadie entiende el discurso de venta como Rober Cialdini,* psicólogo social que ha hecho carrera estudiando la manera en que las personas influyen en otras. Señala que hay siete tipos básicos de discursos de venta, los cuales hacen que la gente actúe de modo automático. Dan una respuesta socialmente aceptable, en lugar de pensar lo que se les pide que hagan.

Hazlo porque te agrado. La mayor razón de que a ciertas personas les gusten otras es que las perciben similares a ellos mismos. Los estafadores, como ya hemos visto, usualmente inician su acercamiento al establecer una percepción similar. Te observan de cerca. Hacen preguntas sobre qué piensas y qué te gusta y entonces dicen que les atraen las mismas cosas. Desde antes de que

---

* CIALDINI, Robert B., *Influence: The Psycology of Persuasion (Influencia: la psicología de la persuasión)*, 5ª ed. Nueva York: Prentice-Hall, 2008.

los conozcas ya actúan como si fueras su gran amigo. Así es como Angie atrapó a Mark.

Los sondeos y estrategias de los Estafadores pueden verse como ordinariamente amigables, pero en un ritmo artificial y acelerado. Recuerda que un entendimiento instantáneo es un peligroso signo de hipnosis.

Ten cuidado si alguien empieza a halagar aquello de lo que estés más orgulloso. O, especialmente si eres creyente, a ponderar lo que más afecta tu sensibilidad. Por difícil que parezca, cuando estés disfrutando una admiración artificial, pregúntate cómo llegaste ahí tan rápido.

Hazlo por reciprocidad. Ésta es la base de las relaciones normales. Cuando alguien nos da algo, nos sentimos obligados a compensarlo. Los estafadores como Angie toman ventaja de esta respuesta automática. No te darán nada gratis. Siempre esperan una gran recompensa por su inversión. A menudo, como Mark, no sabrás el precio hasta que firmes en la línea punteada.

Hazlo porque todo el mundo lo hace. Este es el discurso de venta que realmente llega a los competidores. Sólo diles que toda la gente busca romper las reglas, y si no lo hacen, se quedarán atrás. Si la gente lista y exitosa no cayera en estos discursos, no habría colapsos bancarios y ningún deportista usaría esteroides. *¿Capisci?*

Los rebeldes también caen por esto. La tentación para ellos es no ser gallinas.

Esta maravillosa oferta es por tiempo limitado. Hablar rápido nos lleva a pensar rápido; se debe a la creencia primitiva de que si no lo obtienes rápido, desaparecerá. Así es como Angie indujo a Mark a cruzar la línea.

El discurso de la oferta limitada atrapa a todos, pero los rebeldes son particularmente susceptibles. Se enorgullecen ante sí mismos por adoptar decisiones rápidas basadas en el sentido común, en lugar de perder el tiempo con un montón de inútiles detalles. Olvidan que a veces los errores se esconden justamente en los detalles.

Hazlo para ser congruente. La disonancia cognitiva, esa fuerza impresionante que estira la realidad para amoldarla a lo que de antemano creemos: es lo que Emerson llamó "el duende de las mentes pequeñas". Los estafadores saben cómo ser tus propios duendes.

La disonancia cognitiva es el principio psicológico que hace posible la preparación. La gente trata de mantener la congruencia entre sus acciones y sus creencias. Esto es bastante difícil y requiere pensamientos cuidadosos. Es casi imposible con un vampiro que trata de confundir tu percepción acerca de quién eres y en qué crees, después de cruzar una fina línea tras otra.

¿Hablar como mafioso era una acción premeditada de Angie? Freud siempre dijo que no existen los accidentes. Y para un italiano, resulta obvio, fue una estrategia invariable.

Puedes confiar en mí, soy una autoridad. Los vampiros saben que, sin importar lo que sea, la gente hace lo que una autoridad pide.

En los experimentos de psicología social más escalofriantes, Stanley Milgram** demostró que la gente en general se dejaría administrar descargas eléctricas, que sabrían letales en potencia, sólo porque una persona con bata blanca les dice que no hay problema.

Se puede conseguir el mismo efecto desastroso al hacer lo contrario a lo que dice una autoridad. ¿Rebeldes, están escuchando?

Hazlo para que deje de molestarte. Este no es uno de los discursos de venta de Cialdini, pero es utilizado tan a menudo y con tanto éxito que decidí añadirlo a la lista.

**MILGRAM, Stanley. *Obediencia a la autoridad.* Nueva York. Harper & Row, 1974.

Hazlo... ¡o vas a ver! La amenaza es el más sencillo de los discursos de venta. Como vimos en el capítulo anterior, los jefes intimidantes la usan todo el tiempo.

En el trabajo, mucha gente hace lo que sus jefes vampiros quieren, porque temen ser despedidos. Esto es cierto algunas veces, pero no siempre; la mejor manera de saber cuáles serían las consecuencias en tu trabajo es averiguar qué le sucedió a personas que han dicho "no".

Si te despiden por hacer lo correcto, ¿estás trabajando en el lugar correcto?

Regresemos con Mark y Angie.

Contra todos sus prejuicios, Mark reúne algunos grupos dirigidos. Entrevista clientes y vendedores y descubre que para los primeros, las dos razones principales para invertir en los productos financieros de la compañía son tener dinero para su retiro y mejorar el futuro de sus hijos. Hace una presentación de ventas dirigida a ambos temas, complementada con gráficas de cuánto dinero podría ganarse cada mes, cuando los clientes se retiren o manden a sus hijos a la universidad. Angie estaba menos impresionada de lo que él esperaba.

"Mark, abramos la mente. Las personas creen en el ahorro para su retiro o para el futuro de sus hijos. Es decir, en ahorrar, pero cuando llega el momento de desembolsar el dinero, siempre hay algo más en lo que se puede gastar. De acuerdo con tu investigación, estas personas quieren sentir que son responsables. Eso es lo que debemos capitalizar. ¿Qué pasaría si los representantes dicen a la gente que la única manera de ser inversionistas responsables es estar absolutamente seguros de que obtendrán el mejor rendimiento? De cualquier manera, están jodiendo a sus propios hijos."

"Oh, hay un pequeño problema con eso. Los clientes no están seguros de obtener el mejor rendimiento, y los representantes les dicen que en muchos casos tampoco lo están."

Angie mueve la cabeza: "El verdadero problema es que los representantes tienen dudas al interpretar los programas, los textos resultan complicados. No se puede explicar lo que no se entiende. Lo que en realidad necesitan son maneras sencillas, fáciles de entender, para mostrar a los clientes que están obteniendo el mejor rendimiento. Ése es el tipo de resultados de mercado que necesitamos."

"Uh, hay más." Mark respira profundo y continua: "Los representantes dicen que las cuotas son tan altas que los obligan a pagar sus cuentas, a vender y comprar cosas innecesarias para generar suficientes comisiones."

La irritación que Mark esperaba no se materializa. En lugar de eso, Angie apoya la espalda en su silla y da un gran suspiro: "Bienvenido a la gerencia", dice. "Lo primero que descubrirás es que hay muchísima gente allá fuera que simplemente no puede con esto, así que siempre culpan al sistema. Tú has estado bien en comisiones. Sabes cómo funciona."

El funcionamiento para Mark, como para muchos de nosotros, no es completamente puro. Probablemente hizo un poco de trampa para mantener los totales altos. En el mundo de Angie, todos lo hacen, y cualquiera con capacidad de gerente lo sabe.

Desde que se volvió gerente, Mark descubre que debe actuar como tal. Le dio a Angie lo que quería y, por supuesto, ella sigue pidiendo más. Un par de años más tarde, cuando algunos inversionistas pusieron una demanda colectiva por el uso de información falsa, Angie testificó que Mark fue un descarado y ella no tenía idea de qué estaba haciendo.

Desafortunadamente, él tampoco. La preparación de Angie se encargó de eso.

Con los estafadores, como con cualquier vampiro, debes decidir dónde pintar tu raya. Entonces, tendrás que defenderla. Algunas de las mismas técnicas que funcionan con los acosadores te ayudarán con los estafadores, pero sólo si no estás demasiado perdido en la niebla y olvides quién eres y en qué crees. Si sientes que estás perdiendo el rumbo, háblalo con alguien en quien confíes. Entre más indeciso te sientas de sacar las cosas a la luz, más lo necesitas hacer.

CAPÍTULO 7

Culturas antisociales

UNA ORGANIZACIÓN CULTURAL es el conjunto de reglas, la mayoría no escritas, que definen a un grupo. Su simplicidad depende de la forma en que opere la cultura y aunque la gente no puede decir de modo específico cuáles son esas reglas, de todos modos las siguen. Los miembros del grupo piensan, actúan y se comportan de manera muy parecida. Gente que no se considera ajena al grupo.

Los vampiros emocionales en los altos mandos crean una organización cultural que los refleja. Para ser parte de eso, debes pensar y actuar como ellos.

Las reglas no escritas que definen una cultura antisocial, ya deberían serte familiares si alguna vez has visto una película acerca de la mafia. Si tu empresa sigue esas reglas, eres parte de una familia criminal, o al menos de un grupo que actúa como tal.

Siempre son ELLOS Y NOSOTROS

En las organizaciones antisociales, siempre hay individuos buenos y malos, pero los malos pueden ser considerados buenos por el resto del mundo. El enemigo para los antisociales es cualquiera que trate de interponerse en sus deseos. Otro *nosotros* y *ellos* es la empresa y los clientes e inversionistas que los vampiros explotan libremente para hacer dinero. Una ejemplo más de *nosotros* y *ellos* es entre la dirección superior y la gente del resto de la empresa, cuyos roles son callarse y seguir vendiendo.

El dinero es bueno, aunque el trabajo no lo sea

El dinero es el encanto de las empresas antisociales. La gente trabaja y se queda con los vampiros, incluso en contra de sus valores, porque la paga es mucho mejor que la que podrían obtener en cualquier otro lado. Aunque la jaula sea de oro, no deja de ser jaula.

Todo es secreto

El conocimiento es celosamente guardado por los altos mandos. Te dicen qué hacer, pero no te dicen cómo. Las preguntas no son bienvenidas.

Nada está escrito

Los documentos pueden ser usados como evidencia. La mayoría de las organizaciones antisociales no están comprometidas en actividades criminales. Al menos, no hay leyes específicas contra lo que hacen. Como empresas son engañosas y explotadoras, pero hacen lo necesario para mantener en secreto esos aspectos. Desde afuera, son sólo legítimos hombres de negocios.

Tienes que ganarte el respeto

Para ser parte de una organización antisocial debes hacer algo ilegal, inmoral o explotador; así demostrarás que eres parte del grupo.

Aun cuando el trabajo sea falsificar libros contables, engañar para hacer una venta o solapar un error, las organizaciones antisociales esperan que lo hagas. Nadie te dirá directamente que mientas, engañes, o robes. Esperan que lo hagas por iniciativa propia. Si eres tan estúpido como para ir de chismoso, sobre ti caerá la culpa.

Omerta

Omerta es el código de silencio de la mafia siciliana. Nadie habla, aun tras dejar la empresa. Si lo haces, el resto de tu carrera se ahogará en el río.

Si dios padre te pide un favor, lo haces

Si te dicen que hagas algo, lo haces ahora y sin preguntas. *¿Capisci?*

Si rompes las reglas, te quebramos

En nuestros días, muchas empresas utilizan abogados como si fueran matones. Cuestan más, pero cuando hay problemas, son más efectivos y menos desastrosos.

Dejando de lado las bromas, si tu empresa sigue las reglas anteriores, estás frito. ¡Como si necesitaras que te lo dijera! Lo que necesitas es contarle tú situación a quien más confianza le tengas, alguien que realmente sepa del tema.

Mi mejor advertencia es que te salgas de ahí en silencio, en buenos términos y sigas tu camino.

CAPÍTULO 8

Histriónicos

HISTRIÓNICO SIGNIFICA dramático, histrión, actor. Lo más importante que debes saber sobre los histriónicos es que siempre actúan. No es como en los festivales escolares cuando, al terminar, te quitabas el vestuario y volvías a ser tú mismo. Para los histriónicos, el espectáculo nunca termina. Se convierten en el papel que representan en sus mentes y en la tuya.

De la misma manera en que los antisociales son adictos a la emoción, los histriónicos requieren atención y aprobación. Son extrovertidos sólo cuando tienen público. Quieren buenas opiniones y están dispuestos a trabajar duro para obtenerlas. A la primera oportunidad, cantan y bailan para ganarse tu corazón. Ellos inventaron la comedia musical. También llevan a cabo actuaciones más sutiles. Los histriónicos son virtuosos de la conversación amable y buscan hacerte sentir interesante. Uno de sus más sofisticados inventos es la charla trivial, la palabra milagrosa que mantiene una conversación. También inventaron el chisme.

Los histriónicos tienen lo necesario para estar dentro de tu negocio o de tu vida. ¿Quieres personas con buena apariencia? Ellos la tienen (o dedicarán horas para conseguirla). ¿Quieres motivación? Ellos rebosan entusiasmo y buen humor. ¿Quieres una actitud positiva? ¡La tienen! La actitud, no la sustancia. Lo que los histriónicos no hacen es tolerar las aburridas responsabilidades diarias. En vez de ello actuarán o montarán un seminario motivacional.

Generalmente, los histriónicos desempeñan muy bien sus papeles, pero su rango o nivel de actuación es limitado. Siempre son buenas personas, mientras tus opiniones sean positivas o su público no pierda interés. Después toman el rol de víctima. Los dramas médicos son su especialidad, así como las telenovelas donde tú eres el villano acosador.

Estos vampiros actores tienden al diagnóstico, conocido en otros tiempos como: *Trastorno de personalidad histriónica.* Los síntomas son viejos, aunque el nombre sigue cambiando. Éste, pronto pasará de moda, ahora remplaza el término *histérico,* más agresivo. Los médicos de la Grecia antigua, como Galeno e Hipócrates, creían que los súbitos cambios emocionales y las imprecisas molestias físicas que observaban en los histriónicos, eran ocasionados por la migración de un útero vacío *(hystericum)* a otras partes del cuerpo.

Lamentablemente, durante muchos años se consideró que la personalidad histriónica era sólo un trastorno femenino, lo cual crea problemas de género con el diagnóstico. La interpretación errónea surge de que los hombres histriónicos que con frecuencia se observan en clínicas psiquiátricas son, en cierto modo, pasivos y con estereotipo femenino. La mayoría fueron enviados a otros sitios por médicos frustrados que no supieron qué hacer con ellos. Piensa en tu tía Sadie, quien se está muriendo desde hace treinta años de un trastorno sin diagnostico. Los histriónicos, cuando tienen problemas, nunca piensan que son mentales. La mayoría se ve sin conflictos internos, excepto la desgracia de estar rodeados por personas insensibles y/o apáticas.

Con frecuencia, los histriónicos estereotípicos son llamados "Reinas del drama". Siempre estallan a la menor provocación. Pienso que, en general, como la psiquiatría no ha reconocido a los histriónicos que trabajan, tanto hombres como mujeres, esto ha provocado en sus compañeros la necesidad de buscar un tratamiento, como si los histriónicos fueran enfermos crónicos.

Los olvidados con mayor frecuencia por la psiquiatría y la psicología son los histriónicos varones, para quienes cualquier tratamiento sería un signo de debilidad. Puede que no los veamos, pero seguro tienes uno cerca. Desempeñan buenos papeles, como papá cincuentón, fanáticos de los deportes, contador de chistes u hombre de negocios con mucha motivación. Las mujeres histriónicas en el trabajo también desempeñan estos papeles, por lo general, mejor que ellos.

Pero aparte del género, los histriónicos, con frecuencia son promovidos a puestos por encima de compañeros más calificados, debido a su entusiasmo y actitud positiva que se confunden con capacidad. Son los perfectos directivos a nivel de mandos medios, pueden mantener contentos a todos y no crean problemas a quienes ocupan puestos superiores. Para eso son contratados y lo hacen con valentía. Por desgracia, se interponen las molestas demandas técnicas del trabajo. Los histriónicos no son personas de detalles. Creen de manera firme que éstos perderán importancia si hay suficiente motivación.

Si trabajas para un histriónico, quieras o no, formas parte del espectáculo.

El papel que se supone debes desempeñar es el de empleado feliz, motivado, que sólo hace lo que debe y sin preguntas incómodas. Pobre de ti si no te apegas al libreto. En primer lugar, es probable que seas enviado a una clase de habilidades sociales o a un seminario motivacional. Si esto no sirve, bueno, entonces no serás parte del equipo y tendrás tu merecido. Todos los histriónicos son cinta negra en agresividad pasiva.

Nadie puede victimizar como una víctima.

Si esto te suena familiar, se debe a que los niveles medios de muchas empresas, y en ocasiones también los superiores, están repletos de histriónicos que han llegado ahí, gracias a sus habilidades sociales. Esto ha infiltrado de manera tan profunda a muchas culturas organizacionales que han tomado aspectos de la personalidad histriónica. Los extrovertidos que se desenvuelven bien en las juntas, obtienen una mejor evaluación que los introvertidos, quienes prefieren quedarse en sus cubículos y hacer su trabajo.

Encontrarás histriónicos en todos los niveles de las empresas. Cuando las cosas van bien, es increíble tenerlos cerca, porque son alegres y entusiastas; pero cuando hay algún problema es muy común observar una actitud negativa, como si fueran otra persona. Si el problema no desaparece ante su pensamiento positivo, se desequilibran de inmediato. Se enojan mucho o se enferman. En cualquier caso, quienes trabajan con ellos, terminan sufriendo igual y quizá el problema nunca se arregle.

Desde afuera, los histriónicos se ven como una masa de contradicciones. No pueden soportar conflictos, pero son los mejores en crearlos. Son muy agradables, pero también increíblemente crueles. Les gusta jugar según las reglas, pero a menudo las ignoran cuando es necesario. La lista sigue y sigue. Si los histriónicos te parecen mentirosos e hipócritas, es probable que cometas el error más grande: tratar de terminar terminar con su autoengaño y hacerlos ver la realidad como tú la ves.

A menos que quieras atraer sufrimiento, lo que digas a los histriónicos debe acordarse con lo que ellos piensan de sí mismos. Si tratas de decirles que no son lo que suponen, en el mejor de los casos no te escucharán. Para tratarlos de manera efectiva, debes entender cómo trabaja su mente y actuar según esas limitaciones.

Los histriónicos fueron los pacientes favoritos de Freud. Le enseñaron todo lo que sabía del inconsciente. Inventaron la *represión*, que significa alejar pensamientos perturbadores a partir de su concientización. La represión es, por definición, un proceso inconsciente. Si sabes que lo estás haciendo, no funciona. Decirle a un histriónico que está en negación es peor que inútil. En el mundo de los histriónicos, *puedes* ser un vegetariano que come pescado y pollo, o un directivo que no tiene idea de que hay problemas reales en el departamento a su cargo.

El secreto para tratar a los histriónicos es conocerlos mejor de lo que se conocen ellos mismos. Incluso, en sus momentos más positivos y entusiastas, en algún lugar escondido de su mente hay un vago sentimiento de que algo anda mal; podrían llamar la atención y necesitan desaparecer. Éste es el temor que debes considerar, pero nunca mencionar. Aunque los histriónicos pueden estar en lo correcto o ser buenos, siempre tienen el deseo de hacer las cosas cada vez mejor y sobresalir. Es el impulso al que debes acceder para ser eficaz. Si te preguntas cómo hacerlo, enciende la televisión o abre cualquier revista, pues el arte y la ciencia de la publicidad se basan en esta premisa.

Para comunicarse de manera efectiva con los histriónicos, debes hablar el lenguaje de los comerciales y los anuncios. En el siguiente capítulo discutiremos esto con mayor profundidad. Ahora, tu primera tarea es reconocer a los histriónicos en sus diversas formas. La siguiente lista te ayudará debido a que, como verás, el estilo histriónico se manifiesta de maneras muy diferentes.

TEST DEL VAMPIRO EMOCIONAL HISTRIÓNICO
Verdadero o falso. Suma un punto por cada respuesta *verdadera*.

1. Esta persona sobresale de los demás por su apariencia, forma de vestir o personalidad. V F

2. Es extrovertida, amistosa, entusiasta, divertida y absolutamente maravillosa en situaciones sociales. V F

3. A esta persona le gustan las reuniones. V F

4. Con frecuencia habla utilizando superlativos. V F

5. Trata a los conocidos como si fueran amigos muy cercanos. V F

6. A esta persona le encanta platicar, chismear y contar historias. V F

7. Es raro encontrarla en su escritorio realmente trabajando. V F

8. Esta persona lanza una mirada indiferente cuando alguien habla de detalles técnicos. V F

9. Cuando se le preguntan cosas específicas, con frecuencia responde con clichés brillantes pero confusos, palabras de moda o metáforas deportivas. V F

10. Esta persona cree que la actitud lo es todo. V F

11. Habla con frecuencia a espaldas de los demás. V F

12. Esta persona se impresiona y se siente traicionada si alguien habla a sus espaldas. V F

13. No presume de ser lista, pero no concibe estar equivocada. V F

14. Es impredecible en situaciones estresantes. Puede sobrerreaccionar, retirarse o tener ambas reacciones. V F

15. Esta persona no tolera la crítica. V F

16. No admite estar enojada, aun cuando su enojo es evidente para todo mundo. V F

17. Con frecuencia se desconecta de los detalles cotidianos. V F

18. Esta persona manda muchos correos electrónicos, difíciles de descifrar. Notas que está molesta por algo, pero no puedes imaginar por qué, o qué desea que hagas al respecto. V F

19. Tiene una o más enfermedades raras que van y vienen sin un patrón claro. V F

20. Esta persona es ferviente seguidora de diversos programas de televisión o equipos deportivos. V F

Puntuación: cinco o más respuestas verdaderas califican a la persona como vampiro emocional histriónico, pero esto no diagnostica un desorden de personalidad histriónica. Si la persona califica con diez o más, ten cuidado. Lo que ellos ignoran puede lastimarte.

¿Qué miden las preguntas?

El comportamiento específico, relacionado con diversas características de la personalidad, define al vampiro emocional histriónico.

Extroversión

Los histriónicos son criaturas excesivamente sociales. Califican en el extremo más lejano del *continuum* introversión-extroversión. Esto significa que: en definitiva son más que extrovertidos. De hecho, el *continuum* introversión-extroversión se refiere a la ubicación de la realidad de la gente. Para los introvertidos, se encuentra dentro de sus cabezas; para los extrovertidos fuera, en sus relaciones con otras personas. Todos caemos en algún lugar de este patrón, por lo general, en el rango moderado. Conforme maduramos, adquirimos algunas habilidades que el otro grupo tiene de manera natural, porque ambos conjuntos son esenciales. Los introvertidos aprenden a socializar y los extrovertidos la introspección.

A un introvertido le cuesta mucho trabajo actuar como extrovertido y viceversa. Los histriónicos no hacen ese esfuerzo; están por completo del lado extrovertido y les resulta imposible cualquier pensamiento introspectivo. Este obstáculo puede ser una tremenda ventaja, al menos en el corto plazo. El mundo está en favor de los extrovertidos. Nos gustan más y les atribuimos capacidades que tal vez no tienen. El mejor lugar para observar lo anterior es el mundo de los negocios, donde la actitud y la motivación son todo.

Los antisociales, histriónicos y narcisistas tienden a ser extrovertidos, sobre todo los histriónicos. Los obsesivo-compulsivos son introvertidos. Probablemente los necesitemos, pero no nos sentimos atraídos por ellos.

La mayoría de nosotros disfruta la compañía de los histriónicos la mayor parte del tiempo. Pueden ser alegres, cordiales, ingeniosos, sensuales, emocionantes o cualquier cosa que quieras, excepto verdaderos. Sin los histriónicos, el mundo sería un lugar menos amigable, todo sería un negocio carente de drama y estilo.

Necesidad de aprobación

Los vampiros histriónicos aman la atención cuando es positiva. Se esmeran por la aceptación social y trabajan duro para vivir a la altura de las expectativas de los demás (a menos que éstas involucren ocuparse de los detalles cotidianos).

Los histriónicos creen que todo mundo debe considerarlos maravillosos. Ven la crítica como un mal humor sin sentido que debe desaparecer por arte de magia o una afrenta a la ley natural. En cualquier caso, no escucharán nada más que elogios incondicionales. Aun cuando se encuentren errores, los atribuyen a baja autoestima, no a percepción acertada. Si eres buen amigo, esperas convencerlos de su error.

Si te atreves a criticar, te impresionará qué tan rápido cambian su percepción de ti: de ser la persona más maravillosa del mundo, de pronto encarnas el mal.

Espontaneidad

La realidad del histriónico se define por reacciones viscerales en lugar de hechos objetivos. El aleteo de una mariposa puede cambiar su estado de ánimo y el paso de una mosca, sus pensamientos.

En situaciones de mucho estrés, los histriónicos parecen confundidos y cometen errores. Es imposible saber si reaccionarán de modo excesivo o negarán que hay algún problema.

Creencia en la magia

Los histriónicos creen que si desean algo con todas sus fuerzas, de alguna manera, sucederá. Tal vez no lo digan de esta manera, pero puede adivinarse por sus palabras y acciones. El mecanismo por el que ocurre este acto mágico puede involucrar una entidad sobrenatural o una fuerza indefinida, que requiere poco esfuerzo, más allá de la fe absoluta y el deseo sincero. Esta creencia del histriónico se manifiesta en incontables formas y tradiciones: las cartas a Santa Claus, el movimiento Nueva Era y los seminarios motivacionales realizados en tu oficina se basan en la plena esperanza de que si algo se desea con intensidad, ocurrirá.

Hay cierta verdad en esta afirmación, pero es metafórica, no literal. Los histriónicos no hacen distinciones entre ambas. Para ellos, la magia es real.

Falta de preocupación por los detalles

Los histriónicos no piensan mucho acerca de cómo o por qué pasan las cosas. Sólo actúan.

Con frecuencia saben menos de su propia motivación que de sus artistas y estrellas deportivas.

Comunicación vaga

Los histriónicos aman las expresiones de moda y las metáforas deportivas. Su manera de pensar en los deportes es mediante palabras motivacionales, no con un manual de estrategias.

Síntomas físicos

Los histriónicos inventaron las enfermedades que no pueden diagnosticarse. Sus vidas son una mezcla confusa de realidad y fantasía, obsesión y represión, impulso e inhibición.

Cuando están en situaciones de estrés, lo experimentan en sus cuerpos, pero no en sus mentes. La enfermedad es para ellos una forma de expresión que debe ser interpretada como un poema y tratada con medicina o cirugías. Los histriónicos sufren dolores de espalda cuando no pueden enfrentar a alguien.

O estreñimiento cuando no toleran algo.

Raras veces piensan que el tratamiento que necesitan es psicológico en vez de médico. Su idea de curación para el estrés es el uso de tranquilizantes o antidepresivos, en lugar de cambiar sus pensamientos o comportamiento.

Los histriónicos que te encontrarás en el trabajo tienen dos estilos básicos: actores exagerados que ansían obtener atención y harán lo que sea para conseguirla; y los pasivo-agresivos que desean tanto la aprobación que es imposible que piensen o hagan algo inaceptable.

Realmente los dos tipos son muy similares y sólo hay un espectáculo.

CAPÍTULO 9

El mágico mundo de los histriónicos sobreactuados

PIENSA EN LA PERSONALIDAD HISTRIÓNICA como una masa de contradicciones no reconocidas, revuelta y embarrada, cubierta con una brillante capa de pintura, que se presenta ante ti como el nuevo y mejorado modelo por donde lo veas. Es magia... a menos que eches un vistazo bajo la superficie.

Los histriónicos son los mejores para verse bien. Se topan dificultades cuando se trata de saber quiénes son y qué hacen. Pero lo más importante al tratar con los histriónicos es que lo que ves, en definitiva, es lo *opuesto* a lo que tienes.

Los histriónicos más simples y menos peligrosos que conocerás en el trabajo son los sobreactuados, que ansían tanto la atención de los demás que lo exageran todo. Digamos, con sutileza, que no sólo se trata de su vestuario. No parecen darse cuenta de la diferencia entre una oficina y un *reality* de televisión.

Los has visto: una versión común es la *Barbie wannabe,* con tacones de aguja, falda corta y blusa ajustada, tan diminuta que incluso ves el tatuaje en su espalda baja cuando se inclina, algo que hace muy seguido frente a hombres ingenuos, muy contentos de hacer el trabajo que le corresponde. Tal vez no lo creas, pero las *Barbies* histriónicas, en realidad no tienen ni idea de que cualquiera podría confundir sus atrevidas muestras de simpatía con una insinuación sexual. Qué pena por el pobre tonto que lo haga.

Las personas que con mayor frecuencia son consumidos por las *Barbies*, y otros histriónicos sobreactuados son los engañados y los creyentes que se enojan demasiado por su gran falsedad y comportamiento poco profesional.

Recuerda que si las *Barbies* te fastidian, como todos los histriónicos, ellas no intentan engañarte ni o otros: se engañan a sí mismas. Son mucho menos conscientes que tú de su descarada sexualidad o manipulación. Si su extravagante comportamiento te enfurece, serás quien sufra. Es mejor que disfrutes del espectáculo sin agregarte al reparto.

Los hombres histriónicos también acuden a trabajar disfrazados. Son los *Mad men wannabes*, vistiendo trajes a la moda, adquiridos en la zona de descuentos de un centro comercial y con demasiada loción para después de afeitar. Otro personaje es el adorable cretino de cualquier programa de comedia imaginable. Según dónde te encuentres, podrás ver a un vaquero o dos, pero jamás serán del tipo duro y callado.

La sexualidad del hombre histriónico, por lo general es verbal en lugar de visual. Todos parecen adictos al humor de tono subido. En ocasiones pueden ser graciosos, pero después rozan lo patético.

No importa lo que hagan, no te rías. Los histriónicos confunden risas amables o condescendientes con carcajadas.

Los histriónicos son molestos, aunque no peligrosos, excepto cuando pones en evidencia su comportamiento. Sé que existen reglas sobre el acoso sexual, pero lo pensaría dos veces antes de recurrir a ellos como testigos, a menos que tu abogado los requiera. Recuerda a Anita Hill (mujer negra que denunció a un juez norteamericano por acoso sexual) en las audiencias de Clarence Thomas.

En definitiva, deben detenerse las acciones de algunos acosadores sexuales. A los histriónicos, basta con ignorarlos.

Si lo único que deseas es que estos tipos dejen de molestarte, la respuesta más efectiva es no responder. Si es posible, sólo aléjate sin decir una sola palabra.

Los histriónicos sobreactuados pueden lastimarte, sólo si te dejas engañar o te hacen enojar. Puedes salir bastante dañado. Lo mismo ocurre con los pasivo-agresivos que conoceremos en el siguiente capítulo.

Disfruta el espectáculo, pero no te unas al elenco; mejor aún, aléjate. Por desgracia, hay histriónicos de los que no te puedes alejar, como tu jefe.

DIRECCIÓN POR ARTE DE MAGIA

Los histriónicos creen en la magia. Pueden hacer que los problemas desaparezcan, ignorándolos. Su personalidad está estructurada en torno a la convicción de que si son muy alegres y positivos, todo saldrá bien. No les preguntes cómo, sólo cállate y créelo.

Los directores histriónicos son extrovertidos. No dedican mucho tiempo a considerar opciones y analizar los detalles de las cosas. En lugar de eso, se enfocan en el exterior para inspirar a sus subordinados. Si todo mundo tiene una actitud positiva, las complicaciones desaparecerán; las dificultades serán más fáciles de manejar y los problemas se esfumarán. Es como estar en un gran teatro.

El nombre que le dan a este enfoque mágico en la dirección de una empresa es *motivación*.

Cleve Gower, antiguo jugador de basquetbol, comentarista de deportes y renombrado conferencista motivador (además de histriónico sobreactuado), se encuentra ya sudando entre las luces. Puedes ver cada gota cristalina en la enorme pantalla detrás de él.

"Jugué contra Jordan", la voz de Cleve resuena en el micrófono. "Michael Jordan es mi amigo. Un estupendo atleta y un gran ser humano. Un día, Michael y yo estábamos hablando. 'Cleve', dijo, 'hay muchos chicos talentosos allá fuera, pero tú y yo sabemos que quienes en realidad lo logran son los que tienen la actitud correcta'."

"No tengo que decirles que Michael Jordan vivía lo que predicaba. *Él* tenía la actitud correcta. La pregunta que les quiero hacer el día de hoy es: ¿tienen la misma actitud que Michael Jordan?" Cleve hace una pausa para adentrarse en el cuestionamiento que acaba de hacer. Sus grandes ojos analizan a las personas del público, al parecer observando sus almas.

"Es como Michael dijo, 'Quienes lo logran son los chavos con la actitud correcta. Si *tú* la tienes, nadie es tan grande como para bloquear tu tiro al éxito'." Se escuchan algunos aplausos, pero Cleve los detiene.

"Tomen mi caso. Yo no nací como un atleta exitoso. Admito que tenía algo de talento cuando crecía en medio de la pobreza en los barrios marginados de San Diego. Ese talento no servía para nada. ¿Por qué? Porque estaba enfermo de asma. Era tan grave, que el doctor le dijo a mi madre que no viviría para graduarme de la preparatoria." Cleve asiente con la cabeza. "Correcto, él dijo que no llegaría vivo al fin de la preparatoria. Pero ahora, el doctor está muerto y yo estoy aquí, hablando con ustedes. ¿Por qué? ¡Porque tuve la actitud correcta!" El aplauso es más fuerte esta vez. Cleve lo detiene de nuevo.

"Me negué a creer que el asma me detendría. Y es por eso que me encuentro aquí el día de hoy. Estoy aquí para decirles que *¡la actitud lo es todo! Si tienes la actitud correcta, nada ni nadie podrá detenerte!*" En este momento estallan los aplausos.

Los oradores motivacionales vuelven a contar el mito heroico del deporte y los negocios: si tienes la actitud correcta, todo es posible. El concepto es indispensable para el éxito, pero se trata de una metáfora y no de un hecho verdadero. La actitud, en realidad no lo es todo. La capacitación, las habilidades, el conocimiento específico y una clara dirección también son importantes. Sin embargo, en la mente de los histriónicos siempre es preferible la magia en lugar de los detalles complicados.

A veces son las palabras mágicas, pero no de la manera precisa en que los histriónicos piensan. Para tratar de forma eficaz a los histriónicos, necesitamos hacer lo que ellos no: mirar más de cerca los aspectos técnicos sobre cómo se realizan las cosas en lugar de cómo se siente la gente cuando las hace. Te daré unos cuantos detalles más.

Además de estar dotado de un talento natural, Michael Jordan dedicaba horas a practicar cada detalle de su arte, en especial las partes difíciles. Me imagino que lo hacía de la misma manera que la mayoría de las personas con un gran desempeño. Primero, se dio cuenta de cuáles eran los objetivos específicos que necesitaba cumplir. Es probable que también se acompañara de algunos consejeros que lo ayudaron con esta tarea, porque para eso están los consejeros. Las palabras de aliento en los vestidores pueden ser un buen teatro, pero sólo funcionan después de horas de entrenamiento y práctica.

Michael Jordan tuvo que dedicar esas horas. Para hacerlo, creó posibilidades internas, animándose y recompensándose para seguir adelante. Tal vez llamó a este proceso "tener la actitud correcta", pero no habría funcionado si no hubiera tenido metas y una dirección específica.

La motivación heroica se hizo popular en los días menos técnicos, cuando los vendedores honestos (no los estafadores del capítulo 6) enfrentaron las crisis con una sonrisa y trabajo. Me recuerda que la esperanza es necesaria para recuperarse, después de ser rechazado una docena de veces durante el día. En ese sentido, es útil y admirable. Del mundo de las ventas, el concepto se filtró a la cultura de muchas empresas, difundido por directivos histriónicos, quienes adoptaron la magia porque sus personalidades tenían mucha esperanza pero pocos detalles específicos.

Las palabras motivacionales pueden ser benéficas, junto con aspectos técnicos de la dirección de una empresa, pero no hay nada más desmoralizador para los empleados que usar esta magia como sustituto para las decisiones, apoyo y guía que el manejo de una empresa requiere. El mensaje involuntario que los directivos histriónicos envían a sus subordinados es que la única razón de sus problemas es que no están bastante motivados para hacer que desaparezcan.

En la junta de equipo de los lunes a las 7:30 de la mañana, Gene comienza poniendo una plática motivacional. Seguro ha descargado cientos en su teléfono.

El día de hoy corresponde a Cleve Gower, uno de sus favoritos. Cada vez que Cleve hace una puntualización, Gene lo escribe en el pizarrón electrónico, entre comillas y subrayado. Al final de la reunión, cada miembro del equipo recibirá esta información impresa.

Cuando termina Cleve, Gene toma la iniciativa. "La mejora continua de la calidad es la manera en que nos convertimos en una organización de aprendizaje de tiempo completo, con una filosofía centrada en el cliente. ¡Creatividad! ¡Flexibilidad! Necesitamos buscar siempre formas para hacer más con menos. Como lo afirma Cleve, debemos usar nuestros corazones, no sólo nuestras cabezas. Si tenemos la actitud correcta, podemos hacer cualquier cosa. Con el nuevo sistema de información para la gestión podemos hacer el seguimiento de nuestro desempeño, incrementar nuestras ventas y mejorar el servicio, que ya es excelente, y que nuestros clientes esperan."

Steve levanta la mano: "¿De cuánta mejora estamos hablando?"

"No más de la que podemos manejar, muchacho", responde Gene. "Si aprendemos a trabajar de manera más inteligente en lugar de trabajar más duro."

Jamal interviene: "¿Y qué hay de la pausa mientras cambiamos al nuevo sistema? Es mucho más complicado que el anterior. Es seguro que se presentarán muchos problemas técnicos."

"Seré honesto contigo", dice Gene, moviendo la cabeza. "La compañía piensa que ustedes no pueden hacerlo todo. Dijeron que era demasiado, ¿cómo lo llamaron?, ambicioso. Pero yo les dije que tenemos lo que se necesita para venir de atrás y ganar."

Ve al grano, ya, piensa Gwen. Suspira y levanta la mano: "Asumo que existen objetivos específicos y plazos. ¿Hay algún estimado de cuánta desorganización ocasionará este cambio?"

"Sabes, ése puede ser un problema", dice Gene. Se levanta y escribe la palabra *ASSUME* [asumir] en el pizarrón, luego traza unas líneas a ambos lados de la U, de manera que se puede leer ASS/U/ME.

"Cuando asumes, haces el ridículo tú y me pones en ridículo a mí" [de la lectura en inglés de *ASS out of U and ME = ASS/U/ME*].

Algunas veces, en estas juntas, Gwen siente como si hubiera caído a la madriguera del conejo de *Alicia en el País de las Maravillas*. Nada tiene sentido, y aparecen un montón de sonrisas vacías.

¿Qué gana Gene?

La respuesta es *verse bien*. Y le sale de maravilla. Cuando se trata de la dirección de la compañía, se queda corto, pero a nadie parece importarle.

La verdadera gestión es un acto de equilibrio. Los histriónicos como Gene son pésimos en eso. Tienen miedo de que si son demasiado específicos acerca de lo que se requiere en un área, eso limitará el desempeño en otras. Esto es verdad, pero hay muchos directivos en todos lados. No importa lo motivado que estés, no puedes obligar a todos a hacer de más todo el tiempo.

Los directivos histriónicos evitan esta dificultad asumiendo que todos son como ellos. Los histriónicos creen de verdad que pueden hacerlo todo, porque evitan lo que no pueden hacer. El mundo interior es simple; imagina que es un disco con ajustes, que van de bueno a grandioso, a excelente y a estratosférico. El otro extremo del disco, sólo tiene la marca de *no ir hacia allá*.

El mundo simple de Gene puede ser peligroso para las personas que no lo entienden. Su idea de evaluación del desempeño de un empleado es la de dos grandes cajas. Una es para los "chicos buenos" con buenas actitudes y que pueden realizar sus trabajos sin requerir mucho, además de las palabras motivacionales y un ocasional ¡bravo! o ¡dale! Luego está el pozo sin fondo para los "chicos malos". Si Gwen no tiene cuidado, podría acabar ahí.

Una de las muchas contradicciones en la personalidad histriónica es su manera de clasificar a las personas. Creen que eres maravilloso hasta que piensan que eres terrible. Todo lo que tienes que hacer para cruzar la línea es criticarlos. Los histriónicos odian el conflicto, pero lo ocasionan y comparten. Por supuesto, ellos no lo ven de esta manera. Para ellos, es *tu* actitud negativa la que ocasiona los problemas.

Entonces, ¿qué debería hacer Gwen? Todo lo que ella quiere es que Gene haga su trabajo, dando algunas respuestas directas, entablando una discusión acerca de qué objetivos son posibles y realistas, para tomar después una decisión y apegarse a ésta más de diez minutos. ¿Cómo haces para que un directivo histriónico dirija de verdad?

Gwen no es la única que tiene este problema. La gestión a nivel medio en muchas compañías está repleta de histriónicos como Gene, quienes han llegado hasta ahí siendo positivos y motivados, y permanecen porque nadie se queja. Es fácil sentirse irritado o incluso burlarse de ellos, pero lo haces bajo tu responsabilidad. No hay furia en el infierno que se compare con la de un histriónico despreciado.

Los histriónicos pueden estar influenciados para hacer un mejor trabajo, pero esto requiere un buen juicio y una cuidadosa dosis de arte teatral.

CÓMO LOGRAR QUE TU JEFE HISTRIÓNICO REALMENTE DIRIJA

Si quieres que tu jefe, de verdad dirija, debes empezar con una idea más clara que la de él o ella posee sobre lo que es dirigir y cómo hacerlo.

Dirigir una empresa es más una forma de pensar que la realización de diversas tareas. Involucra la integración de un conjunto importante de necesidades personales y organizacionales en constante cambio. La dirección de una empresa es una versión a gran escala de la tarea que los histriónicos han realizado con gran dificultad dentro de sus propias personalidades. En lugar de integrar fuerzas en conflicto, los histriónicos tienden a enfocarse con intensidad en alguna de ellas e ignorar las otras, sin ver que existen relaciones entre éstas. En su propia vida, y en su trabajo, los histriónicos desean con fervor que todo suceda sin problemas. Por supuesto, esto nunca ocurre. Los problemas siguen surgiendo, provocan ansiedades poco placenteras que los histriónicos tratan de calmar lo más pronto posible, comportándose como el chico bueno y diciéndole a todas las personas lo que quieren escuchar. Sobra decir que resolver problemas de esta forma asegura que aumentarán de manera exponencial. Éste es el dilema que los histriónicos enfrentan como individuos y como directivos. Por desgracia, los histriónicos no entienden los dilemas.

Como terapeuta, uno de mis principales objetivos con los pacientes histriónicos es ayudarlos a reconocer que muchas de las cosas que ven como problemas, en realidad son dilemas. Esto los ayuda a hacer mejores elecciones, reconociendo que cada una afecta a los demás, lo que con frecuencia para ellos es un conocimiento nuevo.

Es así como lo explico a los directivos histriónicos: un problema puede ser resuelto, y con suerte desaparecerá. Una vez que descubres cómo sacar a tiempo una orden por la puerta, el envío parte y el problema, con él. Los dilemas no se resuelven; en lugar de eso, deben ser puestos en equilibrio de modo constante. Más de algo significa menos de lo otro. Algunos ejemplos son calidad *vs.* costo; velocidad *vs.* precisión, o ganancia *vs.* participación en el mercado. Si "resuelves" un dilema moviéndote demasiado en una sola dirección, creas un problema que sólo puede resolverse yéndote hacia el otro lado.

Para que un jefe histriónico haga su trabajo, debes efectuar algunas de las cosas que hago como terapeuta. Esto es sin duda una carga injusta de llevar sobre tus hombros, pero si no es eso, debes someterte a infinitas instrucciones contradictorias que se mezclan con pláticas motivacionales.

Es el dilema que enfrentas con un jefe histriónico o, peor aún, perteneciente a cualquier otro tipo de vampiro. Tal vez debas hacer cosas que no son parte de tu trabajo para conseguir que ellos hagan el suyo; de lo contrario, enfrentarás las consecuencias.

La triste realidad es que, vayas al trabajo o a cualquier otro sitio, deberás confrontar a gente poderosa que no tiene tu madurez. No puedes decirles lo que deben hacer, pero puedes influir sobre ellos si estás dispuesto a hacer el esfuerzo. Esto implica entender muy bien cómo piensan para comunicarte con ellos, dentro de su propio marco de referencia.

El modelo básico para conseguir que las personas actúen de manera más madura es el mismo utilizado por los terapeutas: entras a su mundo y, desde ahí, los animas a pensar de manera más racional, mediante preguntas bien elaboradas que de modo amable los llevan en la dirección que tú quieres. Ya hemos utilizado este enfoque al tratar con acosadores y estafadores. Con los histriónicos podemos usar esta técnica de una manera más sofisticada y llevar a cabo algunos ajustes.

CÓMO ENTRAR EN EL MUNDO DEL VAMPIRO
EMOCIONAL SIN CONVERTIRTE EN UNO

Hemos visto cómo salir de un modelo de comportamiento, evitando la respuesta esperada por los vampiros, causando así que se detengan y piensen en lugar de sólo reaccionar. Es la estrategia esencial para calmar situaciones emocionales, en especial las que involucran la respuesta de luchar o huir. Lo que ahora discutimos es en realidad una expansión de esta técnica que puede ayudarte a prevenir las situaciones emocionales antes de que ocurran.

Entrar al mundo de los vampiros no significa volverte uno de ellos, sino ser capaz de pensar como ellos, repetir algunas cosas que hacen, pero de maneras un poco diferentes y por otras razones. La diferencia más significativa es que tú actúas de forma consciente para lograr un objetivo, en lugar de reaccionar emocionalmente, cómo hacen los vampiros. El buen juicio te mantendrá a salvo.

Lo que debes dejar a un lado para entrar al mundo de otra persona, de manera segura, es considerar si es correcto o incorrecto. Si no puedes dejar atrás los juicios, debes reconocerlos y guardarlos para ti. En el justo instante en que empieces a sermonear, estás muerto.

En las relaciones interpersonales, el conflicto más inútil en el que puedes involucrarte es en una lucha de dominio sobre quién está bien y quién mal. Como hemos visto, estas luchas no pueden ser resueltas y, una vez iniciadas, nunca terminan. A pesar de su inutilidad, es el tipo más común de conflictos en que se cae si no pones atención. En este caso, no hacerlo significa confundir tus propias suposiciones con la ley natural.

Con base en la prueba para el rebelde, creyente o competidor del capítulo 3, ya sabes acerca de tus propias suposiciones, y de cómo pensar y actuar en el trabajo. También sabes que no son las únicas posibles. Recuérdalo a medida que avanzamos.

Entrar al mundo de alguien significa aceptar, pero no necesariamente estar de acuerdo con sus suposiciones y usarlas como base de la comunicación. Para ser eficaz con gente difícil, debes ser capaz de pensar como ellos y usar sus fortalezas contra sus debilidades.

En el mundo histriónico, los factores más importantes son atención y aprobación. Son tan importantes que los histriónicos creen que siempre están en el escenario y no pueden siquiera imaginar cualquier cosa que la gente no aplauda. Éste es el mundo de directivos como Gene.

Si eres rebelde, es posible que veas a Gene como imbécil. Si eres creyente, puedes considerarlo carente de integridad. Los competidores pueden verlo como incompetente. Todos estos juicios pueden ser correctos, pero ninguno será útil para lograr que haga su trabajo.

Para influir sobre los vampiros emocionales, debes imaginar un mundo en el que sus suposiciones influyen, y hablar y actuar como si vivieras en ese lugar. Con histriónicos como Gene, esto no será muy difícil porque, de hecho, ya has estado ahí. Su mundo se llama "preparatoria".

La mayoría de los histriónicos fueron muy exitosos en esta etapa escolar: sus habilidades sociales y actitudes positivas eran recompensadas con popularidad, buenas calificaciones y posiciones de liderazgo en la organización estudiantil. Mientras estabas en las fiestas o en tu escritorio tratando de entender álgebra, ellos estaban en pláticas motivacionales, reuniones del taller de teatro y practicando deportes.

En la preparatoria, los histriónicos aprendieron el principio psicológico llamado "efecto halo". En realidad no lo conocían, pero obtenían muchos beneficios de él. Incontables estudios psicológicos sociales han mostrado que las figuras de autoridad, como maestros y entrenadores, consideran a las personas simpáticas y extrovertidas más inteligentes, talentosas, responsables y mejores en todo lo demás, comparadas con sus compañeros más introvertidos o rebeldes. No hace falta decir que el "efecto halo" se extiende al mundo corporativo. Es el secreto del éxito del histriónico. Por esa razón hay muchos de ellos en posiciones de dirección. Los histriónicos creen que fueron promovidos por su espíritu académico, que así se llama al efecto halo en su mundo.

Con el objetivo de comunicarse de manera eficaz con los histriónicos, debes regresar a la preparatoria. Ahora no irás como el adolescente de entonces, sino como el adulto que eres ahora. Quizá aprendas nuevos trucos no identificados la primera vez. A continuación presento algunas cosas que los histriónicos hacían entonces; pueden ser útiles para tratar con ellos ahora y con otras figuras de autoridad vampírica.

TRÁTALOS DE LA MANERA EN QUE TRATAN
A LAS PERSONAS IMPORTANTES

Sin importar si fuiste *nerd*, deportista, *hippie*, o alguien que no ponía atención, si quieres tener comunicación efectiva con los jefes, en especial con los histriónicos, debes tratarlos de la misma manera en que los adolescentes populares trataban a sus maestros de preparatoria.

Los histriónicos llaman a esto "ser respetuoso". Los demás le llamaban "hacer la barba".

Al margen de cómo le llamen en tu mundo, hacer la barba es una habilidad útil. Tu desdén pudo haber impedido que aprendieras cómo hacerlo en la preparatoria. Si fue así, tal vez necesites algunos correctivos.

Ahora veremos algunas técnicas específicas que los chicos populares usaban con sus maestros. Llámalas como quieras, pero

```
       #351   03-03-2017 2:00PM
     Item(s) checked out to p20486248.

TITLE: El lado fcil de la gente difcil :
BARCODE: 311971081562719sjpl
DUE DATE: 03-24-17

TITLE: Vampiros emocionales en el trabaj
BARCODE: 311430099823089ripl
DUE DATE: 03-24-17


 West Portal Br-Renew by phone 557-4511
Pay fines & renew online at www.sfpl.org
```

te darás cuenta que son útiles para tratar con todo tipo de jefes. Mientras más disfuncional sea tu jefe, mejor funcionarán estas técnicas. Inténtalas y observa los resultados.

Involucra a tu jefe en la conversación: los jóvenes populares hablaban a los adultos como si fueran personas normales. Los rebeldes en la preparatoria no fraternizaban con el enemigo. Aún no lo hacen. Los creyentes no querían molestar a la gente ocupada, y los competidores no se molestaban en hablar, a menos que tuvieran algo qué decir. Los histriónicos populares hablaban de todo y nada, como hacían con sus amigos. La suposición que hicieron los maestros con base en estos comportamientos fue que agradaban a los populares y no a los otros. Los jefes hoy en día tienen la misma suposición.

Escucha con interés: los populares siempre se sentaban en la primera fila del salón de clases y tomaban notas. Los rebeldes lo hacían hasta atrás y aún lo hacen.

Demuestra que has aprendido: los creyentes y competidores intentaron demostrar su aprendizaje resolviendo bien sus exámenes. Los rebeldes lo hacían corrigiendo errores de los maestros. Los chicos populares decían a los maestros lo que habían aprendido en clase y cómo lo usaban. También pedían consejo a sus maestros y les hacían caso. Después, regresaban y decían a sus maestros lo bien que les funcionó.

Los jefes histriónicos se ven a sí mismos como maestros repartiendo perlas de sabiduría. Si quieres que te escuchen, escúchalos. No seas ingrato.

Sé positivo: ¿necesito explicar este punto?

La habilidad antes conocida, como hacer la barba, en esencia significa tratar a las figuras de autoridad como si te agradaran y las respetaras. Los vampiros emocionales son muy buenos en reconocer cómo les gusta ser vistas a las personas y usan esto como base para comunicarse con ellas. Esto es algo que debemos aprender de ellos. Es una de las formas más efectivas de conseguir que la gente te escuche y haga lo que tú deseas. Las palabras aduladoras funcionan para la cooperación y la explotación.Cómo las uses, depende de ti.

Toma el control

Si te sientes tan frustrado con tu jefe histriónico, como Gwen con Gene, a continuación te presento cómo entrar en su mundo, y usar las técnicas analizadas para conseguir un cambio.

Conoce tu objetivo: una buena dirección implica resolver problemas. El objetivo que debes alcanzar es que tu jefe histriónico defina un punto de equilibrio entre los dilemas y se apegue a él, en lugar de ir de un lado a otro. El producto que debes buscar es una clasificación de prioridades en la que puedas confiar, que tu jefe defenderá ante sus superiores.

Primero, haz la barba: la idea es generar tu propio efecto halo, haciendo las cosas que haría un joven popular en la preparatoria. Si Gwen quiere que Gene la escuche, ella debe desarrollar un historial en el que aparezca positiva y motivada.

Escribe un papel heroico para tu jefe: los histriónicos son actores, pero los papeles que inventan para ellos son pequeños. Lo puedes hacer mejor si te lo propones. Lo que tú requieres es una metáfora que un jefe como Gene viva literalmente. Una excelente opción es un "pastor que cuida a sus ovejas". Si buscas metáforas, deberás ir a la cima.

Para ver lo que Gwen podría hacer, regresemos a la junta de equipo, justo después de que Cleve Gower termina su discurso, antes de que Gene empiece el suyo.

Gene acaba de apagar la plática motivacional en su teléfono. Aún está moviendo la cabeza y sonriendo a causa de la sabiduría de las palabras de Cleve.

Gwen levanta la mano, y Gene la señala. Igual que en la preparatoria: "¡Ésas son algunas excelentes ideas!", dice ella. "El otro día leí un artículo en la revista *Fortune* acerca de los líderes como servidores. ¿Cómo se relaciona esto con lo que dijo Cleve?"

"¡Excelente pregunta!", dice Gene, y comienza a dar una explicación. Lo que señala no es muy importante, porque el propósito de Gwen es conectar estos dos admirables conceptos en la mente de Gene y prepararlo para un tercero.

"Ah, entiendo", dice ella. "Un líder como servidor es como un pastor que cuida a sus ovejas."

Sí, lo que está haciendo Gwen es una manipulación descarada. Una de las suposiciones que debes olvidar, si deseas entrar con seguridad al mundo de los vampiros, es que la manipulación es mala. Creyentes, ¡pongan atención! Esta información podría salvar su sensatez. La manipulación por sí misma es neutral. Los juicios morales aplican sólo a la manera de utilizar la manipulación. Todos manipulamos todo el tiempo. Algunos somos mejores en esto que otros. Incluso, somos bastante buenos para volvernos unos profesionales. Como todos los terapeutas, a mí me pagan por manipular a la gente.

Escribe un papel para ti mismo: si Gene es un pastor, Gwene debe ser la ovejita perdida.

Más tarde, en la misma junta, Gwen mueve su cabeza, pero continúa sonriendo, mostrando que tiene buen corazón. "Gene, todo este cambio es tan confuso. Hay tantas opciones. En realidad, yo quiero hacer lo correcto, pero simplemente no entiendo qué hacer primero."

¿Puedes ver hacia dónde va esto? Gene sin duda responderá primero con lugares comunes. Gwen, por supuesto, escuchará y asentirá con la cabeza, como si todo tuviera sentido. Y entonces hará la verdadera pregunta:

> "¿Qué harías tú si fueras yo?"

Gwen está conduciendo a Gene a elaborar una clasificación de prioridades, pero a su manera. De esta forma, de acuerdo con la lógica histriónica, cualquier error será de ella, no de él. Pedirle a un histriónico que te entienda, es una pérdida de tiempo. Pedirle a alguien que actúe como tú, con frecuencia deriva en una respuesta por completo diferente.

Como todos los vampiros emocionales, los histriónicos tienen muy poca empatía, pero con facilidad pretenden ser otra persona. De esto se trata la actuación. No preguntes cómo funciona, sólo úsalo.

Gwen y los otros miembros de su equipo pueden pedirle a Gene que actúe como si fuera cada uno de ellos, señalando de esta manera las prioridades que necesitan para hacer su trabajo. Todo lo que necesitan es presentarse como metas y objetivos. Se necesita cierta sutileza, pero no tanta como podrías pensar.

Todo bien, hasta ahora. Siguiendo el engaño, el acto final de este pequeño drama está diseñado para que Gene defina las prioridades cuando sea cuestionado por su jefe.

> Gwen continúa su propia actuación, ayudando a Gene a escribir un texto para él: "Entonces, todos estamos de acuerdo en que este cambio es tan importante que necesitamos ser lo más cuidadosos posible. Sin prisas. ¿Qué dirán los de allá arriba si les dices que esto llevará

más tiempo y quizá nos retrasaremos un poco? ¿Pensarán que el producto vale la espera y los gastos? ¿Creen que calidad es trabajo?"

"Por supuesto que lo piensan", dice Gene. "Lo dicen todo el tiempo".

"¡Excelente!", dice Gwen. "Podemos juntar toda esta información en Power Point para que lo puedas presentar."

Aunque este escenario podría parecer absurdo, puedo decirte con base en años de experiencia que semejantes tácticas funcionan mejor en directivos con trastornos de personalidad, que enfoques más directos y formales. No puedo garantizar que todo salga como el guión descrito. Las palabras pueden variar, pero la idea básica funcionará muy bien con los histriónicos y otros jefes vampiros.

Los emocionales pueden ser peligrosos y poderosos, pero todos tienen debilidades que puedes usar para engañarlos e invitarlos a madurar y hacer un mejor trabajo.

Última palabra de este tema: adopta un consejo de Gwen. Cuando un jefe vampiro ilustre un caso ante sus superiores, elabora tú mismo la presentación de Power Point, si te es posible. Tu jefe estará feliz de dejarte hacer el trabajo; créeme, vale la pena hacerlo.

¿Jefe o mejor amigo?

Los jefes histriónicos no son buenos con los límites. Tienden a ver todas sus relaciones mucho más íntimas de lo que en realidad son. Como los mejores amigos en la preparatoria. A los mismos jefes que enfatizan el profesionalismo y la motivación en las juntas del equipo, se les acaba la actuación en el instante en que entran a tu cubículo, y pueden transformarse ante tus ojos en un inseguro y dependiente quinceañero. El truco aquí es salir del modelo y no volverte tú un quinceañero.

Marge, la jefa de Brenda, deja escapar un profundo suspiro al sentarse frente a ella. "Se siente tan bien tomar asiento. Caminé desde la junta directiva en el otro lado del campus hasta aquí."

"Estos zapatos". Marge se quita uno de sus Prada y comienza a frotar sus pies. "Tú pensarías que por lo que cuestan, al menos podrían ser cómodos. Debería conseguir unos zapatos como los que tú usas." Se agacha para ver mejor los pies de Brenda. "Sí, como esos. Son tan lindos y se ve que puedes caminar bien con ellos. ¿Son cómodos?"

Brenda asiente con la cabeza. "De hecho, sí".

"¿En dónde los conseguiste?"

"Es una zapatería que se encuentra en la Calle 68", responde Brenda. "Tienen muchos estilos a precios muy razonables."

"¿En verdad?" Marge suena emocionada. "Quizá podríamos ir a verla mañana en la hora del almuerzo."

¿Tiene algo de malo ir a comprar zapatos con tu jefa? Por supuesto que no. Las personas crean amistades con sus compañeros de trabajo todo el tiempo. Sin embargo, si tu jefe es un histriónico, sería buena idea pensar cómo podría ser esa amistad antes de que te involucres demasiado en ella.

¿Recuerdas a las jóvenes populares de la preparatoria? Algunas veces sus amistades eran como la corte de una reina, porque había una persona dominante en el centro, con sirvientes alrededor que cuidaban de ella y hacían su voluntad.

Marge se encuentra ya en una posición dominante respecto a Brenda. La pregunta es si las reglas de dominio que aplican en el trabajo se llevarán al terreno de la amistad. Enlisté algunas de estas reglas en el capítulo 5. Si tienes alguna duda sobre ser amigo de tu jefe, podría ser buena idea releerlas.

También ten en mente que las relaciones con los vampiros emocionales, por lo general siguen el patrón discutido en el capítulo 6. Empiezan muy inocentes, pero una vez metido en una, te encuentras rompiendo un límite tras otro hasta más allá de lo que puedes manejar. La preparación no es un proceso consciente o planificado en ambos lados. Ocurre porque los vampiros no reconocen los límites. Ellos siguen pidiendo más y más.

Lo que los histriónicos siguen pidiendo más y más es apoyo emocional. Bajo el brillante exterior, con frecuencia son una masa de inseguridades que no entienden o reconocen. Necesitan que alguien más estable les diga que son lo que creen, y para demostrar que valen la pena por sus conversaciones y entretenimiento. A diferencia de las amistades con personas maduras, con los histriónicos están desequilibradas. Todo se trata de ellos. Y no sólo eso, sino de ellos como piensan que son. No puedes ser sincero sobre partes de ellos mismos que no quieren ver. Como hemos visto, los histriónicos son volubles. Creen que eres maravilloso hasta que piensan lo contrario.

Ser amigo de tu jefe puede ser una experiencia positiva, o como encargarte de un dependiente quinceañero que tiene control sobre ti.

Si tú, como Brenda, te sientes sorprendido y quizá halagado por una atención inesperada de tu jefe, ¿cómo debes decidir si ir o no a comprar zapatos? Aquí presento algunas sugerencias.

Apaga tu piloto automático: tener una relación de amistad fuera del trabajo con tu jefe requiere pensarlo con calma. En definitiva, hay pros y contras. Si eres un creyente, tu primer impulso puede ser la cortesía y seguir adelante. Los competidores pueden ver una oportunidad que impulse su carrera, pensando que ellos pueden controlar la relación. Los rebeldes pueden perder la oportunidad debido a la falta de interés o porque no es parte de su trabajo.

Al principio, no hay manera de saber hacia dónde caminará la relación. Puede ser una amistad gratificante, un buen movimiento para tu carrera o ambas opciones. También puede ser un terrible error. Cualquier cosa en que se convierta una amistad con tu jefe, al comienzo es una importante decisión que debe considerarse con cuidado. Hazte algunas preguntas antes de decidir.

¿Tu jefe es un vampiro emocional? Para tomar una decisión informada utiliza los test de este libro. Si tu jefe califica como uno de los vampiros, mantener una distancia formal podría ser buena idea.

Si decides rechazar invitaciones, la forma más discreta es mantenerte ocupado. Será difícil para tu jefe castigarte por ser tan responsable en tu trabajo.

Sé alegre y amistoso, pero también empático. Quizá tu jefe piense que eres un aburrido, pero a la larga puede tener resultado positivo.

¿Hay alguna posible atracción sexual? Con frecuencia, los histriónicos desconocen sus propias inclinaciones sexuales. Con mayor razón, deberías ser cauteloso.

¿Puedes decir que no? Si tu jefe no toma un "no" como respuesta a una ida de compras, piensa cómo será después, cuando haya más invitaciones.

Si cae dentro del patrón histriónico, bajo la persona alegre y energética hay una gran necesidad y poco remordimiento en solicitar tu ayuda.

¿La relación es recíproca? ¿Tu jefe es tan entusiasta en acompañarte a hacer tus cosas, de la misma manera en que te pide lo acompañes? (es menos probable que los hombres histriónicos te pidan salir de compras. Por lo general quieren hacer otras cosas, como ir a encuentros deportivos, muestras de automóviles o dispositivos electrónicos)

En general, la reciprocidad es un buen indicador de madurez. Brenda no puede saber la respuesta a esta pregunta cuando Marge sugiere por primera vez ir de compras. Pero Brenda podría tener una idea general de cómo sería la relación, sugiriendo una segunda parada en la excursión para hacer algo que ella desee hacer. La reacción de Marge, en especial si la respuesta fuera negativa, daría información útil acerca del futuro de la relación.

No digo que no debas hacerte amigo de un jefe histriónico. Estoy señalando que los problemas con los límites son una parte típica de todos los vampiros. Necesitas ser cuidadoso.

Una palabra final de advertencia se relaciona con el chisme. Los histriónicos lo aman y no pueden mantener secretos. Te sacarán cualquier información jugosa que puedas tener. Una buena regla es nunca decirle a un histriónico algo que no pondrías en Facebook.

En el siguiente capítulo, pasivos-agresivos, abordaremos el tema del chisme con mayor detalle.

CAPÍTULO 10

Pasivo-agresivos

SER PASIVO-AGRESIVO significa nunca decir "lo siento". Esto es porque jamás adviertes que lo que haces o piensas amerita sentirte apenado.

Pasivo-agresivo es un término utilizado para describir diferentes rangos de comportamiento, desde aplazar y olvidar, hasta esparcir rumores e incluso enfermedades. Todo involucra acciones irritantes (u olvidos) no percibidas como contradictorias por quien las realiza.

El comportamiento pasivo-agresivo más común es desentenderse de hacer algo desagradable y se logra a través del olvido o por malinterpretar instrucciones. No tienes que ser un vampiro para usar esta estrategia, toda la gente lo hace.

Además, hay gente con problemas de autoridad que responde con mal humor y apatía cuando le dicen qué hacer. Muchos vampiros y rebeldes se afligen con esta forma crónica de rebeldía adolescente.

La mayoría del comportamiento pasivo-agresivo en el trabajo se encuentra en esas dos categorías. A menudo estos errores no ameritan acciones disciplinarias. Si ejerces alguna acción en contra, tú serás quien se vea mal. Pero, como veremos más tarde en este capítulo, estas formas de comportamiento pasivo-agresivo pueden controlarse con frecuencia mediante el uso razonado de situaciones.

Los vampiros emocionales histriónicos elevan su comportamiento pasivo-agresivo a otro nivel muy diferente. Sus acciones irritantes son producto de su lucha interna para ganar aceptación y reconocimiento de los demás. No están conscientes de su propia hostilidad; siempre creen ser simpáticos. Si pareces irritado por su comportamiento, serás considerado como un abusivo y se volverán las víctimas, rol que juegan con aterradora autenticidad. En su mundo, las víctimas se defienden de sus abusadores. Creen que la mayoría de las atrocidades de la historia fueron consumadas por gente que se percibía como víctima y actuaron en defensa propia.

No es necesario decir que los pasivo-agresivos histriónicos son, por mucho, la gente más peligrosamente *nice* que jamás conocerás. En el trabajo, si su hostilidad disimulada no es manejada de forma correcta, puede llevar a una ruptura general, problemas morales, fuertes enfrentamientos, incluso demandas legales.

La mayoría de los pasivo-agresivos histriónicos son muy irritantes y también pueden ser traicioneros. Todos son confusos y complicados. Nunca son directos y con ellos nada es lo que parece. Empecemos con un ejemplo típico.

Eileen comete más errores que todos los demás en tu equipo, pero nunca los admite. De alguna manera, siempre es el problema de alguien más.

Le pides hacer algo que no quiere. Podrías pensar que se niega porque resopla por la nariz, a lo que ella alega que tiene un problema nasal o de los ojos lo que, según ella, es por mirar la pantalla de la computadora todo el día. De todos modos, acepta el compromiso; después lo olvida, entiende mal o sigue adelante con lo que prefiera hacer en primer lugar. O, simplemente, no hace nada porque está segura de que le diste mal las instrucciones. Y, si le dices algo, se ofenderá y reclamará que es tu culpa por no ser claro. Incluso, podría llorar porque la estás presionando.

Eileen, como la mayoría de los pasivo-agresivos histriónicos, es un dolor de cabeza a punto de estallar.

Los pasivo-agresivos están entre la gente más difícil con quien trabajar. Nunca admiten estar enojados, pero no tienen problema en que otra gente se enoje con ellos. Siempre injustamente.

Te puedes preguntar cómo alguien como Eileen, ninguna tonta, puede ser tan despistada del efecto que provoca en otras personas. ¿Pues qué está pensando?

Es la pregunta relevante, pero no en la manera desesperada en que la gente la piensa. Lo que te causa dolor de cabeza no es su comportamiento sino la frustración de que no actúe como debería. Recuerda, si te enojas con la gente irritante, tú serás quien sufra. Para aliviar ese dolor, regresemos a la pregunta original, pero de forma literal: ¿qué está pensando?

Eileen piensa que es una linda persona, muy competente, incomprendida con frecuencia por la gente que le exige hacer cosas que no tienen sentido o son imposibles de hacer por un ser humano.

Para ti, y para casi todos los demás, estas labores propias de Hércules, sólo son parte del trabajo que no quiere hacer. Por supuesto, tienes razón, pero esto no te ayudará, en especial si tratas de convencer a Eileen de que está equivocada.

ARTES MARCIALES PASIVO-AGRESIVAS

Los pasivo-agresivos como Eileen practican un tipo peculiar de arte marcial en el que parecen gente bonita, cuando en realidad te golpean la cabeza con un mazo. Si te acercas a ellos de manera directa, usarán la fuerza de tu ataque en contra tuya. Para defenderte debes entrenar. Se necesita la calma *zen* de un caballero *jedi* y el descaro de una madre judía.

Empecemos con la calma. Aquí hay algunas sugerencias que podrían ayudar a que "la fuerza te acompañe":

Entiende que no está mintiendo: No te esfuerces por juzgar a Eileen desde tus normas. Si actuaras igual que ella, tendrías que mentir para lograrlo. Eileen no. El hecho de que esté enojada contigo y contraataque con su comportamiento obstinado, puede ser claro para todos los demás en el mundo, menos para ella. En ese modo peculiar histriónico, Eileen se ha dividido en dos: luz y dulzura y el lado oscuro. Nada de lo que digas cambiará eso. Olvida cualquier intento para que admita lo que hace. Solamente la harás llorar y te dará una migraña.

Como con todos los histriónicos, para comunicarte de manera efectiva debes meterte en su mundo. No puedes decir algo que entre en conflicto con ella o su punto de vista.

Controla tus pensamientos: los pasivo-agresivos son como ese hilo enredado que hacíamos con los dedos cuando éramos niños: mientras más tratas de desembrollarlo, más se enreda.

Entre más te esfuerzas, más te malentienden, olvidan o sabotean. Si te enojas, pierdes.

Necesitas reconocer que enojarse es algo que tú haces, no una reacción inevitable ante el comportamiento de alguien más. Al controlarte, debes estar consciente de que las trampas en que puedes caer te llevarán a reaccionar de forma visceral, no racional.

Si eres rebelde, tu primer impulso será darle a Eileen una cucharada de su propia medicina. Las contestaciones sarcásticas son armas que puedes elegir. Lo lógico, si puedes llamarlo así, es mostrarle qué se siente meterse en problemas, para que sepa con quién se metió. Hasta donde yo sé, esta estrategia jamás ha funcionado. Es directa, propia de un cerebro de dinosaurio que siempre aumenta la tensión.

Si eres un creyente, puedes enojarte tanto con la deshonestidad de Eileen y su falta de ética laboral, que estarás tentado a sermonearla acerca del supuesto comportamiento de la gente responsable. Los sermones, no importa qué tan bien se digan, no tienen más efecto en los pasivo-agresivos que un "sarcasmo directo".

Los competidores premiados con el conocimiento interior, tratan a los pasivo-agresivos como idiotas, por debajo del desprecio.

Cualquiera de estas reacciones inmediatas aumentará tu irritación contra los histriónicos, como Eileen, demasiado sensibles para enojarse con todos, menos con ellos. La situación aumentará la tensión y sufrirás aún más.

Igual que al lidiar contra todos los vampiros emocionales, la única manera para ganar es usando el pensamiento lento y menos emocional. El comportamiento pasivo-agresivo es un problema a resolver, no un insulto a corregir.

Las siguientes sugerencias te ayudarán a lidiar de forma más efectiva con los comportamientos pasivo-agresivos en el trabajo tipo Eillen, igual que con los histriónicos.

No sermonees: tu memoria puede jugarte algunos trucos cuando reflexionas sobre tu ética laboral (cómo hiciste la transición de la adolescencia, cuando bobear era una recompensa y el trabajo parecía un castigo) y tu situación actual, en la que has cambiado tus valores. ¿Recuerdas el momento preciso en que tu papá te dio un gran sermón por no hacer bien las cosas y que cambió tu manera de ver el mundo? Puedes estar tentado a recrear esta misma clase de sermones como un modo de inculcar virtud en los niños, compañeros de trabajo y otros paganos ignorantes.

Por desgracia, tu memoria no es confiable. Esto no fue lo que en realidad pasó. Tendemos a recordar sucesos dramáticos y frases concisas que cristalizan lo ya aprendido, más que los incentivos que de verdad nos instruyeron.

Ese gran sermón ocurrió, más bien, dentro de un contexto de recompensas, por haber hecho bien tu trabajo, y castigos, por lo general en forma de regaños por haberte equivocado. La revelación que experimentaste fue comprender que era más fácil hacer tu trabajo que oír el mismo maldito sermón cada vez que te equivocabas. Para la mayoría de nosotros, evitar sermones, más que los sermones mismos, es el origen de la ética laboral.

Como vimos en el capítulo 2, el método más poderoso es evitar dicotomías. Los pasivo-agresivos han aprendido la mayoría de sus comportamientos irritantes porque esa conducta los ha ayudado a no hacer tareas desagradables sin sentir culpa. Evitan estas dicotomías tanto para enseñar como para aprender. Su resoplido con la nariz, su movimiento de los ojos y su obstinación general son, en realidad, acciones que demuestran a la gente trabajadora, como tú, que te será más fácil realizar el trabajo que lograr que ellos lo hagan. Ésta no es una habilidad que desees aprender, porque les otorgas grandes recompensas por ser pasivo-agresivos.

Evita el castigo o úsalo con cuidado: el pensamiento lento debe ser una meta dirigida. El punto es lograr que Eileen haga su trabajo, y no enfrentarla porque no lo hace. El castigo, por lo general, es más una reacción emocional que una estrategia real. Rara vez es útil, pero con los pasivo-agresivos puede resultar del todo ineficaz.

Si vas a usar cualquier clase de estrategia de castigo, deberá ser al pie de la letra. Sigue los procedimientos del manual del empleado, como advertencias, oficios y amenazas en el último de los casos. No inicies este camino, a menos que quieras llegar hasta el fin, y busca apoyo organizacional para hacerlo. Si finges el castigo, el pasivo-agresivo lo notará y, por lo tanto, demostrará a los demás que esos procedimientos son insignificantes.

La peor cosa que puedes hacer si estás en una posición de poder sobre un pasivo-agresivo, es convertirte en uno, esperando que el otro cambie su comportamiento o simplemente renuncie. Créeme, ellos son mucho mejores en esta estrategia que tú y te harán retroceder antes de que puedas decir "ambiente laboral hostil".

Si los pasivo-agresivos piensan que los tratan de manera injusta, es muy probable que logren involucrar a sindicatos o abogados en sus conflictos, porque están seguros de tener la razón. Podrán no ganar, pero causan rupturas tremendas que lastiman a todos alrededor.

Si estás en una posición de autoridad y debes lidiar contra alguien cuyo desempeño se encuentra por debajo del estándar, debes decidir entre despedir a esa persona o conservarla, no hay medias tintas. Muchas pesadillas de las empresas han sido causadas por la errónea creencia de que será más fácil hacer que los empleados renuncien, a despedirlos.

Los creyentes evitan despedir a la gente porque intentan ser amables. Los competidores, en las culturas que enfatizan evitar costos, ven que llevar a una persona a renunciar es una manera de ahorrar en los despidos. Tal ahorro desaparecerá ante el costo de los honorarios de un abogado laboral.

Ya vimos suficientes advertencias directas de lo que no funciona con los pasivo-agresivos. Ahora vamos a enfocarnos en lo que *sí funciona*. Un dicho útil que te mantendrá en el camino correcto es que "más vale prevenir a lamentar". Hablando de sabiduría popular, ¿qué tal acentuar lo positivo y eliminar lo negativo? No importa cómo las parafrasees, estas técnicas probadas te ayudarán a minimizar el daño que los pasivo-agresivos hacen. Con suerte, incluso pueden funcionar con tus adolescentes.

Pon atención ahora, o la pagarás después: el mejor acercamiento es prevenir poniendo atención. Identifica a los pasivo-agresivos. No les hables sólo cuando quieras que hagan algo. Visítalos con cualquier pretexto y escúchalos más de lo que tú hables.

Sorpréndelos actuando bien y recompénsalos: la prevención incluye estructurar la relación, de tal manera que los pasivo-agresivos reciban más recompensas por hacer el trabajo, que castigos por no hacerlo. Si no estás en posición de supervisor, quizá pienses que no tienes control sobre las recompensas de Eileen, pero esto no es del todo cierto. No controlas su salario ni su revisión anual, pero no son los únicos elementos en operación.

Recuerda que para los histriónicos, las cosas más importantes del mundo son atención y reconocimiento. Para los pasivo-agresivos como Eileen hay un componente adicional. Quiere obtener toda la atención y el reconocimiento con el menor esfuerzo posible. Para ser efectivo necesitas aceptar esto y partir desde aquí. Si la sorprendes haciendo las cosas bien recompénsala con la atención y el reconocimiento que implora. En resumen, cuando haga algo bien, prémiala.

Enfócate en el comportamiento, no en la actitud: puedes lograr que Eileen haga su trabajo, pero no conseguirás que lo haga sin resoplar por la nariz y sin el movimiento de ojos. No desperdicies tu tiempo tratando de mejorar su actitud en la ética laboral.

Despeja la moralidad de la ecuación. Tu meta no es que Eileen se convierta en mejor persona, sino que realice tareas específicas en tiempo y forma. Acepta el hecho de que ella quiere cumplir su tarea con el menor esfuerzo posible y úsalo a tu favor. Arregla las circunstancias de tal manera que sea más difícil hacer mal las tareas que bien.

Especifica el producto final: las instrucciones claras y explícitas son absolutamente necesarias con los pasivo-agresivos, pero no necesariamente funcionan con esta gente como deberían.

Conviértete en una recompensa: algo que funcionará es dirigir la recompensa. La mayoría de la gente pasivo-agresiva se siente poco apreciada. Necesitan más recompensas que otras personas por hacer las cosas bien. Imagínate en dar al menos el doble de lo que tú necesitarías (cuatro veces, si te enorgulleces de tus pensamientos o seguridad emocional).

Déjalos desahogarse: los pasivo-agresivos cargan demasiado enojo y resentimiento, de lo cual están vagamente conscientes. Para la mayoría de la gente enojada, dejarlos hablar de ello sólo los enoja más. Esto no aplica con los pasivo-agresivos. Dejarlos que se liberen del peso que oprime su pecho, en verdad reduce su cantidad de hostilidad almacenada. Por supuesto, ya que no están conscientes de su enojo, debes abordar el proceso de desahogo de manera indirecta.

Pregunta lo que podría enojar a otros trabajadores. Los pasivo-agresivos sólo estarán muy felices al decir lo que sienten si su opinión difiere de otra. Si los pasivo-agresivos tienen oportunidad de hablar de sus resentimientos, sin importar qué tan indirecto sea, tendrán menos necesidad de reflejarlos en ellos mismos.

Maneja las circunstancias, como una madre judía: además de miles de años de tradición detrás, la estrategia de la madre judía tiene una base psicológica sana. Involucra usar ambas cosas: recompensa y evitar dicotomías para convertir a niños desprevenidos en médicos, abogados, comediantes con audiencia en vivo y gente exitosa de negocios. No tienes que ser judío para ser sensible. Aquí hay unos elementos de la estrategia de la madre judía y sugerencias de cómo puedes usarlos en el trabajo.

Usa la comida. Una de las mejores maneras para lograr que la gente te perciba como recompensa es alimentarlos. Unos cuantos bocadillos pueden servir para muchos propósitos al mismo tiempo. No sólo son refuerzo positivo, sino también manifestación de amor y crianza en su forma material. También son un recurso amable para inducir la culpa. ¿Cómo puedes decepcionar a alguien que te alimenta tan bien? Si no hay un lugar cercano donde conseguir bocadillos, puede ser cualquier cosa que vendan en Starbucks. La comida también arregla una circunstancia de manera efectiva: no trabajas, no comes.

Dile a todos. Evidencia el progreso de cualquier proyecto en que trabajes en cualquier oportunidad. Habla, envía correos, publícalo en el *blog* institucional. Menciona los esfuerzos estelares de todo el mundo, excepto de quienes no participan en ellos.

Nudjie. Esto es, fastidiar en una forma amable pero persistente. Una técnica utilizada por años es la preocupación excesiva. Una pasivo-agresiva, como Eileen, siempre se fijará en qué hace y cómo. Si no es lo que quieres, preocúpate por su salud. Si hace caras, pregúntale si está resfriada y dale un panquecito. Si tiene complicaciones con un proyecto, dile que a tu sobrino le ocurrió lo mismo hasta que le diagnosticaron un trastorno de déficit de atención con hiperactividad (TDAH) y lo medicaron. Dale el nombre del médico. Recuerda, nada es tan pequeño para no diagnosticarlo. Haz preguntas detalladas y deja claro que no te detendrás hasta que te responda.

Si se hace correctamente, *nudjiar* es casi tan irritante como inundar tu casa, pero mucho menos desastroso.

Recuerda, buscas evitar que tenga el poder. Si le dices de manera constante al pasivo-agresivo lo que necesita hacer, lo hará sólo para deshacerse de ti. Ése es el punto, ¿verdad?

Nudjiar puede ser manipulador, pero no descorazona. Cuando los pasivo-agresivos han hecho lo que tú quieres, prémialos y también dales unos bocadillos para fortalecerlos.

Nadie quiere ser un fastidio, porque todos odiamos ser fastidiosos. Para mí esto significa: ¡fastidiar sí funciona! El nombre técnico para ello es *refuerzo negativo*, término que se confunde, por error, con *castigar*. Los refuerzos negativos son estímulos que recompensan cuando están apagados. Si no me crees cuando te digo lo bien que trabajan, pregúntale a tu mamá. De esa manera son mayores las posibilidades de que su forma de fastidiar, más que los sermones de papá, fuera lo que desarrolló tu ética laboral.

La gente pasivo-agresiva causa más problema de los necesarios. Sus dinámicas son simples y responden muy bien al premio y a la atención. El problema es que te puedes enojar al grado de no ser capaz de pensar con claridad qué resultaría más efectivo.

Fórmulas para escapar del drama

La estructura básica de todo drama es la lucha entre un protagonista y su antagonista. Éste es el patrón que debes evitar.

A los pasivo-agresivos les cuesta mucho trabajo creer que pueden hacer algo malo o incorrecto. Si tú sugieres lo contrario, serás el antagonista, y lo último que ocurrirá es que ellos escuchen algo de lo que digas. Hasta ahora, te he estado diciendo que les prestes demasiada atención y los llenes de premios. Pero, ¿qué tal si tienes que decir algo importante y negativo? ¿Deberías solamente cerrar la boca?

No, pero necesitas entrar en su mundo y tener cuidado con lo que dices: no los contradigas. Por fortuna, no es tan difícil como crees.

Los histriónicos tienden a ser convencionales en sus ideas de cómo debería ser una buena persona. En su mundo, ellos son las buenas personas. No sólo los histriónicos sino la mayoría de la gente en el trabajo cree algunas cosas predecibles de ellos mismos. Si quieres que los histriónicos escuchen lo que debes decirles, estructura tus comentarios de tal manera que se adapten a lo que ellos creen. Si no lo haces, el drama comenzará. Aquí hay algunas creencias básicas que la mayoría de la gente sostiene de ella misma:

Tienen razón

No hay motivo para desperdiciar tiempo, intentando convencer a los histriónicos, o a cualquier otro vampiro, de que no tienen razón. Incluso, si están equivocados, déjalos ahorrar sus expresiones al sugerir que cualquier error ha sido resultado de algún malentendido. Decide qué deseas y pídelo. Si sólo es saber que tienes la razón, olvídalo.

Trabajan duro

Por lo general, sentimos que nuestros esfuerzos valen más que los de cualquier otra persona. Siempre recuerda qué tan duro trabajan los histriónicos, en especial si quieres que hagan más.

Siempre dan más de lo que reciben

Los histriónicos se ven a sí mismos como donadores. Si de cualquier forma, modo, o circunstancia sugieres que son egoístas o incluso que actúan por sus propios intereses, lo negarán de manera rotunda sin importar lo que digas.

Se creen por encima del promedio en inteligencia

Los histriónicos sabrán de inmediato que hay gente más brillante que ellos; por ejemplo, científicos espaciales. En cambio, si les preguntas en qué parte del promedio se encuentran, se colocarán por encima de la media. Incluso, si tratas con alguien que es intelectualmente desafiante, recuerda que no hay manera de que ellos sientan la falta de algo o que no tengan experiencia.

Son básicamente honestos

Los histriónicos son las únicas personas en el mundo que ¡nunca mienten! Si ellos dicen algo que no es cierto, es porque no entendieron bien u olvidaron algunos detalles.

Son buenos conductores

Esta creencia vale para los histriónicos masculinos. Desafíalos conforme a tu propio riesgo. Sólo ten cuidado con ellos si estás en la carretera. Quizá ellos no te vean.

PASIVO-AGRESIVOS Y CHISMOSOS

El chismoso y el histriónico pasivo-agresivo están hechos el uno para el otro. Los pasivo-agresivos logran decir toda clase de cosas detestables acerca de la gente y nadie se enoja con ellos, porque nunca lo dijeron, alguien más lo hizo. Bueno, ellos *sí* lo dijeron, pero sólo estaban compartiendo información contigo como un favor, porque tú deberías saberlo. (Pero no le digas a nadie.)

> Ann le comenta a Theresa en el receso "¿qué hiciste para que Randy se molestara tanto?"
>
> "Nada", dice Teresa. "Hablé con él ayer en la junta de proyecto. No parecía más molesto de lo normal."
>
> "Bueno, oí que hoy en la mañana estaba en la oficina de Delon, diciendo que no podía trabajar contigo y te quería fuera del proyecto."
>
> "¿Lo oíste decir eso?", pregunta Theresa.
>
> "Yo no lo oí; Jamie sí. Se supone que no te debo decir, pero pensé que querrías saberlo. Randy estaba diciendo que tus tonterías hacían las cosas más lentas, que el proyecto debió haberse terminado hace dos semanas, si tú no hubieras…"
>
> "Sí, lo hubiéramos terminado si hubiéramos dejado los cálculos tontos de Randy. Sus números estaban fuera de lugar. Delon lo sabe. Vio todos sus oficios. ¿Le dijo algo a Randy?"
>
> "Jamie no me dijo, pero ya sabes cómo es Delon algunas veces."
>
> "¿Quieres decir cobarde?"

Las dinámicas del chismoso son tan vagas, mutiladas y confusas, como el interior de la mente de un histriónico. En cualquier otra situación, ¿podrías llegar con alguien, insultarlo y esperar que te agradeciera por compartir algo?

No sólo eso, podrías darle más armas para usar contra alguien más. ¿Cuánto tiempo crees que pasará antes de que todos sepan que Theresa piensa que Delon es un cobarde? Los rumores empiezan en cualquier parte de una empresa, pero si no fueran divulgados por los pasivo-agresivos, jamás llegarían tan lejos y tan rápido.

Los histriónicos no difunden rumores para crear rencores y peleas; sólo quieren un poco de drama. Para ellos, hacer chismes sobre sus compañeros es una fuente de entretenimiento. Es más divertido que el equipo de beisbol de la compañía, y no tienes que ser bateador para jugar.

El chisme también es una gran fuente de conflictos y problemas morales, en particular cuando pasa de divulgar información general a difundir opiniones negativas de unas personas acerca de otras. Una vez que empieza, es difícil detenerlo. Como en el fondo todos son dulces, los inocentes pasivo-agresivos, como Ann, sólo tratan de ayudar.

El chisme, por lo general, te coge desprevenido. En lugar de pensar qué pasa, reaccionas con un pensamiento rápido. Como Theresa, tú oyes algo acerca de ti que no es cierto, te enoja e intentas arreglarlo de inmediato. No te detienes a pensar que al hacerlo, agregas más drama al guión del histriónico cerca de ti y te vuelves parte del elenco.

¿Qué deberías hacer? Como en cualquier situación que involucra a los vampiros emocionales, reduce la velocidad de tu pensamiento.

Aquí hay algunas sugerencias:

Analiza la situación antes de responder: cuando oigas un rumor de una persona a la que le gusta ayudar, como Ann, siempre pregúntate: *¿por qué me está diciendo esto?* Como he dicho antes, esta preguntita te protegerá de mucho daño que los vampiros pueden hacer. La puerta de salida a la madurez es el pensamiento lento.

¿Está tratando de ayudarte o sólo intenta revolver cosas? No lo puedes saber enseguida, así que no digas algo hasta estar seguro.

Asume que el micrófono está encendido: Es una buena idea para cualquier comentario sobre alguien en el trabajo. En especial si estás hablando con una persona de lo que te comentaron en confianza. Con los pasivo-agresivos, eso de "aquí entre nos", o de "manera extraoficial" no existe.

Controla tu respuesta: momento a momento, lo que mantiene a la gente chismeando es la respuesta del que escucha. Observa a la gente en los recesos y a todos los chismosos dándose cuerda con las miradas, la forma de asentir con la cabeza, las bocas abiertas y la manera de conspirar cuando se juntan las personas a su alrededor. El chisme es una representación . Si no hay audiencia, se acabó el espectáculo.

Controlar tu respuesta exige gran fuerza de voluntad. La gente como Ann, que comparte actitudes negativas de ti, por lo general no lo está haciendo fuera de la amistad. Quieren una reacción. Les gustaría que te molestaras y quizá tomaras represalias, lo cual les dará más de qué hablar. No hay algo en esta fórmula que te beneficie.

Haz lo inesperado: responde bien por mal: cuando los chismosos dicen algo negativo de alguien, di algo positivo. ¿Recuerdas qué pasó cuando Doroty arrojó agua a la bruja del oeste? Esta respuesta inesperada tiene un efecto similar en la gente que disemina un rumor tóxico. No se evapora, pero sus rumores sí.

Piensa qué habría pasado si Theresa le hubiera dicho esto a Ana: "Randy ha estado bajo mucha presión, como todos los que estamos en el proyecto; pero es competente y siempre muy profesional. Estoy segura de que si hubiera algún desacuerdo, lo podríamos resolver."

Esparce un chisme positivo: lleva la última sugerencia aún más lejos. Di cosas buenas de la gente. Si la idea del chisme positivo parece una contradicción, es una razón más para intentarlo. No lastimará y sí puede ayudar.

Sé discreto: si tienes algo negativo que decirle a alguien, habla directo y en privado.

Cuando hagas esto, no le digas a la persona que actuó mal. En lugar de eso, cuéntale tu reacción y pregunta si esa fue la intención, por ejemplo: "Cuando hiciste el comentario de mi reporte, me sentí desplazado, ¿fue eso lo que quisiste decir?"

Siempre dile a la gente qué te gustaría que hiciera. No establezcas una situación en la que deban admitir que se equivocaron para obtener lo que quieres.

Si trabajas en una oficina donde el chisme y la puñalada trapera hacen más difícil que llegues en la mañana, acepta que se necesitan dos para bailar un tango. Si suficientes personas siguen el consejo antes descrito, los rumores más tóxicos morirán de manera simple en el intento. Empieza contigo.

PASIVO-AGRESIVOS Y ENFERMEDAD

Los histriónicos se enferman. No están fingiendo y no lo hacen a propósito. Si alguna vez has lidiado con un histriónico enfermizo, sabrás que es muy difícil de creer, pero debes hacerlo. Realmente están enfermos. Cómo se enferman es el meollo que mantiene a los doctores adivinando. Quizá la confusión interna del histriónico causa que su sistema inmune se sobrecargue. O tal vez se trata de estrés. Cada enfermedad conocida por la humanidad se incrementa con el estrés. Para complicar aún más las cosas, los desórdenes más comunes de los histriónicos tienden a disminuir y terminar de manera impredecible. Quizá tenemos todo al revés y los desórdenes médicos causan la personalidad histriónica. Todas esas teorías progresan y supongo que mencionarlas aquí es sólo una manera de decir que no las entendemos.

Lo que sí compendemos es que la enfermedad histriónica surge en los momentos más inoportunos.

Marnie está en casa, enferma otra vez, y Stan, su jefe, no sabe qué hacer. Siente pena por ella. Sabe que tiene fibromalgia, síndrome de fatiga crónica y otras muchas cosas que no recuerda ni cómo se llaman. Pero ella siempre se enferma cuando la oficina está con más trabajo. No es que Marnie abuse, pero se las ingenia para enfermarse cada fin de mes. El equipo se queja de tener que hacer su trabajo.

Stan sabe que debe hacer algo, ¿pero qué?

Stan está atrapado en un dilema. Debe equilibrar las necesidades de Marnie con las del equipo. Considerar leyes y políticas. Cada desorden que atrapa a los histriónicos tiene tantos recovecos como los cientos de sitios de Internet donde discuten si esas enfermedades son serias y reales. Eso es verdad, pero como todo lo que tiene que ver con los histriónicos, no es lo único cierto. Sufrir estas enfermedades les evita hacer lo que no quieren.

Para decidir qué hacer, Stan necesita pensar en las enfermedades histriónicas, más allá de lo real y lo falso. Por suerte tiene a Freud, que describió los síntomas histriónicos como ganancia primaria y secundaria.

La ganancia primaria de un síntoma es transformar conflictos internos reprimidos en algo más aceptable. Freud vio los síntomas como metáforas de lo que ocurría en el inconsciente de sus pacientes.

Las enfermedades histriónicas tienen un componente poético tentador. Como terapeutas, vemos dolor de espalda en personas que fingen síntomas gastrointestinales y problemas de la espina dorsal en gente que no tolera situaciones estresantes. Analizar los síntomas puede ser muy interesante, pero compartir tus ideas con los histriónicos es una trampa que puede convertir una situación mala en otra peor aún. Déjaselo a los profesionales. No lo intentes en casa ni en el trabajo.

En lugar de eso, enfoca tu atención en la ganancia secundaria, que es lo que Freud menciona para la situación a evitar; esto opera en cualquier persona, esté consciente de ello o no. La enfermedad evita que los histriónicos hagan cosas que no quieren hacer. Cualquier situación que lleve a un resultado positivo ocurre con mayor frecuencia. Lo que Stan puede hacer es reestructurar las contingencias en el trabajo para disminuir la ganancia secundaria e incrementar el costo de quedarse en casa. Esto debe ser sutil. La idea no es castigar a gente enferma, sino alterar un poco el balance de fuerzas cuando deciden si están muy enfermos o no para ir a trabajar.

En tales días, debes involucrarte porque te sentirás culpable si no lo haces. Los histriónicos reprimen la culpa o la racionalizan, así que les toma un poco más de tiempo responder y equilibrar la balanza. Aquí hay algunas cosas que un gerente como Stan puede hacer; dará a las circunstancias una dirección positiva para Marnie y el resto del equipo.

Pide una receta médica: si la gente está enferma por algo más que un virus ocasional, deberían buscar tratamiento. Las ausencias superior a dos días o las que ocurran en pocos meses, deberían estar prescritas por un médico más que por automedicación. Si tú política y manual de procedimientos tiene reglas acerca de las recetas médicas, síguelas al pie de la letra para todos los empleados. No seas selectivo.

Redistribuye las tareas del equipo por prioridades. Todos tienen cosas que deben hacer al momento y otras que pueden esperar. Por lo general, estas últimas son menos interesantes que las otras. Si alguien se ausenta, estas tareas necesitan redistribuirse. Cuando esa persona permanece fuera mucho tiempo o falta con frecuencia, lo más justo es que cuando regrese solucione las tareas no urgentes de sus compañeros. Debes ser discreto, sea por cuidar tu puesto o por la razón de la ausencia.

Nunca preguntes a los enfermos histriónicos cómo se sienten: hablar de qué tan enferma está una persona que vive de la atención médica es recompensarla. Contar una y otra vez los detalles hacen que una enfermedad cuestionable parezca más auténtica; por ello anular cualquier sentimiento de culpa naciente puede convertirse en un detonador. Cuando un histriónico pasivo-agresivo regresa al trabajo, dale la bienvenida y de inmediato dile las tareas que debe cumplir.

He sugerido que es una buena idea dejar a los pasivo-agresivos desahogarse. En el caso de síntomas físicos, esto puede resultar contraproducente, ya que tal vez sean parte de su actuación para obligar a sus colegas a sentir pena por ellos. Desahogarse de sentimientos negativos puede ayudar a deshacerse de ellos. Desahogarse de síntomas físicos, con frecuencia los vuelve más dramáticos.

Los histriónicos pasivo-agresivos pueden crear problemas, pero sólo te provocan dolor de cabeza si los dejas. Mucho poder de los vampiros emocionales para lastimar proviene de tus propias expectativas. Si crees que los hijos de la noche deben actuar como adultos, te decepcionarás cada vez más. Son lo que son. Con los histriónicos, la cosa más importante es recordar que si estás enojado por culpa de gente irritante, serás el único que sufra.

CAPÍTULO 11

Culturas histriónicas

EN LAS CULTURAS HISTRIÓNICAS, lo que se ve es más importante que lo que se es. Estas culturas siempre me recuerdan el culto al cargamento desarrollado en las lejanas áreas del sur del Pacífico, después de la Segunda Guerra Mundial. La guerra trajo de inmediato modernidad a las tribus nativas de Nueva Guinea en la forma de maravillosos objetos entregados desde el cielo por los grandes pájaros de metal. Las tribus sabían reconocer una cosa buena cuando la veían, y empezaron a adoptar algunos rituales utilizados por los extranjeros para pedir a los dioses por el cargamento. Construyeron imitaciones de aviones con palos y hojas para pedir a los verdaderos que bajaran del cielo. Usando representaciones de audífonos hechos a mano, agitaban hojas de palma en el aire en una danza que parecía un semáforo de banderas. Mediante gran creatividad, copiaron los vestidos de la civilización perdiendo su esencia por completo.

En las culturas histriónicas, los jefes parecen estar hechos de palos y hojas. Hay mucha plática y poca acción. Las culturas histriónicas se conservan mejor en compañías pequeñas, con pocos directores capacitados en escuelas de negocios o en las divisiones locales de las grandes compañías; pero se pueden mostrar en cualquier lado, según la personalidad de quienes estén a cargo.

He aquí algunas características típicas.

Todos son agradables

Las culturas histriónicas están llenas de gente agradable y bien vestida. Lo feo no se muestra, al menos no al inicio. Como muchos de los chicos populares de la preparatoria, hay ciertas similitudes en cómo se ven y comportan. El gusto y la modestia no parecen prioridades, verás unos cuantos tatuajes y perforaciones. Casi toda la decoración es alegre, inspiradora y muy sencilla. A menudo hay fotos enmarcadas con palabras que recrean su significado. Las águilas en vuelo son el tema favorito.

Seminarios motivacionales

Los histriónicos creen en la magia de la motivación y la actitud positiva con un fervor casi religioso. Los ejercicios que fomentan el espíritu de grupo son populares. Para los jefes histriónicos, la motivación tiene poco que ver con circunstancias externas, es más una chispa de pasión que aviva las llamas del rendimiento con una sola retórica. La metáfora de las llamas es bastante popular. Lo que les falta es autoconciencia y discusiones francas de los problemas. Pero si estás suficientemente motivado, no los habrá.

Las malas noticias se eliminan y las dificultades se ocultan bajo la alfombra

En las culturas histriónicas, el mayor miedo es a la información negativa que desmoralice a las personas. Los datos desmotivadores son manejados de la misma manera que un virus peligroso por el Centro para el Control y Prevención de Enfermedades.

Antiintelectualismo

Las culturas histriónicas están basadas más en presentimientos que en la razón. El sentido común se considera más importante que los protocolos. Además de costos y ventas, muy poco se define con cuidado. Las carreras exitosas se basan en recortes de costos e incremento de ventas. Cualquier otra cosa se considera muy teórica.

Enredos sexuales

En un principio esto puede verse como algo divertido por la gente convencional. Después te das cuenta de que los histriónicos tienden a no diferenciar conductas inapropiadas en el trabajo como el sexo y la agresión. Son parejas que tienen puntos de vista irreales acerca de las dificultades cotidianas en las relaciones adultas, y con frecuencia encontrarás gente metida en enredos sexuales, creyendo que finalmente descubrirán a su alma gemela. En resumen, el mundo histriónico es como la preparatoria.

Barbaridad disfrazada

De nuevo, parece sorprendente que las culturas histriónicas son de las más peligrosas para trabajar. Con regularidad hacen sacrificios humanos. La gente que hace demasiadas preguntas vergonzosas enfurece a los dioses, y debe ser eliminada antes de que la desmotivación se contagie. Los humanos sacrificados rara vez son despedidos de manera directa. Lo más común es que los torturen hasta que renuncien. La agresión histriónica siempre es pasiva.

Si tu cultura se parece a la que rinde culto al cargamento, respeta las tradiciones, mantén la cabeza agachada y haz tu mejor esfuerzo para integrarte. Si ves emperadores o jefes tribales paseándose desnudos, por lo que más quieras, no digas nada.

CAPÍTULO 12

Narcisistas

DE TODOS LOS VAMPIROS EMOCIONALES que enfrentarás en el trabajo, los narcisistas pueden ser los más difíciles, por los sentimientos confusos que generan. Sin duda son los más odiados, pero también los más amados. Bueno, tal vez no son tan amados como venerados o admirados desde lejos. Entre más cerca estés de un narcisista, más intensos se volverán tus sentimientos. Eso es peligroso. En vez de confiar en tus reacciones emocionales, positivas o negativas, la mejor forma de protegerte es entender la manera en que los narcisistas piensan y las necesidades que los motivan. Donde sea que trabajes, te los *vas* a encontrar.

Los vampiros emocionales narcisistas tienen un desorden psicológico y no entienden el orden de las cosas. Creen que el universo gira alrededor de ellos. A diferencia de los antisociales, adictos a la emoción, o los histriónicos, que desean atención, los narcisistas sólo quieren vivir sus fantasías como los más inteligentes, ricos, talentosos y, sobre todo, las mejores personas del mundo.

Algunos narcisistas se creen héroes de leyenda, pero hay pocos capaces de convertir sus fantasías en realidad. Puede haber narcisismo sin grandeza, pero no hay grandeza sin narcisismo. Una cosa es cierta, como sea: a los ojos de los demás, los narcisistas nunca son tan maravillosos como ellos mismos se creen.

Los narcisistas consideran que lo que hacen es lo mejor. Su mayor característica es la falta de consideración por las necesidades, pensamientos y sentimientos de las otras personas.

Estos vampiros se inclinan a lo que era llamado *Desorden de personalidad narcisista*. El nombre viene de Narciso, joven griego enamorado de su propio reflejo. Visto desde fuera, pareciera que los narcisistas se enamoran de sí mismos porque se creen mejores que los demás. En realidad, la relación es un poco más complicada.

Más que amarse, los narcisistas son absorbidos por sí mismos. Sienten sus deseos tan agudos que no pueden advertir nada más. Imagina su desorden como un par de binoculares. Ven sus propias necesidades por el lado del aumento y el resto del cosmos, por el lado que empequeñece las cosas al grado de volverlas insignificantes. No es tanto que los narcisistas piensen que son mejores que los demás, no los toman en cuenta, a menos que necesiten algo.

Las necesidades de los narcisistas son tremendas. Iguales a tiburones que deben nadar para evitar ahogarse, todo el tiempo necesitan estar seguros de que son especiales o se hundirán como piedras en el abismo de la depresión. Al parecer buscan demostrar su valor a todos, pero su público en realidad son ellos mismos.

Aspiran a la salud, el estatus y el poder con un fervor casi religioso. Pueden hablar por horas de lo que tienen, han hecho o harán y la gente famosa que conocen. A menudo exageran sin pena, aunque tengan plena conciencia de la realidad de lo que presumen.

Nada es suficiente para ellos. Por eso los narcisistas te necesitan, o al menos tu adulación. Se esforzarán tanto en impresionarte que será fácil creer que en verdad les importas. Esto puede ser un error fatal; no eres *tú* a quien quieren, sólo tu veneración. Tomarán eso de ti y lo demás lo desecharán.

Para ellos no son relevantes objetos, hechos, ni la gran consideración que tienen otras personas por ellos; más bien, son como agua forzada a través de las branquias para extraer oxígeno.

El término técnico es *satisfacción narcisista*. Si los narcisistas no demuestran que son siempre especiales para ellos mismos, se ahogan.

CÓMO ES SER NARCISISTA

Para saber cómo es la experiencia de vida de un narcisista, imagina un juego de golf, tenis u otro deporte competitivo en el que tienes el mejor día de tu carrera. Te sientes genial, pero el muro mental entre la confianza y el miedo es tan delgado como papel de china. Todo depende del siguiente tiro y del que sigue después. Para los narcisistas, el juego incluye el mundo entero y nunca termina.

Piensa en la presión de que tu único objetivo vital sea probar que eres más que un humano. El miedo más grande de los narcisistas es ser ordinario. No se pueden sentir conectados con nada más grande que ellos, porque en su universo no *hay* nada superior. Detrás de sus intentos frenéticos para demostrar lo indemostrable sólo hay oscuridad, un vacío inexplorado. Tal vez te sientas inclinado a pensar en ellos como criaturas trágicas si no fueran tan mezquinos e insoportables.

Con frecuencia los narcisistas son talentosos e inteligentes. También se encuentran entre las criaturas más desconsideradas del planeta. Podrías pensar que si son tan inteligentes reconocerían la importancia de atender a las demás personas. Pero esto no se les da.

Los narcisistas están tan metidos en sus propios sueños que no hay espacio para nada más. Es una coincidencia irónica que a veces la realización de los sueños narcisistas beneficia a la humanidad. Ellos inventaron arte, ciencia, deportes, negocios, y todo aquello en lo cual se pueda competir. También inventaron la santidad con el mismo propósito. Es odioso admitirlo, pero la vida es mejor gracias a los intentos narcisistas de ser superiores.

EL DILEMA NARCISISTA

Los narcisistas provocan más sentimientos encontrados que cualquier otro vampiro. Amamos sus logros, pero odiamos su presunción. Detestamos que ignoren nuestras necesidades, pero respondemos de manera inconsciente al niño interno que implora nuestra atención. Y los necesitamos. Sin narcisistas, ¿quién nos dirigiría? Recuerda, hay muchísimos narcisistas sin grandeza, pero no hay grandeza sin narcisismo.

¿O quién, en este caso, pensaría en sí mismo de manera tan sabia que sabría decir dónde termina el liderazgo y empieza el narcisismo? No dudo que mucho narcisismo sea peligroso, ¿pero qué tanto es mucho?

Para sobrevivir, debemos dar prioridad a algunos instintos. Los narcisistas pueden ser fuente de motivación. Para vivir como seres humanos debemos equilibrar poder y responsabilidad. Hay que luchar con el dilema narcisista, pues de ello depende ser humano. El gran rabino Hillel lo dijo así:

> Si yo no me ocupo de mí, ¿quién lo hará?
> Y si sólo me ocupo de mí, ¿qué soy?
> Y si no es ahora, ¿cuándo?

Los vampiros emocionales abandonan por una u otra razón la lucha con el dilema narcisista. Los antisociales lo ignoran porque no es divertido; los histriónicos pretenden que nunca actuarían por sus propios intereses y los narcisistas creen que lo bueno para ellos es lo único que existe. Los vampiros están forzados a sacar de otras personas las respuestas que el resto de la gente debe encontrar por sí misma.

¿Cuál es la respuesta? Otro gran rabino menciona:

> Trata a los demás como te gustaría que te trataran a ti.

Los narcisistas rompen esta regla de oro sin pensarlo mucho. ¿Esto los hace malos o inconscientes? Tu respuesta dependerá de qué tanto daño te han hecho.

Ser consumido por ellos es muy fácil si tomas como algo personal la desconsideración narcisista o te decepcionas de lo que piensan de ti para tratarte de esa manera. *Es importante recordar que los vampiros emocionales narcisistas nunca piensan en ti.*

Narcisismo y autoestima

Narcicismo no es lo mismo que autoestima, concepto que le importa sobre todo a la gente que no la tiene. Los narcisistas no necesitan un concepto para explicar por qué son especiales, como tiburones que no necesitan un concepto para explicar el agua.

Tal vez crees que la constante necesidad de satisfacción que los mantiene a flote es la evidencia de que su único propósito en la vida es compensar su baja autoestima. Esto puede llevarte a la falsa creencia de que todo lo que se necesita para arreglar a un narcisista es enseñarle cómo sentirse bien con lo que es, para que se relaje y se permita ser una persona normal. Para un narcisista, ser normal es lo mismo que ser aniquilado.

Narcisistas en el trabajo

En el trabajo te encontrarás dos tipos de narcisistas: los superestrellas y los que se creen leyenda. La diferencia está en sus logros y su disposición para trabajar. Los superestrellas están preparados para hacer lo que sea y realizar sus grandes metas, aunque eso incluya trabajo duro, sacar ventaja de los demás o ambas cosas. Los leyendas sienten que su talento e inteligencia los libera de hacer lo que no desean, incluso si es algo necesario para tener éxito.

En el trabajo encontrarás superestrellas arriba de las escaleras, en la oficina de la esquina y en el pizarrón. Los leyendas serán colegas y subordinados tan talentosos que te preguntas por qué no han conseguido más de lo que tienen, hasta que los necesitas para terminar un trabajo. Están dispuestos a sacar ventaja, pero es común que eviten el trabajo duro o cualquier cosa que no les guste hacer.

Test del vampiro emocional narcisista

Verdadero o falso. Suma un punto por cada respuesta *verdadera*.

1. Ha logrado más que cualquier persona a su edad. V F

2. Tiene la firme convicción de ser mejor, más lista o talentosa que cualquier otra persona. V F

3. Ama las competencias, pero es un mal perdedor. V F

4. Sueña con hacer algo maravilloso o ser famoso, y a menudo espera ser tratado como si sus fantasías ya fueran realidad. V F

5. Tiene muy poco interés en lo que los demás piensan o sienten, a menos que necesite algo de ellos. V F

6. Siempre está mencionando a la gente importante que conoce. V F

7. Para él es muy importante estar en los lugares correctos y con la gente correcta. V F

8. Saca provecho de otras personas para lograr sus metas personales. V F

9. Por lo general se cree único. V F

10. A menudo se siente explotado cuando le piden hacerse cargo de sus responsabilidades con la familia, los amigos o colegas. V F

11. Por lo regular no respeta las reglas o espera que éstas sean cambiadas porque, de alguna manera, se cree especial. V F

12. Se irrita cuando las demás personas no hacen de inmediato su voluntad, incluso si tienen buenas razones para no hacerlo. V F

13. Revisa las noticias de deportes, arte y literatura para decirte lo que él hubiera hecho. V F

14. Piensa que las críticas que le hacen son motivadas por los celos.   V   F

15. Rechaza cualquier cosa que no le parece admirable.   V   F

16. Tiene una inhabilidad congénita para reconocer sus errores. En las raras ocasiones que lo hace, incluso si es mínimo, cae en una gran depresión.   V   F

17. Revisa su teléfono cuando alguien más está hablando sin el menor remordimiento.   V   F

18. A menudo se queja de ser maltratada o incomprendida.   V   F

19. La gente lo ama o lo odia.   V   F

20. A pesar de la alta opinión de sí mismo, en realidad es poco inteligente o talentoso.   V   F

Puntuación: cinco o más respuestas verdaderas califican a la persona como vampiro emocional narcisista, pero esto no diagnostica un desorden de personalidad narcisista. Si la persona califica con diez o más, y no es un miembro de la familia real, ten cuidado de o ser uno de sus sirvientes.

¿QUÉ MIDEN LAS PREGUNTAS?

El comportamiento específico, relacionado con diversas características de su personalidad, define al vampiro emocional narcisista.

Buena publicidad: talento e inteligencia

Lo primero que escucharás de los narcisistas es que son muy inteligentes y talentosos. Probablemente lo oirás de ellos mismos, pues no sienten ni tantita vergüenza al glorificarse.

Una sorprendente cantidad de ellos conocen su puntuación de IQ y la comparten con sus conocidos. También sabrás de toda la gente famosa que estos vampiros han tratado y la manera en que los dejaron impresionados.

En seminarios y reuniones, con frecuencia los narcisistas alzarán la mano, pero nunca harán preguntas reales, sino comentarios para demostrar a todo mundo que saben lo mismo o más que el conferencista. Si no hacen eso, se sentarán en las sillas de hasta atrás y jugarán con su teléfono de manera notoria.

Los narcisistas intentarán deslumbrarte con su talento e inteligencia, incluso mucho después de causar su primera impresión en ti. Y continuarán hasta que tu admiración ya no sea visible y, entonces, te ignorarán por completo.

Logros

La mayoría de los narcisistas poseen logros que respaldan la gran opinión que tienen de ellos mismos. A diferencia de otros vampiros, felices de pretender, los narcisistas están un poco en disposición de trabajar duro para glorificarse.

En sus profesiones, es común que estén enfocados y se dirijan a un objetivo. Muchos son trabajadores compulsivos, pero no como los histriónicos, que se complacen en trabajar casi hasta morir por aprobación o cariño; para los narcisistas son tareas que se pagarán con dinero, fama o poder.

Grandiosidad

Los narcisistas, para nada se apenan de sus fantasías sobre lo maravillosos que son y lo mucho que los demás los admiran, o deberían.

Si los presionas, admitirán que se consideran lo mejor del mundo. En realidad, no tendrás que presionar tanto.

Derechos

Los narcisistas creen que son tan especiales que las reglas no aplican para ellos. Esperan que la alfombra roja esté puesta donde quiera que vayan y, si no lo está, se pondrán un tanto gruñones.

No esperan, no reciclan, no pagan lo justo, no se quedan en la fila, no limpian lo que ensucian, no dejan que alguien más se les meta en el tránsito, y sus impuestos rivalizan con grandes trabajos de ficción. La enfermedad e incluso la muerte no es excusa para que las demás personas no corran a complacer sus necesidades. No sienten vergüenza por usar a las personas y sistemas en su propio beneficio. Incluso, pueden presumir cómo sacan provecho de todo el mundo.

Competitividad

Los narcisistas aman competir, pero sólo cuando ganan. Por lo general hacen lo que sea para ganar, sea practicar o cambiar la suerte a su favor.

Los narcisistas siempre se preocupan por estatus y poder. Lucharán hasta la muerte por la oficina de la esquina, no porque quieran una vista bonita, sino porque saben lo que ese lugar significa en la jerarquía de la empresa. Conocen todo lo que tenga que ver con jerarquías. Lo que usan y manejan, dónde viven y con quién son vistos, no son elecciones al azar basadas en algo tan absurdo como lo que quieren. Todo lo que hacen los narcisistas es un movimiento en el gran juego de la autograndeza, su razón principal para vivir.

Aburrimiento notable

A menos que el tema de conversación sea lo increíbles que son, los narcisistas se verán bastante aburridos. Una de las razones principales de que usen relojes costosos es para verlos cada vez que alguien más está hablando. Si no ven sus relojes, juegan con sus teléfonos, que nunca están apagados.

Además del aburrimiento, los narcisistas sólo tienen dos estados emocionales. O están en la cima del mundo o en el fondo de un montón de basura. Un poco de frustración puede hacer que estalle su globo y caigan hasta lo más profundo.

Falta de empatía

Para un vampiro narcisista, las demás personas son prospectos de proveedores de satisfacciones o invisibles. Más que cualquier otro tipo de vampiro, los narcisistas son incapaces de ver a sus colegas con anhelos, necesidades, talentos y deseos propios. No es necesario decirlo, su falta de empatía causa un gran dolor a las personas que los quieren.

A pesar de su falta de calidez humana, hay suficientes de estos vampiros para amar. Demasiadas personas se autodestruyen por creer que son culpables de que los narcisistas no los quieran. Pueden trabajar duro y mucho, a veces toda la vida, sin darse cuenta de que estos vampiros no pueden dar lo que no tienen.

Una característica escalofriante que comparten narcisistas y antisociales es su habilidad de aparentar empatía cuando necesitan algo. Los narcisistas son los mejores aduladores del planeta. Dan grandes masajes de ego, incluso mientras te consumen. Tampoco es necesario decir que este talento los ayuda a distinguirse en la política de todos los tipos. Aunque los antisociales e histriónicos pueden ser sensuales, en definitiva los mayores seductores son los narcisistas.

Incapacidad para aceptar críticas

El miedo más grande de los narcisistas es ser ordinarios. Dios les prohíbe hacer algo tan mundano como un error. Incluso, la crítica más insignificante la sienten como una estaca en el corazón. Si regañas a un narcisista, lo menos que hará será explicarte con grandes detalles el porqué tus opiniones están mal. Si estás en lo correcto, la situación será mucho peor. Se derretirá frente a tus ojos, se volverá un niño patético que necesita incansables consuelos y elogios para dejar de llorar. No puedes ganar. Simplemente no existe un vampiro narcisista que sea objetivo respecto a sus errores.

Indecisión en los demás

Por lo general, las personas tienen fuertes sentimientos hacia los narcisistas. O aman sus talentos u odian sus agallas para ser unos egoístas descarados. O ambas. Es difícil decir cuál hace más daño: egoísmo, odio o amor.

Los narcisistas siempre saben lo que quieren de ti. No serán ni un poco reservados al pedírtelo o quitártelo. Para lidiar de manera efectiva contra esos egoístas niños de la noche, debes

saber bien qué quieres de ellos. Esto te garantiza una buena negociación, y siempre hazlos pagar *antes* de que obtengan lo que
buscan de ti. Recuerda esta regla, no necesitas saber nada más.

Bueno, tal vez una cosa más: a menos que desees tener el
corazón roto, nunca hagas que los narcisistas escojan entre tú y su
primer amor: ellos mismos.

CAPÍTULO 13

Narcisistas que se creen leyenda

Lo primero que observas en los narcisistas que se creen leyenda es su talento e inteligencia. De lo contrario, no has puesto la debida atención, ya que la mayor parte de lo que dicen o hacen tiene por objeto demostrar qué tan especiales son (y con demasiada frecuencia, qué tan ordinario eres). Lo que los narcisistas leyenda no serán capaces de mostrar es un currículum tan impresionante como sus fantásticos talentos.

En caso de que seas tan atrevido para preguntar: ¿por qué no han logrado más?, se regodearán en explicarte: dirán que el juego está manipulado, todos se sienten amenazados por sus capacidades o el mundo no está listo para admitir su brillantez. Después de pocos minutos de escuchar estas jusificaciones, comenzarás a sospechar que hay otras razones para la falta de éxito de la leyenda narcisista.

El juego *está manipulado*. Para triunfar necesitas talento e inteligencia, pero también trabajar duro. Lo principal para triunfar en cualquier actividad es hacer lo que debes y no sólo lo que quieres.

Su nombre es Neal, pero en la escuela todos lo conocen como *Neo*, porque es "El Elegido" como en *Matrix*. No hay nada que no pueda hacer con una computadora. Puede sentarse a escribir un código durante horas, moviéndose como si estuviese dirigiendo una orquesta. Los programadores e incluso los ingenieros que trabajan con él temen su inteligencia. Todos saben lo que es capaz de hacer; pero la gran pregunta es: ¿lo hará?

No ve la razón para graduarse como ingeniero, pues ya sabe todo lo que trataron de enseñarle. Además, tiene unos cuantos problemas con la autoridad, como él la llama. Léase, *nadie que sea menos que yo me dirá lo que debo hacer.* En el mundo de *Neo*, todos saben menos que él.

Le irrita que la dirección espera que realice tareas por debajo de sus capacidades, como reparar computadoras de otras personas y mantener la *red* lista y funcionando. Si alguna vez las realiza, se tarda una eternidad. En lugar de eso, prefiere "corregir" la programación de los sistemas, pero no a la altura de sus estándares de elegancia. Él quiere participar en el desarrollo del software, pero las reglas de la empresa le impiden hacerlo sin cédula profesional. Los ingenieros reconocen su talento y le insisten que regrese a la escuela. No lo hará. Su sueño es liberarse de la esclavitud corporativa y trabajar para una empresa recién fundada en la que pueda demostrar lo que sabe hacer. Algunos ingenieros hablan de seguir por su cuenta con un producto derivado y quizá llevarse consigo a *Neo*. Es un genio pero, ¿pueden trabajar con él? ¿Alguien puede?

Algunas leyendas narcisistas son como esos "tipos más inteligentes del mundo" que viven en el sótano de sus padres porque no pueden mantener un empleo. Algunos, como *Neo*, pueden ser genios reales. La particularidad que comparten es lo que les impide triunfar, creen *tener el derecho*, esto es lo que la gente encuentra más repugnante de los narcisistas. Tener el derecho es la creencia de que son tan especiales que no deberían seguir las mismas reglas que los demás.

Debido a esta actitud, las leyendas narcisistas no han desarrollado estrategias para hacer lo que no desean. Dichas estrategias son muy necesarias para convertirse en adulto exitoso en nuestra sociedad.

Como adolescentes inmaduros, todos quisimos hacer las cosas con el menor trabajo posible. Para la mayoría de nosotros, las circunstancias nos enseñan lo contrario. Aprendemos que para obtener lo que queremos, debemos realizar algún esfuerzo y al ver que todos lo hacen, la mayoría de nosotros comienza a valorar el esfuerzo en sí. Desarrollamos posibilidades internas, en las cuales convertimos el sentimiento de hacer lo necesario en una poderosa recompensa. Llámalo ética laboral o un cambio de reforzadores externos a internos, transición crítica para convertirse en persona madura que trabaja. Como hemos visto en capítulos previos, muchos vampiros emocionales nunca llegan tan lejos. Los antisociales y los histriónicos aprenden que la decepción y las habilidades sociales les proporcionan recompensas externas. Las leyendas narcisistas, quienes a menudo son demasiado inteligentes para su propio bien, aprenden que el talento en un área puede librarlos de esforzarse en otras.

Neo fue un niño precoz a los doce años. Era tan bueno con la computadora que no tuvo ningún motivo para aprender de la gente, hacer su tarea o algo que no le interesara o no tuviera ganas de hacer. Ahora, a sus 34 años, sigue actuando como el precoz niño de doce. Su trabajo continúa demandándole un esfuerzo que percibe como estúpido, sin sentido e inferior a él. Por desgracia para *Neo*, el mundo ya no aprueba su talento. Él lo ve como un problema del mundo, no suyo.

Para *Neo*, el sonido más reconfortante es el de una botella de cerveza que se abre en la hora feliz. No es el alcohol lo que ansía, sino el ambiente. Todos sus acompañantes son gente realmente brillante, a quienes los idiotas molestan a menudo. En ese grupo, el sarcasmo es una forma de arte cuando se refieren a los problemas de sus vidas. Todos se liberan un poco y se sienten mejor, al menos durante un rato.

Los amigos de *Neo* son rebeldes; pueden identificarse con él porque también están luchando contra la necesidad de hacer las cosas que no desean. Si *Neo* contesta el test en el capítulo 3, terminaría viéndose como un rebelde también, pero existen grandes diferencias. Por principio de cuentas, no resolvería el test. Para él es una estupidez psicológica. Tiene poco interés para aprender de sí mismo. Ya sabe todo lo que necesita saber. Hay muchos rebeldes que estarían de acuerdo con eso de la estupidez psicológica. Pero sus razones serían diferentes.

Estupidez para *Neo* es todo aquello que se interpone a la idea de que él es el mejor del mundo. Debajo de la hostilidad narcisista existe un miedo terrible a ser una persona común y corriente. Para ellos, no vale la pena hacer algo en lo que no sean los mejores.

Conforme van creciendo y ven a gente menos competente dejarlos atrás, la imagen de sí mismos como los mejores comienza a desvanecerse. Esto se incrementa si su familia tienen necesidades financieras cada vez mayores. Tan pronto como esta imagen se desvanece, las leyendas hacen lo que cualquiera con sus sueños rotos: se aferran a ellos con más fuerza. Se deprimen, no por sus propias deficiencias, sino porque el mundo es injusto y deprimente.

La otra diferencia entre *Neo* y sus amigos rebeldes está relacionada con el miedo a ser ordinario. La mayoría de los rebeldes se ven a sí mismos como tipos normales. Son buenos para desarrollar un sentimiento de amistad con la gente a la que perciben como igual. En los bares, cubículos y campos de batalla, sienten empatía con los otros y se cuidan las espaldas. Toman fuerza con el sentimiento de que "somos nosotros contra el mundo". Para los narcisistas, no existe un *nosotros,* sólo un *yo.*

Estrategias que no funcionan

Entonces, ¿qué hacer si trabajas con una persona como *Neo*, con un gran talento y un enorme ego? ¿Debes dejarlo ir? o ¿se puede convertir en un miembro útil del equipo?

En primer lugar veamos un par de enfoques que no van a funcionar.

Un gerente con nivel superior sugirió enviar a *Neo* a uno de los campamentos de entrenamiento motivacional de fin de semana con Cleve Gower; la compañía los organiza en intervalos regulares y el mismo gerente ha asistido y ha hecho maravillas con su actitud.

El Campamento de entrenamiento comenzó a las 6:00 a.m. con un trote y un desayuno espartano; luego Cleve describió el propósito del programa.

"La pregunta que quiero hacer es la siguiente: ¿Tienen un buen juego? ¿Quieren ganar? ¿Tienen lo que se necesita para ganar la batalla más importante, contra ustedes?; el primer paso para ganar es hacerse responsables de ustedes mismos. ¡A partir de este momento no habrá excusas! ¡Nos vamos a hacer responsables por completo de nosotros y de lo que nos pase, no hay nadie más a quien culpar!, ¡ustedes están a cargo!

"Déjenme escucharlos diciendo: ¡YO ESTOY A CARGO, NO HAY EXCUSAS!"

Conforme el grupo fue repitiendo el mantra, *Neo* buscó en su celular Cleve Gower y encontró un par de cosas acerca de la carrera menos estelar de Cleve en la NBA. Como toda la gente en el campamento de entrenamiento era de la empresa, no le costó mucho trabajo a *Neo hackear* el sistema de notificaciones, por lo que pudo enviar mensajes de texto a todos los teléfonos en la sala. Comenzó con un artículo corto de 1998 acerca de Cleve: al final de su juego, fue transferido a los Nuggets de Denver. Cleve le dijo a un reportero que estaba contento de irse porque podría haber alguien en Denver que supiera cómo entrenar. También dijo que en un clima más seco que su asma no lo detendría tanto.

Los teléfonos vibraron por toda la sala. Aquí y allá, la gente revisó sus mensajes a escondidas y se rieron. Algunos pasaron sus teléfonos a la persona de al lado. A lo largo del gimnasio donde se llevaba a cabo el campamento, hubo pequeños grupos que se reían; luego se calmaron, pero comenzaron de nuevo cuando llegó el siguiente mensaje.

Al principio, Cleve actuó como si no se hubiese dado cuenta, pero luego comenzó a mostrar su irritación. Les recordó a los participantes acerca de la regla de no teléfonos celulares.

Ya era demasiado tarde.

No había nada malo con el mensaje de Cleve. De hecho, fue sólo lo que *Neo* necesitaba escuchar. El problema fue la entrega. Las leyendas narcisistas son inmunes a las conferencias. Como los rebeldes, por todas partes pueden detectar tonterías en una o dos partes por billón.

No todos los oradores motivacionales son tan transparentes como Cleve Gower. Los mejores son bastante sólidos, e incluso podrían haberle enseñado algo bueno a *Neo*. Sin embargo, por regla general, no importa qué tan inspiradores sean los seminarios motivacionales, pero no pueden convertir a los empleados problemáticos en miembros productivos del equipo. Esto es más cierto cuando los empleados problema son narcisistas que se creen leyenda.

Este enfoque para rehabilitar a *Neo* hubiera sido muy buena idea en otro momento.

Un par de ingenieros de la empresa de Neo, en verdad comenzaron su operación de desarrollo de *software*. Lo contrataron y le dijeron que todo lo que tenía que hacer era escribir códigos, nada de papeleo, sin reuniones, nada de mierda empresarial, sólo lo que sabía hacer mejor.

Al principio trabajó o eso parecía. *Neo* hizo algunas brillantes aplicaciones, pero no eran muy amigables con el usuario. Todo mundo iba a trabajar con el problema de la interfaz. Todos menos *Neo*. Perdió el interés y estaba en otra cosa. Los directores no podían mantenerlo en una actividad sin importar cuál fuera, pero parecía que mientras más lo necesitaban, él estaba menos disponible.

Existe una importante verdad psicológica en este ejemplo que aplica a todos los vampiros emocionales, pero en especial a las leyendas narcisistas. Si tratas el problema emocional de alguien, como si fuese una discapacidad, el problema empeora.

Una discapacidad es un problema que la persona no puede manejar, igual que ser incapaz de caminar y tener que estar en una silla de ruedas. Si acomodas una discapacidad, digamos, construyendo rampas y ajustando la altura de los mostradores, todo el mundo gana. La vida de las personas mejora y la empresa gana un empleado productivo.

Un problema emocional involucra un paradigma de negación. Muy a menudo tiene que ver con el miedo. Si una persona tiene fobia por los elevadores y tú la alientas para utilizar las escaleras, es probable que su miedo empeore y se expanda a otras áreas. Lo que parece ser un gesto humanitario es de hecho la cosa más dañina que puedes hacer. Mientras más intentas reparar ese problema emocional, más empeora.

En el caso de *Neo*, su problema emocional es no hacer lo que no desea. Como la mayoría de las leyendas narcisistas, tiene un miedo enorme a fracasar; y lo ha esquivado toda su vida evitando cualquier cosa que no pueda hacer bien de inmediato. Si intentas esquivar o reparar éste o cualquier problema emocional, sólo hará que empeore. Esta verdad general es lo que los directores en la empresa recién creada descubrieron de manera casual.

La única forma de disminuir un miedo es enfrentándolo. Huir de él, sólo lo hace más grande y fuerte. Esto es sin duda lo más útil que he aprendido en 40 años dedicados a la psicoterapia. La segunda cosa más útil que he aprendido es que decirle a la gente que está mal, sólo la hace enojar, no la hace mejor. En psicoterapia, como en la comedia, la sincronización lo es todo.

Teniendo eso en mente, me gustaría aclarar un concepto erróneo acerca de lo que los psicólogos llamamos "interpretación". Si tuvieses que decirle a *Neo* que está evitando hacer lo que no desea porque tiene miedo de fracasar, se reirá en tu cara o utilizará su "miedo al fracaso" como una excusa para más negación. Las interpretaciones prematuras hacen más mal que bien. La única ocasión en la que ayuda una interpretación es después de que un paciente tiene una experiencia directa. La interpretación le puede ayudar a asimilar la experiencia y aplicarla al resto de su vida. Si *Neo* se sorprende a sí mismo evitando una tarea porque tiene miedo de fracasar, entonces una interpretación podría ayudarlo a generalizar la experiencia.

La habilidad involucrada en psicoterapia es conocer cómo y cuándo hacer interpretaciones. Es fácil darse cuenta de lo que está mal con otra persona. De eso trata la psicología popular. Lo que es sutil y difícil es comunicar esa información de manera que no empeore la situación.

El propósito de desviarme del tema en la teoría de la psicoterapia es el siguiente: aquí estás a la mitad de un libro de psicología popular. Sin duda has reconocido a mucha gente con la que trabajas y podrías estar pensando en mostrarles el capítulo adecuado, con la esperanza de que por fin se entiendan a sí mismos y cambien. Si lo intentas, verás de primera mano qué tan inútil e incluso destructiva puede ser una interpretación prematura.

Las explicaciones de desorden de personalidad que presento aquí, son para ti, no para los vampiros con los que trabajas. Éstas podrían ayudarte a reconocer problemas y a entender por qué ciertos enfoques funcionan más que otros. Decirle a un vampiro que lo es, funcionará lo mismo que decirle a un alcohólico que lo es.

Lo que *va* a funcionar son los enfoques que involucran saber cómo piensan y actúan los vampiros emocionales, luego adentrarnos en su mundo para comunicarnos con ellos y salirnos del modelo de respuesta que esperan.

UNA ESTRATEGIA QUE SÍ FUNCIONA

Regresemos a las leyendas narcisistas como *Neo*. En su mundo, él es tan especial que no tiene que hacer nada que no desee . Los enfoques típicos que hemos visto, animarlo y acomodarlo, no funcionan, ¿qué sí funciona?

De hecho, existe un enfoque consagrado por el tiempo para transformar a escuincles egocéntricos en miembros productivos del equipo: el campamento de entrenamiento militar. Cleve acertó en el nombre, pero no consiguió los conceptos reales para hacer un verdadero trabajo de entrenamiento. La imagen que la mayoría de nosotros tenemos es un montón de gritos y ejercicios cansados que te hacen tener un mayor sentido de logro por haber sobrevivido. Los campamentos de entrenamiento sólo son para gente que valora el trabajo duro. Así obtienen un sentimiento más grande de autovaloración, pues se ponen retos y los cumplen.

Los verdaderos campamentos de entrenamiento son diferentes. Están diseñados para reunir a un montón de adolescentes egoístas, enseñarlos a pensar en las necesidades del grupo antes que en las suyas, y sentirse bien al hacerlo. Se necesitan más que gritos y lagartijas en el lodo para lograrlo.

Aquí están algunos de los principios que hacen funcionar a los campamentos de entrenamiento militar, junto con algunas sugerencias acerca de cómo podrían aplicarse en el caso de una leyenda narcisista como *Neo*.

Sin presunción, ni acoso

La razón más importante de que los campamentos de entrenamiento funcionen es porque son de verdad. Pasas o repruebas y un importante elemento de tu futuro depende de lo que hagas.

Para que una leyenda narcisista como *Neo* mejore, debe ser una situación de vida o muerte. Si no pasa el entrenamiento lo despides. Antes de que intentes algo así, obtendrás la aprobación del área de recursos humanos y tal vez del abogado de la compañía. Si existen lagunas en las circunstancias, un narcisista las encontrará.

El no acoso no significa que deberías enviar a alguien como *Neo* a un lugar especial para entrenar, en el cual podría rebelarse o sobresalir, pero caería de nuevo en el viejo modelo, una vez que regrese. La batalla con él mismo es aquí y ahora y así debe ser librada.

Conoce tu objetivo

El objetivo de un campamento de entrenamiento es enseñarle a una persona a ganar un sentido de pertenencia, dejando de lado sus necesidades para dar prioridad a las del grupo. Sin importar lo que estén pensando mientras lo hacen.

Para una leyenda narcisista como *Neo*, es buscar que haga las cosas necesarias sin importar cómo se siente al respecto. Sus razones deben ser propias.

Los creyentes, no son tan ingenuos como para pensar que tú o alguien más puede enseñarle empatía a un narcisista. En lo profundo de su alma, no lo entienden. Es lo que los hace narcisistas. En cinco minutos aprenderán qué decir para engañarte y hacerte pensar que entienden que los otros también tienen derechos. Para mí es increíble cuánto dinero se gasta tratando al enseñar sensibilidad cultural, como si fuese una asignatura escolar. La empatía se basa más en lo que la gente cree que en lo que sabe.

Sé duro

Has visto a muchos instructores militares en las películas. Golpéalos en el abdomen y te lastimarás la mano. Contesta y entrarás a la casa del dolor. El instructor militar es más duro y fuerte que cualquier otro joven recluta.

La dureza y la fuerza son relativas. Para un campo de entrenamiento militar, una gran parte es física. En un contexto empresarial, no recomendaría golpear estómagos, como una manera para demostrar fuerza.

Para una leyenda narcisista, un instructor militar necesita ser tan listo como él, más exitoso y aún más despiadado. Lo ideal sería emparejar a un tipo como *Neo* con un narcisista más grande y más fuerte. Esto no es tan ridículo como suena. Como veremos en el siguiente capítulo, las superestrellas narcisistas hacen a los mejores asesores. Si sobrevives a su entrenamiento, superarás lo que sea y *aprenderás*. No hay intentos, sólo acciones.

Si no eres Yoda o un narcisista y tienes una leyenda narcisista como asesor, deberás encontrar la dureza en tu interior. Ser amable no lo detendrá.

A menudo las empresas contratan consultores o terapeutas para que sean sus instructores. Como dije: consigue a un narcisista más grande. Si lo haces, el proceso no puede ocurrir en el aislamiento de la oficina de alguien o en el campo de entrenamiento. Tu instructor deberá ser capaz de asignar tareas en la oficina y comunicar cómo se cumplen. Asegúrate de brindar la información adecuada antes de comenzar.

Reconoce el interés propio como la única motivación posible
Esto es bastante decisivo si quieres lidiar de manera exitosa contra un narcisista. No creen en el altruismo. Piensan que la Madre Teresa hizo lo que hizo, no por la bondad de su corazón sino porque quería ser santa. ¿Están en lo correcto? Sólo la Madre Teresa lo puede saber. Como mencioné antes, hay mucho narcisismo sin grandeza, pero no hay grandeza sin narcisismo. Créelo o no, pero para que los narcisistas confíen en ti debes adentrarte lo suficiente en su mundo y admitir que todos lo hacen.

Los campamentos de entrenamiento militar insisten en los conceptos probados y conocidos, como deber y honor. No los presentan como altruismo, sino como una valiosa posesión personal, más como el concepto asiático de "honor". Los soldados darán su vida por nosotros, pero lo hacen, al menos en parte, porque no hubieran podido tolerar la idea de no hacerlo. En el ejército, no hay nada deshonroso en esta clase de motivación.

Pon una prueba extenuante
Los campos de entrenamiento militar son ritos de iniciación en el sentido antropológico. Dichas pruebas sirven para enseñarle a un iniciado a conquistar su miedo personal, y el dolor que causa hacerlo, y a convertirse en un miembro del grupo. Estas pruebas a menudo son físicas; pero lo que enseñan es psicológico. Pueden consistir en hacer lagartijas en el lodo, colgar de ganchos sujetados

al pecho o la circuncisión de un adulto. Todas ellas han sido utilizadas de manera exitosa a lo largo del tiempo, pero la mayoría van en contra las reglas de la OSHA.

Las pruebas extenuantes hacen que un iniciado enfrente y domine su más grande temor y que al hacerlo, aprenda una lección que no puede ser enseñada de ninguna otra manera. En el trabajo, elegir la prueba adecuada requerirá algo de creatividad.

"Muy bien *Neo*", dice su mentor, "este es el trato, voy a imponerte una tarea durante los próximos seis meses, la cumples o estás fuera. Si la superas, obtendrás un ascenso y la oportunidad para elegir tu próxima asignación, ¿estás de acuerdo?"

"¿No me va a decir primero de qué se trata?"

"No, primero necesitas escuchar los términos para que no haya malos entendidos, luego te diré de qué se trata, ¿entiendes?"

"Así es."

"Tu misión, en caso de que decidas aceptarla, es dirigir una clínica de reparación de computadoras. Cualquiera que tenga problemas con la computadora puede acudir a ti y los resolverás; lo harás con mucho cuidado y sin hacer que la gente que acude a ti se sienta un idiota."

"Debe estar loco, se da cuenta de que…"

"Sí, me doy cuenta y sí puede ser que esté loco; pero ese es el trato, ¿lo tomas o lo dejas?"

Muchas leyendas narcisista se marcharían, *Neo* no lo hizo. Tiene una familia que mantener. A decir verdad, aceptó pensando que sería capaz de evadir las reglas, como había hecho en tantas otras ocasiones.

Realizando tus objetivos
Una vez que se ha impuesto la prueba, ésta debe ser monitoreada y llevada a cabo al pie de la letra. En un mundo ideal, el instructor

militar lanzaría a *Neo* dentro de la alberca y eso le enseñaría cómo nadar. En el caso de *Neo*, "nadar" es una actividad cognitiva de aprendizaje para ayudarle a dominar el miedo y la ira, para poder sobrevivir a la prueba. Los instructores militares, en especial si son grandes narcisistas, podrían no estar atentos a la parte educativa de la tarea. Lo más importante de su trabajo en este punto es vigilar que el iniciado no salga a hurtadillas de la alberca. Lo anterior requiere un monitoreo constante. Si los instructores militares son narcisistas, el monitoreo puede ser una parte extenuante de su prueba.

Las empresas tienen acceso a muchos seminarios y capacitadores que le pueden enseñar a *Neo* las habilidades específicas que requiere, ahora que sabe que las necesita. En **Ira narcisista** (la siguiente sección), vamos a revisar las más importantes y cómo se enseñan.

El gran error que observo una y otra vez en esta situación es el mandar a la gente a tomar clases antes de reconocer que necesitan aprender. Esto convierte una clase perfecta en algo risible, en un programa nocturno de TV. ¿Te puedes imaginar cómo sería el ejército si los nuevos reclutas fuesen enviados a clases de "Cómo ser un soldado o un marino", como las que tomas para aprender a escribir tu currículum vitae?

Neo lo hizo; durante seis meses solucionó los problemas de las computadoras de la gente a la que había descrito con anterioridad como la que no sabía qué extremo del cable se conectaba al enchufe de la pared. No sólo reparó bien las computadoras con ayuda y soporte, sino que también fue capaz de enseñarle a la gente cómo utilizarlas de manera más fácil y eficiente. A los colegas que solían soportarlo con asombro, aunque lo consideraban molesto, ahora incluso les caía bien y lo sentían parte del grupo.

Me gustaría decir que, como resultado de esta extenuante prueba, este pequeño corazón de Grinch aumentó seis tallas ese día, pero estamos hablando de narcisistas. Sobra decir que *Neo* hizo cosas que no deseaba e incluso se enorgulleció de haberlas hecho bien. Para una leyenda narcisista eso es más que suficiente.

IRA NARCISISTA

Las leyendas narcisistas piensan que no deberían tener que hacer lo que no quieren, pero por lo general no son descuidados. Las leyendas se concentrarán en algunas áreas e ignorarán otras por completo. Lo "otro" que a menudo ignoran son las habilidades sociales. No ven la necesidad de controlar sus emociones y poco les preocupa el efecto que sus arrebatos de cólera generen en otras personas. La ira narcisista puede ser legendaria.

La doctora Karen Richardson, la nueva internista, es inteligente, competente y tiene buen sentido del humor. Pero es la última opción de todos como Miss popularidad. Cuando las cosas van a su modo, es razonable, pero cuando no, hace berrinche.

No soporta a los tontos. Los hace sufrir. En su opinión, los tontos son las enfermeras incompetentes que fallan al notificarle los cambios en el estado de un paciente; llaman a horas no adecuadas para hacer preguntas ridículas que deberían saber desde el primer año de enfermería; entienden mal instrucciones claras; no están a su entera disposición, siguiendo sus órdenes al pie de la letra o las que, Dios no lo quiera, cuestionan su juicio médico.

El hecho es que en ocasiones su juicio necesita ser cuestionado. La doctora Karen se enorgullece de su eficiencia. Trabaja duro y rápido, algunas veces demasiado rápido. No comete grandes errores, pero en algunas ocasiones pasa por alto detalles y a veces no se toma el tiempo suficiente para escribir órdenes claras.

Las enfermeras en sus pisos trataron de ser tolerantes, pero a menudo fueron recompensadas con insultos, sarcasmo, sermones y quejas acerca de su aptitud con la administración del hospital. El clima se volvió muy hostil y las enfermeras comenzaron sus quejas.

Para su sorpresa y disgusto, la doctora perdió la lucha por el poder. La reportaron y el director del hospital le advirtió que su acoso no sería tolerado.

La doctora Karen no es una abusiva, como la que vimos en el capítulo 5. La distinción podría ser irrelevante para las enfermeras a las que reprende, pero las dinámicas de su ira son diferentes. A los abusivos les gusta ver a la gente encogerse de hombros y pierden el control para crear un conflicto, en especial con la gente más débil que ellos. La ira de la doctora Karen surge de la creencia de que los doctores son una raza aparte, debido a su preparación. En su opinión, tener un "doctor" al inicio de su nombre le otorga los mismos derechos divinos que los de los monarcas en la Edad Media. Las clases inferiores deberían obedecerla de inmediato y no tener derecho a cuestionar su juicio. Deberán tratarla en la misma forma que ella tuvo que tratar a sus profesores en la escuela de medicina. Cualquier cosa por debajo de eso sería un insulto a su profesión.

A diferencia de los acosadores antisociales, las leyendas narcisistas como Karen Richardson reaccionan a las llamadas de atención de sus superiores no con respeto, sino con confusión. Los abusivos ven a sus jefes como abusivos más grandes. Los narcisistas ven las llamadas de atención, como la ruptura de las reglas del club profesional del que pensaban formaban parte, sea Administración o Medicina. Los narcisistas que han sido criticados se sienten como niños abandonados. No estoy sugiriendo que debas sentir lástima por ellos, sino que comprendas su dinámica. Recordemos, por lo general, los narcisistas tienen dos estados emocionales: en la cima del mundo o en el fondo de un montón de basura. En el único momento en el que están abiertos a un nuevo aprendizaje es cuando se sienten derrotados.

Incluso entonces, los narcisistas aprenden a menudo a sobreponerse a su narcisismo, pero no se les puede enseñar a ser menos odiosos. Las leyendas narcisistas explosivas como Karen, algunas veces son enviadas a clases de manejo de ira, lo cual consideran el colmo de todos los males. La técnica del salón de clases, rara vez funciona por varias razones; la más importante, porque el estudiante debe querer saber lo que se le enseña. Los narcisistas creen que su ira es diferente y está más justificada que la de otras personas. Tienen razón acerca de que es "diferente".

Para que cualquier tipo de aprendizaje tenga lugar, hay que enganchar a los narcisistas de manera individual y venderles la idea de que controlar su temperamento es por su bien. Esto debe hacerse antes de que vayan a tratamiento por su propia iniciativa. Algunas veces, venderles bien la idea y mandarlos con la persona indicada es todo lo que necesitan.

Rita ha estado en el mostrador de la guardia nocturna más tiempo del que alguien pueda recordar. Ha visto médicos, enfermeras, pacientes y administradores ir y venir y ella está considerada en el hospital como una fuerza de la Naturaleza.

Rita observa a Karen temblando mientras escribe el historial clínico de un paciente.

"Cariño", le dice, "creo que necesitas un descanso."

Karen observa a Rita, perpleja.

"¿Debí haber dicho *Doctora*, cariño?"

A pesar de sí misma, Karen ofrece una débil sonrisa. Está sola en el montón de basura.

"Cariño", continúa Rita, "sé que estás teniendo un día asqueroso. Puedes hacerlo mejor o peor. Eso depende de ti."

"No veo cómo pueda ser peor."

"Exacto, tú *no ves*. Puede ponerse peor si traes toda esa basura en la cabeza y no aprendes nada."

Karen voltea: "No tengo la más mínima idea de qué estás hablando."

"Sé que no sabes. Acompáñame por una taza de café y te lo diré."

En la parte trasera de la sala de descanso, a mitad de la noche, Rita y Karen se sientan a tomar un café.

"Cariño, eres una chica lista y una buena doctora, excepto cuando andas de grosera."

"Mira, si estás tratando de decirme que sea más amable con las pobres enfermeras, el doctor Barth, ya se encargó de eso."

"No, no voy a perder mi tiempo diciéndote que debes ser más amable; eso ya lo sabes. No piensas hacerlo y si quisieras ni siquiera sabrías cómo."

"¿Quieres decir que sólo ignore su incompetencia?"

Rita se ríe: "Ves, a eso me refiero, si eso es lo que piensas, no sabes como hacerlo."

"¿Y qué? ¿Tú vas a enseñarme?"

"Sólo si tú quieres aprender."

"¿Entonces, qué es lo que crees que debo aprender?"

"Cómo no andar tan enojada contigo misma cuando las cosas no salen como quieres."

"¿Me enojo conmigo misma? ¿Y qué hay de ellas? No me digas que no seguir las instrucciones está bien. ¿Sabes qué pasó ayer? Escribí órdenes para residentes cada dos horas."

"Lo estás haciendo ahora."

"¿Haciendo qué?"

"Enojándote contigo misma; tal vez hasta provocándote un dolor de cabeza. Este mundo está lleno de gente que no hace lo que se supone debe hacer. Mientras más grites, menos lo hacen. Si quieres que hagan más, debes tranquilizarte y utilizar la cabeza. Halágalos, como te gustaría que te halagaran. Diles algo lindo; no le hará daño a nadie y podría ayudar."

"¿Me estás diciendo que una gota de miel atrapa más moscas que un litro de hiel?"

Rita se ríe de nuevo: "Cariño, si quieres moscas, olvida la miel. Usa basura."

Rita tiene años de experiencia socializando con jóvenes médicos narcisistas llenos de sí mismos. Y de otras cosas también. El primer paso para hacerlos humanos es enseñarles cómo controlar sus temperamentos. Rita es tan hábil en el manejo de la ira como la mayoría de los médicos. Quizá no sea capaz de enlistar los pasos en un plan de tratamiento; pero sabe lo que funciona.

Para mostrar a las leyendas narcisistas las habilidades básicas de civilidad descuidadas, los mentores sabios, a menudo realizan un mejor trabajo que los terapeutas, en especial con gente que no se dignará acudir a uno. Quizá te hayas percatado de que Rita está utilizando algunas de las técnicas del campamento de entrenamiento militar que funcionaron con *Neo*. Aquí están los elementos básicos de su método. Si lo sabe o no, está haciendo lo mismo que haría un terapeuta experimentado al tratar la ira de un narcisista.

Sin presunción, ni acoso: la situación es real, el empleo de Karen está en peligro. Rita, quien ha visto antes esta situación, se acerca en un momento de enseñanza, cuando Karen se siente mal y quiere sentirse mejor. Por sus años de experiencia, Rita está tomando el papel dominante de un maestro y le está diciendo a Karen que puede aprender algo que la hará sentirse bien. Esta es una plática promocional, pero no es presunción. Rita sabe que puede ayudar a Karen, si escucha.

¿La escuchará? Todo depende del discurso. Rita sabe cómo atrapar moscas. Si estás tratando de civilizar a una leyenda narcisista, deberás saber lo siguiente.

Diles que son listos: reconocer la inteligencia de un narcisista es muy necesario si quieres que te escuche.

Como con cualquier otro vampiro emocional, si deseas comunicarte de manera efectiva, métete en su mundo y evita decir cualquier cosa que contradiga la imagen de sí mismo. Si no les dices que son listos, seguirán tratando de demostrar su inteligencia hasta que lo hagas.

Usa el humor: la mayoría de los narcisistas tienen un desarrollado y a menudo hiriente sentido del humor. Si una persona irritable no tiene sentido del humor, tal vez no es un narcisista, más bien ha de ser un obsesivo-compulsivo que requiere un enfoque diferente, que discutiremos en otro capítulo.

Rita tiene mucha experiencia, por lo que puede librarse con facilidad, lo cual ayuda y desafía al mismo tiempo. Si no estás en posición de tomarle el pelo a alguien, quizá no seas la persona indicada para intentar un acercamiento como éste. Encuentra a alguien que pueda.

Diles que están bien: no pierdas tiempo y esfuerzo argumentando acerca de quién está bien o quién mal. Este es el punto al que quieres llegar: no que están mal, sino que su estrategia no es eficaz.

No trates de enseñar empatía: el error más grande que puedes cometer con un narcisista es enseñarle empatía. No la va a comprar. El modelo que espera es que le digas que debe ser más considerado. Lo ha escuchado antes. No funcionó entonces, no funcionará ahora.

En el mundo narcisista, no importa tanto lo que otras personas sientan como sí importa en el tuyo. Los creyentes deberían tomar nota de esto.

Cualquier acercamiento a la empatía debe ser indirecto, basado en el propio interés. Puedes enseñar a los narcisistas que como sienten las demás personas, se relaciona de manera directa con conseguir lo que quieren. Pueden aprender a fingir empatía de manera muy realista. Es la basura a la que Rita se refería.

Antes de quedar boquiabierto con la idea de enseñarle a la gente a ser hipócrita y manipuladora, reconoce que así es como somos todos, de pequeños aprendimos la auténtica empatía que ahora valoramos en nosotros mismos como adultos. ¿No hubo alguien que estuviera detrás de ti para decir "por favor" y "gracias"?

Qué hay para ellos: los narcisistas creen en el interés propio. Si lo que les dices no los beneficia, no les interesará.

Enseñar a los narcisistas cualquier cosa es un trabajo de vendedor, pero por suerte, en este caso Rita tiene un excelente producto: el secreto de la felicidad, así como la manera para que Karen mantenga su empleo.

Habla de la ira como algo que se controla, no como algo que pasa: la clave para el tratamiento de la ira, o de cualquier otro estallido emocional, se basa en entender que las emociones se controlan, no son reacciones inevitables por el mal comportamiento de otras personas. La ira comienza como una chispa de enojo que se esfumará con rapidez si no avivas la llama.

Si la gente no entiende este hecho, no funcionará ninguna técnica de enseñanza del manejo de la ira. Si entienden esta percepción, casi cualquier técnica tendrá éxito.

Sugiere que la ira se apaga si no avivas la llama: avivar la llama significa repetir alguna injusticia una y otra vez de manera interna o en voz alta. Cada vez que lo cuentas se vuelve más doloroso y se conecta con más injusticias pasadas, presentes y futuras. Si lo cuentas y lo repites, lo que podría haber comenzado como un simple mal entendido se convierte en una agresión a la ley natural.

Una de las maneras más efectivas para enseñarle a la gente acerca de avivar la llama es atraparla cuando lo hacen y detenerla. Rita lo hizo con Karen. No hay comunicación visual con su diálogo. Si hubiéramos estado ahí, tal vez observaríamos a Karen haciendo lo que la mayoría de la gente cuando aviva la llama: señalar con el dedo en el aire o contarse los dedos. Cuando las personas lo hacen en mi oficina, les pido que se sienten sobre sus manos, lo cual interrumpe el patrón. Es casi imposible avivar una llama sin utilizar las manos. En la confusión posterior a la interrupción de un patrón, podría darse un aprendizaje a nivel visceral.

Hablar de la ira también aviva la llama reforzando el sentimiento, además de que casi siempre conduce a represalias. Ya que la gente está aprendiendo control, la primera aproximación es hacerlos que permanezcan con la boca cerrada cuando se sientan enojados. Yo llamo a esto la "solución de la cinta adhesiva". Rita tal vez utilice cinta quirúrgica.

Señala que la ira no es lo que se siente: la ira se siente fuerte y poderosa cuando está aconteciendo. A menudo, la gente enojada confunde esto con sentirse bien.

En el trabajo, perder los estribos se ve como una debilidad. Si surge un conflicto, es más probable que domine la cabeza fría. Aparte de ser ineficaz, la ira (incluso la honesta indignación, su forma más seductora) en realidad se siente terrible, sin mencionar lo perjudicable que es para tu salud. Es persuasiva, pero el impulso es acabar con ella obteniendo lo que deseas. Se trata de un potente reforzador negativo. Cuando la gente la experimenta, pocas veces se concentra en cómo se siente. Pone demasiada atención en lo que dicta la ira que debe hacer, que, por lo general, es pasar su dolor de cabeza a quien se lo dio.

Siempre es una buena idea detenerse un poco y pensar que existen otras maneras de deshacerte de un dolor de cabeza. En primer lugar, no te lo des a ti mismo.

Este es el punto donde dejamos a Rita y a Karen. En una breve conversación, Rita resumió todos los elementos cruciales del tratamiento para el manejo de la ira. El resto es repetición y práctica. Quizá continúen sus pláticas, o tal vez Rita pueda enviar a Karen con un terapeuta, ahora que es más probable que pueda sacar provecho de la experiencia.

Lo último y más significativo que podemos extraer del diálogo entre Rita y Karen es que Rita se enfocó en los arrebatos mismos, no en el sentimiento de derecho que hay en éstos. Incluso, los terapeutas experimentados no van tras ellos directamente. Aun si estás en posición de rehabilitar a una leyenda narcisista muy enojada, recuerda lo siguiente en tus conversaciones con ellos: si te enojas a causa de una persona ya enojada, tú serás quien sufra.

EMPRENDEDORES

Veneramos a los emprendedores, muchos de los cuales son narcisistas. Esto no debería sorprenderte. ¿Quién si no el narcisista tendría el valor de iniciar un negocio?

El resto de nosotros estaría perdido sin los emprendedores. Sin embargo, existe una trampa. Una de las razones por las que muchos negocios prometedores fracasan es porque las personas que los inician son leyendas narcisistas; dan por hecho que la experiencia en un área, de modo automático les da experiencia en todo.

Don es un genio de la mecánica. Nadie sabe más sobre varillas de dirección. En su taller ha desarrollado varios prototipos simples, económicos, duraderos y muy elegantes, así como el proceso para su fabricación. Inició la empresa D^2 (por Donald Davis), encontró una buena ubicación y, poco después, su compañía había crecido de diez empleados a más de cien. Tal vez llegaste a ver su foto en la portada de algunas revistas locales de negocios.

Parece la perfecta historia de éxito, excepto por un problema: Don.

Don no puede dejar pasar ningún detalle. No es que sea un obsesivo controlador; más bien es como un cachorrito gordinflón y amigable que siempre está ahí, brincando por todos lados, atravesándose en el camino de los demás. La compañía es su vida y quiere estar en todo.

Antes eran Don y otras dos personas quienes estaban en su taller haciendo el trabajo. Ahora están los departamentos de Compras, *Marketing*, Fabricación, Ventas, Finanzas y Recursos Humanos, y Don sigue actuando como si todos estuvieran trabajando juntos. Anda por aquí y por allá, habla con cualquiera y le dice lo que piensa debería hacer.

Algunas veces sus ideas son excelentes. Es sólo que son demasiadas, y parece no darse cuenta de lo perturbador que puede ser un cambio en los procedimientos, si no está coordinado con lo demás.

Los constantes cambios de Don vuelven locos a sus directivos. Aunque establezcan cosas hoy, todo puede cambiar mañana, si el jefe tiene una mejor idea.

Don se siente orgulloso de la flexibilidad y apertura a la innovación de D^2. Parece no darse cuenta de que demasiada flexibilidad, no puede distinguirse del caos.

Don crea un caos porque no comprende que llevar las riendas de una compañía requiere habilidades, por completo diferentes a la elaboración de varillas de dirección.

En cualquier negocio existen tres entidades que deben ser dirigidas: tareas, dinero y personas. Los directores con entrenamiento y experiencia saben que debes manejar las tres cosas, no sólo la que dominas. Don, siendo un ingeniero consumado, es fenomenal dirigiendo tareas. Sea lo que sea, resuelve cómo hacerlo mejor. En su cabeza es así de fácil. Como con la mayoría de las leyendas narcisistas y emprendedores, es ajeno a las partes de las tareas directivas que no le interesan, que en el caso de Don es el manejo de personas y del dinero.

Los directores de los diferentes departamentos han tratado de explicarle esta teoría de negocios a Don, pero él no entiende. Sus sentimientos se ven lastimados y después se enoja. Independientemente de lo que sus directores le digan, él sigue con la misma idea de que si haces tu trabajo de la mejor manera posible, la compañía deberá prosperar. Don no cambia, así que los demás deben hacerlo.

La forma en la que los directivos reaccionen a su obstinación puede originar un mayor caos. Cada uno ha desarrollado un estilo individual para tratar a Don. Los creyentes tratan de adaptarse porque es su compañía y no quieren pelear o herir sus sentimientos. A los rebeldes les da igual lastimar sus sentimientos.

Discuten con él o le dicen que harán las cosas como indica y en realidad no las hacen. Los competidores no enseñan sus cartas. Guardan información y cuando las cosas no van bien, señalan con el dedo hacia dónde se les ocurre. En un instante, todo mundo culpa a todo mundo y D^2 se va a pique.

Don piensa que la compañía tiene problemas porque sus directores son un puñado de tontos peleoneros, y en realidad lo son. No ve que su estilo hace que el conflicto continúe.

D^2 está a punto de convertirse en una de las muchas jóvenes compañías prometedoras que se autodestruyen después de pocos años. Si le preguntas a cualquiera que trabaje ahí, te dirá cuál es el problema. Lo que no saben es qué hacer para resolverlo.

No importa lo que digan los directivos, el problema real que están enfrentando es hacer que una leyenda narcisista entienda o se fije en cualquier cosa, más allá de su área de interés. A continuación te presento algunas ideas que pueden ayudar.

Juntos o separados: lo primero que los directivos deben decidir es que lo más conveniente es actuar juntos. Esto debe ser obvio. El problema es la falta de coordinación; sólo esto lo resolverá. La situación es como el dilema del prisionero, donde la cooperación es el mejor camino sólo si todos lo hacen.

Para que las cosas funcionen, debe haber un núcleo. Si los tres directores más importantes se ponen de acuerdo, hay esperanza. Si no están convencidos, nadie lo estará. Convencer a la gente lleva tiempo y algunas pesadas reuniones sin Don.

La primera prueba de unidad es acordar qué se le dirá a Don cuando descubra que se hacen reuniones sin él, lo que al final ocurrirá. Todos necesitan decir, "todavía no estamos listos para hablar acerca de esto. Cuando lo estemos, serás el primero en saberlo".

Si das información a Don, hablarás sobre tus propios intereses en el grupo de directivos. ¿Quién se beneficia si la compañía se desmorona? Si alguien piensa que sería el beneficiado, entonces esta persona será un obstáculo. Si es uno de los tres directivos principales, la obstrucción puede resultar fatal.

Conocer tu objetivo: el objetivo no es detener las intromisiones de Don, lo que no ocurrirá, sino adoptar reglas para la toma de decisiones que impidan que estas intromisiones sean tan perturbadoras. La solución más sencilla en una compañía como D^2 es adoptar una política en la que no se pondrá en vigor ningún cambio hasta discutirlo en las juntas regulares del equipo de directivos y se tome una decisión grupal, así como cuándo y cómo implementarlo. Además, el grupo deberá acordar una cadena de mandos, de manera que la conducción en cada departamento provenga únicamente del jefe de esta sección. Esto hará que sea seguro para los empleados decirle a Don que deben consultar a su director antes de hacer lo que él sugiere.

Hablar en el idioma del emprendedor: Don es un ingeniero que no aprendió el vocabulario estándar de los negocios, por lo tanto, sus directivos tendrán que hablar su idioma. Necesitan desarrollar una metáfora a través de la cual se presente la teoría organizacional elemental en términos mecánicos o matemáticos que Don comprenda y pueda usar para comunicarse con ellos. Si puede entender lo que pasa en la empresa, podrá utilizar sus habilidades analíticas para ser parte de la solución en lugar de ser fuente del problema.

Los directivos hacen una presentación. La primera diapositiva es un diagrama del elaborado proceso de fabricación de Don, lo cual es la esencia de la cooperación mecánica. Mientras el grupo observa, bajo cada aparato aparece un conjunto de discos y palancas. Estos se marcan como "especificaciones".

El presentador puede entonces mostrar que los cambios configurados manualmente en un aparato requieren cambios manuales en otras áreas y preguntar: "¿Qué está mal con este sistema?"

Don sabe la respuesta, debido a que la belleza de su sistema está en los sensores de cada aparato; pueden detectar y responder a los cambios en los otros nodos. Él explica con mayor detalle cómo funciona este proceso.

En la siguiente diapositiva, los nombres de los aparatos cambian uno por uno a "Procedimiento", "*Marketing*", "Fabricación", "Ventas", "Finanzas" y "Recursos Humanos": la estructura organizacional está representada como un proceso mecánico. Se usan los mismos discos y palancas para demostrar los efectos de los cambios manuales. La sorprendente conclusión es que no hay ningún mecanismo sensor mediante el cual se coordinen todos. Debido a que no hay manera para implantar sensores electrónicos en los cerebros de los directivos, se requiere de comunicación verbal. La presentación demuestra que las juntas regulares y la adherencia a la cadena de mandos tienen funciones similares a los sensores en el proceso de fabricación.

Don, por supuesto, explica cómo retarda el proceso de detección, pero al hacerlo discute un tema que él no era capaz o no estaba dispuesto a abordar antes. Costará trabajo ultimar detalles, pero con un idioma en común, el trabajo puede llevarse a cabo.

Firmar la constitución: una vez organizados los detalles, deben ponerse por escrito en políticas y procedimientos que constituyen las nuevas reglas básicas para la ejecución de la empresa. Todas las personas involucradas en la parte directiva deben firmar. Ésta también es otra metáfora que garantizará la importancia de las reglas y que se tomen con seriedad.

Desde luego, cada compañía emprendedora es diferente, pero si desean tener éxito, deben atravesar una etapa crítica de desarrollo, en la cual la autoridad va del emprendedor a un equipo directivo.

Debido a que muchos emprendedores se ajustan al modelo de las leyendas narcisistas, el cambio consiste en enseñarles algo que consideraban poco importante. Si debe aprenderse cualquier cosa de las personas que trabajan para ellos, las lecciones se presentarán en un idioma que los narcisistas entiendan.

CAPÍTULO 14

Narcisistas superestrellas

LOS NARCISISTAS SUPERESTRELLAS creen que son los seres más importantes del planeta y tienen el currículum para comprobarlo.

A diferencia de los que se creen leyenda, la mayoría de los superestrellas son exitosos. Están dispuestos a hacer lo que sea para convertir sus grandes sueños en realidad. Ello significa que siempre lo logran. Sus expectativas siempre son inalcanzables. Sus habilidades y una enorme fuerza de voluntad, pueden traerles éxito, pero nunca satisfacción. Construyen emporios, dirigen naciones, hacen grandes negocios, crean impresionantes trabajos artísticos y amasan enormes sumas de dinero sólo con un propósito: demostrar que son maravillosos. Los superestrellas presumen todo el tiempo sobre lo que tienen y lo que han hecho, pero una vez que lo poseen o logran, pierde valor ante sus ojos. Siempre necesitan más. Ya sea dinero, honores, símbolos de estatus o conquistas sexuales. Los superestrellas siempre están deseando algo. Y lo consiguen. Cada uno de ellos tiene una colección de trofeos. Agregar más es el único propósito de la existencia narcisista; no hay meta demasiado alta.

Los superestrellas son capaces de grandes hazañas e increíbles miserias. Todo gira en torno suyo y todo el tiempo. Si aceptas este hecho y no haces nada para contradecirlo, dejan de ser un peligro y se convierten en una simple molestia. Si te ofendes por su arrogancia y pretendes aleccionarlos, mejor aléjate de ahí lo más rápido que puedas, porque te destruirán.

Por desgracia, hay pocos lugares para escapar, porque donde quiera que vayas, seguro habrá un narcisista superestrella en posición de autoridad sobre ti. Entonces, ¿de qué se trata? ¿Peleas, huyes o aprendes a lidiar contra ellos?

No lo malinterpretes, Galen ama su trabajo, al menos una parte. Pero ahí está Ron, el vicepresidente, su jefe.

El lado bueno es que la mayoría del tiempo, a Ron no le importa la manera en que Galen haga las cosas, siempre y cuando no gaste mucho dinero. El fuerte de Ron es control de costos, filosofía de la dirección, también respaldada por Michelle, la directora ejecutiva. A ninguno de los dos les gusta gastar dinero en algo más que en dividendos y bonos.

La parte difícil del trabajo de Galen es comunicarse con alguien que tiene muy poco interés en lo que se necesita para hacerse cargo del departamento. Se supone que Ron y Galen tienen reuniones regulares, pero por cualquier razón, eso rara vez pasa. Lo más común es que Ron pase a la oficina de Galen para una sesión informativa, por lo general media hora antes de una junta ejecutiva del equipo.

"Así que ¿cómo van las cosas?", pregunta Ron.

Galen abre su cuaderno de notas. "Bastante bien, pero hay un par de cosas que necesitan tu atención."

"Necesito una presentación en Power Point para la reunión", dice Ron mientas juega con su teléfono. "Haz algo que muestre el top cinco de los proyectos en los que estamos trabajando, cuándo estarán en línea y qué tipo de rendimiento esperamos. Ya sabes, ese tipo de cosas. Hazla seductora. ¿Tienes algo de café por aquí? ¿No?", levanta el teléfono. "Dile a Cathy que me traiga café. Aquí con Galen."

Si eres padre, ¿no hay algo de Ron que se te hace familiar? Las similitudes entre su comportamiento y el de un niño de tres años son asombrosas. Ron actúa como lo hicimos nosotros de pequeños, después de reconocer que no éramos el centro del universo.

Un lado fundamental de la personalidad de Ron, la de adulto sofisticado, es la parte que establece metas y tareas complejas. El lado emocional está atorado alrededor de los tres años y medio. Recuerda esto si llegas a ser niñera de un superestrella.

Otra forma de verlos, igual que sucede con todos los vampiros emocionales, es como seres que viven por instintos programados en la parte más primitiva de su cerebro. Literalmente son como animales. Sobrevivir por ser el más apto es una ley, soportada por las jerarquías dominantes que discutimos en el capítulo 5. Las leyes de los animales son directas: el más grande y fuerte, el alfa, es el mejor. Obtiene la mejor comida y el mejor sexo. A cambio de eso, como en muchas especies, es el responsable de proteger el grupo.

En la parte más antigua de nuestro cerebro, aún estamos programados para creer que algunas criaturas son mejores que otras. Hasta últimas fechas, las jerarquías dominantes fueron una parte incuestionable de la existencia humana. En todas las culturas hubo reyes y plebeyos, alfas y omegas. Y aún los hay, aunque en la mayoría de los países no son más que doctrinas oficiales.

El problema de estos sistemas con la versión humana es que los alfas escogidos por "ser los mejores", a diferencia de los animales, algunas veces ignoran la parte de proteger al grupo. La nobleza los obliga, pero el narcisismo no. Los narcisistas nobles creen que los demás tienen obligaciones para con ellos.

No se dignan a seguir las mismas leyes de los simples plebeyos. Por toda la consideración que le proporcionamos a la nobleza, ¿qué recibimos a cambio? Ha sido la pregunta central de las discusiones políticas desde el inicio de los tiempos.

Dejemos esto a un lado. Si trabajas para un narcisista superestrella como Ron, necesitarás saber cómo comunicarte con alguien de alto rango que se considera a sí mismo mucho más valioso que tú. Puedes pensar si vale la pena o no, pero no cambiarás su opinión. *Tendrás* que hacerle reverencia.

Como sea, éste no es el fin de la historia. La reverencia no significa vil servidumbre. En muchas sociedades con nobles y plebeyos, éstos pensaban que sus reyes no eran tan brillantes. Tal vez sólo fueron resultado de la consanguinidad, pero también es cierto que las personas que son adultas en un área y son niños de tres años en otras, éstas tienen ciertos puntos ciegos que pueden ser explotados para obtener el mensaje cruzado. No es accidente que el razonamiento que tenían los ministros con los reyes sea el mismo que tienen los padres con sus niños de tres años.

Hay formas sutiles para controlar a la gente que se cree incontrolable. Si trabajas para un narcisista superestrella, harías bien en aprender algo de ellos. No, no debes, pero habrá consecuencias desagradables si no lo haces.

CUIDADO Y ALIMENTACION DE JEFES NARCISISTAS SUPERESTRELLAS

Ahora que sabemos qué son, ¿cómo evitar que los narcisistas superestrellas como Ron nos pisoteen? Como con otros vampiros emocionales, debes entrar en su realidad y no hacer nada que contradiga la idea de que son los más inteligentes del planeta y deben tomar el mando en todo. Para salirte del modelo esperado, necesitas utilizar técnicas que los ministros más listos usaron con los monarcas absolutistas desde tiempos inmemoriales: llega a los narcisistas por su punto ciego y guíalos mientras aparentas seguirlos. He aquí cómo.

Primero, halágalos: no tienes de otra. Si quieres comunicarte con un narcisista, debes halagarlo. Pero, si crees que con esto me refiero a ponerte de tapete, es posible que no entiendas muy bien.

Los esquimales tienen cientos de nombres para referirse a la nieve, lo que les permite identificar con exactitud los elementos indispensables para su supervivencia. ¿Cuántos términos tienes para describir la gran variedad de interacciones políticas que ocurren entre superiores y subordinados? Si sólo tienes uno, todos se parecerán.

Es común que rebeldes y creyentes tengan descripciones muy limitadas para dichas políticas de la oficina; "ponerse de tapete" es el término más común y menos gráfico. Por desgracia para ellos, es difícil pensar en algo que no conoces.

Los dos grupos tienen diferentes razones para su falta de variedad política. Los rebeldes, rara vez reconocen que alguien pueda decirles qué hacer y sienten hostilidad hacia quien lo intenta. Los creyentes consideran la maniobra política como un lapso en la moralidad, parecido a mentira, engaño o robo. Los competidores entienden y usan la política pero, a menos que sean muy cuidadosos en revisar su brújula moral, los papeles se pueden invertir.

Cualquiera que sea el grupo al que pertenezcas, suma esto a tu léxico: lo que muchos consideran como "ponerse de tapete" significa reconocer la importancia de alguien. Visto de esta manera, ¿hay alguien a quien deberías ponerte de tapete? Ése es el punto ciego más grande de un narcisista. No dejes que sea el tuyo. Tus superiores esperan respeto, y a los que consideres subordinados pueden tenerte rencor.

Trata a los jefes como esperan ser tratados: La regla de oro es buena, pero ésta es más efectiva. Como vimos en el capítulo 9, los vampiros emocionales en el poder, de acuerdo con sus personalidades, tienen diferentes expectativas sobre la manera en que te diriges a ellos. Los histriónicos esperan ser tratados igual que profesores de preparatoria y los narcisistas superestrellas como emperadores de Habsburgo.

Por favor, observa que esas expectativas tienen que ver más con el estilo que con el contenido. De hecho, a los profesores de preparatoria les gusta cuando sus estudiantes se enganchan en animadas discusiones. Los emperadores esperan que hables sólo cuando ellos hablan, y sólo de cosas específicas.

Ten disponibilidad: los narcisistas quieren lo que quieren cuando lo quieren, y eso te incluye a ti. ¡Ahora! Cuando ellos llaman, debes ir corriendo.

Esto no siempre quiere decir que estés dispuesto las 24 horas los siete días de la semana, a menos que sea un requerimiento específico. La mayoría de los narcisistas aceptarán menos, pero debes especificar límites y defenderlos. Ten en cuenta que los narcisistas tienen la misma capacidad de espera que un niño de tres años. Necesitan ser entrenados para aplazar gratificaciones, de la misma manera en que entrenarías a un niño. Hazles saber cuánto tiempo pasará antes de que obtengan lo que desean.

Primero, decide cuánta disponibilidad es razonable. Al menos, los jefes narcisistas necesitan ser tu prioridad más importante en el tiempo de trabajo. Si llaman, debes dejar lo que estés haciendo y contestar. Si estás en una tarea que no puede ser interrumpida, hazlo saber por adelantado.

Si vas a decir que no estás disponible en horas que tu consideres no razonables, la forma de hacerlo es dejando muy claro cuando *sí* estarás disponible. Entonces defenderás ese límite de los atentados manipuladores que buscarán cambiarlo. Es más probable que los superestrellas busquen desgastar poco a poco tus límites, a decirte de manera abierta que necesitas estar para ellos en la noche o los fines de semana y vacaciones. Como muchos vampiros, prefieren el proceso de preparación, orillándote poco a poco a una demanda fuera de los límites. De esa manera se ve como si fueras parte del proceso. Si los narcisistas determinan una disponibilidad 24/7 como requisito en el trabajo, debes decidir si de verdad el trabajo lo vale.

> Galen permite que le llamen después del trabajo, sólo en emergencias. Dejó su procedimiento definido de modo muy claro a través de un correo de voz y un saludo en su celular del trabajo: "Si es una emergencia, por favor deja un mensaje con la naturaleza del problema y decidiré la respuesta más apropiada." Sus subordinados respetan esto y están agradecidos por las rápidas respuestas de Galen en las raras ocasiones cuando hay emergencias reales.

Ron, como siempre, es otra historia. El mensaje que deja simplemente es "llámame".

Galen no lo hace. Le llegan otros tres mensajes iguales. Entonces se detienen.

Al siguiente día en el trabajo, Ron aborda a Galen en el vestíbulo. "¿Dónde estabas anoche? Me preocupaste. Por poco llamo a la policía."

"Ya estoy aquí."

"Ajá, ¿pero dónde estabas anoche?"

"Conoces mi procedimiento."

"¿Qué onda con tus tonterías del procedimiento? No era una cosa tan grande. Sólo quería saber el nombre del joven con el que hablaste en Grayson."

"Bob Grimes."

"No tenías que comportarte como un idiota al respecto."

La mayoría de las personas no se atreverían a lidiar con un jefe narcisista de esta forma. Piensan que serán despedidos, pero eso es algo que por lo general no pasa, y menos con personas en posiciones clave o negocios trascendentales. Los narcisistas pueden ser unos completos imbéciles, pedantes e insensibles, pero a diferencia de los acosadores antisociales, no molestan para crear conflictos sólo por satisfacción.

Los superestrellas esperan que sus subordinados se pongan en pie por sí mismos, y no los respetan a menos que ellos lo hagan. Galen ha escuchado muchas veces a Ron decir: "Si tenías problemas con eso, hubieras dicho algo." Él lo toma en serio y siempre lo hace. Es la única forma para defender un límite con un superestrella.

De hecho, la respuesta de Galen fue más fuerte por lo que no dijo. No acusó a Ron de hacer algo incorrecto y no intentó defender su procedimiento. Sólo lo siguió.

Cuando los narcisistas no obtienen lo que quieren en ese preciso instante, se enojan. ¿Y qué? Si cedes ante el berrinche de un niño de tres años, lo único que haces es enseñarle que los berrinches funcionan para obtener lo que desean.

La estrategia de Galen forzó a Ron a escoger entre dar una orden de disponibilidad 24/7 o dejar de lado el tema. Por supuesto, Ron le seguirá rascando, pero Galen reconoce que es un signo de victoria más que de derrota. Los narcisistas nunca están del todo felices, excepto cuando obtienen lo que quieren y cuando quieren; después, su felicidad no dura mucho. Si piensas que tu trabajo es hacer felices a los superestrellas, estás condenado. En la mayoría de los casos, estar siempre disponible cuando dices que lo estarás es tu mejor defensa contra demandas irracionales.

Hazlos pagar por adelantado: nunca les des crédito o aceptes promesas de narcisistas. Tan pronto como obtengan lo que desean, pasarán a lo siguiente, olvidando cualquier cosa que deban hacer por ti. A veces hacen promesas que no intentan mantener, y es frecuente que las olviden. Como sea, conserva la cuenta en tu mente y asegúrate de obtener lo que ofrecieron, antes de darles lo que desean. Con otras personas, este comportamiento mercenario puede parecer insultante, pero los narcisistas te respetarán por ello. Todo en su mundo es *quid pro quo*. Será muy raro que se ofendan por personas que cuidan de ellas mismas.

Ron tiene metas para el departamento de Galen, que coinciden con las de la división de la directora ejecutiva Michelle. Como es típico en la empresa, los objetivos son más financieros que relacionados con productos y servicios. Cuando las metas son expuestas, Galen negocia las bonificaciones para él, y el equipo supone que su desempeño superará las expectativas, cosa que hace muy seguido. Sabe que el único momento en que los narcisistas como Ron están dispuestos a pagar por algo es antes de obtenerlo, e incluso entonces prefieren pagarlo con tarjeta de crédito.

Cuando las gratificaciones son negociadas, Galen manda un correo a Ron en el que define los términos, y no mueve un músculo hasta que no recibe la verificación. Ha aprendido a la mala, que es la única manera de proceder. Sin un contrato escrito, siempre surgen algunos detalles.

Uno de los errores financieros más grandes que puedes cometer si trabajas con un superestrella es ser recompensado con aumentos y bonificaciones por el trabajo ya hecho. Lo mejor que obtendrás de la revisión anual es un miserable incremento porcentual, y eso si suponemos que puedes hacer que tu jefe superestrella haga una revisión anual.

La gente que valora mantener promesas pasa un mal rato, recordando que un contrato verbal con un vampiro no es más valioso que el papel en el que está escrito. Los superestrellas *pagarán* por lo que quieren, pero sólo si lo negocias por adelantado y tienes un contrato firmado.

Nunca compartas confidencias: los narcisistas aman hablar de ellos mismos. Esto puede parecer que son honestos y abiertos, pero lo que hacen no tiene nada que ver con intimar. Es común que sólo se vuelvan habladores superficiales y platiquen de cualquier tema. No les contestes con la historia de tu vida, a menos que desees oírla en el momento más inoportuno. Los narcisistas son expertos en sacar la sopa a las personas, y muy, muy despiadados al usarla para su propio beneficio.

Ron y Galen están a la hora del almuerzo en una cafetería. Ron mira el menú y sacude la cabeza: "Quiero la de jamón con queso suizo, pero la doctora dice que no puedo comer queso. La he visto por mi problema de estreñimiento y por fin descubrió que es porque soy intolerante a la lactosa."

Galen responde sin pensarlo: "Sé lo que se siente. Tuve problemas de colon irritable hasta que el doctor me dijo que dejara el café."

Unos días más tarde, en una junta, Ron le preguntó a Galen si quería café, remarcando que no tenía de qué preocuparse, ya que el baño de hombres estaba a un lado.

Los narcisistas disfrutan manteniendo a la gente fuera de control. Ron, de hecho, llama a Galen "señor Procedimiento" por el incidente del mensaje telefónico. Galen sabe muy bien que no debe dar importancia a ese tipo de comentarios. Y ahora sabe aún mejor que no debe dar información personal que no quiere sea ventilada en público.

Aprende, pero no presumas enseñar: la gente poderosa, emperadores, narcisistas o profesores de preparatoria, tienen otro lado. Son conocedores y hábiles en las áreas que consideran importantes. De igual manera les gusta demostrar lo que saben. Pero, ¿qué tan buena puede ser esa sabiduría sin nadie que la aprecie?

Si un superestrella como Ron se pone filosófico, tal vez te mande llamar para darte una lección. Uno de los beneficios adicionales de la grandeza es la capacidad para sermonear por lo que sea, cuando sea. Escucharlo es obligatorio. Hasta podrías aprender algo mientras estás ahí.

Este sermón narcisista puede ser instructivo. Aparte del autoengrandecimiento, hay unas pocas tonterías. Los superestrellas dicen cómo son las cosas, o al menos cómo *creen* que son. Si pones atención, aprenderás cómo habla la gente poderosa y cómo piensa que es tu vida y trabajo en su mundo, y de hecho sabrás cómo funciona ese mundo. A menos que sea un histriónico, un narcisista siempre te lo dirá.

Ya en serio, los narcisistas son excelentes consejeros. Esto puede sorprenderte si piensas que aconsejar incluye instrucción, discusión y montones de comentarios serios. Así no se hace en las grandes ligas.

Los maestros zen hubieran puesto a sus alumnos a hacer tareas domésticas, como limpiar la casa, cortar madera y sacar agua. Mientras los estudiantes trabajaban, los maestros se deslizaban y los atacaban con palos: los estudiantes desarrollaban conciencia de guerrero o recibían verdaderas palizas.

Esto es parecido a tener un superestrella como mentor. Aprendes por las palizas hasta que alcanzas la iluminación.

Aunque no quieras a un narcisista como mentor, hay cosas importantes que necesitas aprender, como la forma de hablar su lenguaje, lo cual es un deber, si quieres que te escuche.

La mejor manera para explicarle algo a un narcisista es presentándoselo como si en realidad tu estuvieras aprendiéndolo de él. No hay mejor gancho que usar sus propias palabras para exponer una nueva idea, como si fuera el resultado directo de su sabiduría. La transparencia de esta estrategia puede funcionar, porque es parecida a la creencia narcisista de que todas las ideas buenas son de ellos. No pueden ser enseñados, pero la mejor lección está en sus propias palabras, o tal vez, en las de un narcisista más grande que admiren lo suficiente para citarlo.

Una forma fácil para hacer esto es tomar su expresión favorita y mostrar cómo tu idea es justo otra versión de eso. Esto los hace caer, casi siempre, en especial si lo presentas en una diapositiva de Power Point.

Diles lo que quieren escuchar: no, no estoy sugiriendo que mientas u omitas información. Para lidiar con jefes narcisistas, debes meterte en su mundo y darles la información a cucharaditas, fácil de digerir. Tienen un requerimiento mínimo diario de que les digas que tan listos son. Una vez que están llenos, tal vez sean capaces de manejarse más como adultos, y entonces debes presentarlo bien y rápido. Recuerda, los jefes narcisistas tienen el periodo de atención de un niño de tres años, así es que enfócate en puntos precisos, y siempre ve al grano.

Lo que los narcisistas no quieren escuchar es lo que "plebeyos" como tú piensan, a menos que te lo pregunten. Incluso entonces deberías contestar con mucho cuidado, un paso cada vez, asegurándote saber si se trata de una opinión honesta o un masaje de ego. No mientas. Sólo asegúrate de cuánta verdad están dispuestos a oír.

Ron alcanza a Galen después de la reunión: "Y bien, ¿cómo viste mi presentación?"

"Fue muy precisa."

"Lo mismo pensé. Pero, ¿tal vez hubo muchos puntos? ¿O qué opinas?"

"Bueno, tal vez si hubo unos cuantos."

"¿Pero no muchos?"

"Bueno, no sé. Oí a Lloyd (otro vicepresidente narcisista) decir que no sabía adonde querías ir con todo esto." Ron se ríe. "Bueno, es Lloyd."

"Sí, es Lloyd."

Lo que los jefes narcisistas quieren oír con detalle es cualquier cosa que sepas acerca de lo que hacen, dicen y piensan los otros narcisistas importantes de la empresa. Esto los deja pensando, entonces, si tienes algo complicado que discutir, debes manejarlo en términos de lo que otros narcisistas piensan del tema.

Ten cuidado de lo que dices de un narcisista a otro. Cuando están muy cerca, puedes apostar a que harán círculos, como tiburones. Si no tienes cuidado, pueden devorarte.

Tienes dos opciones para salir de esto: o te declaras aliado y partidario de tu jefe, o actúas como papá en medio de dos hijos rivales, escuchando a todos pero sin tomar partido. Esto último es más difícil, porque estás conectado con tu propio jefe y no esperaría que lo traicionaras, a menos que sea un accidente. Como veremos, los tiburones superestrellas como Lloyd son expertos haciendo que estos accidentes ocurran.

Si en el juego por el trono estás aliado con un jefe superestrella como Ron, también podrías compartir sus recompensas, dependiendo de qué tan leal te sienta o lo que hayas negociado. Y en definitiva compartirás sus castigos cuando meta la pata.

Si decides tomar el rol neutral, el más difícil, a todos tendrás que darles algo, pero lo que le des a uno, no lo quites a alguien más. La información es la moneda del reino. Asegúrate de decirles lo mismo a todos y al mismo tiempo. Si hay una historia oficial, apégate a ella hasta que se vuelva engañosa. Los tiburones superestrellas como Ron creen que pueden burlar a los otros superestrellas, pero eso rara vez sucede. Tu mejor intento es esforzarte por la verdad, o al menos la mejor cara de ella. Como veremos, esto es particularmente importante en una situación de crisis, cuando lo que está en juego es una gran suma de dinero.

Habla en su idioma: de escuchar los sermones de Ron, Galen aprendió qué piensa en los negocios desde dos dimensiones: tiempo y dinero. Cualquier información de la que hablaes se debe reducir a este común denominador, presentarse con puntos muy precisos y con un lenguaje narcisista fluido.

> La *red* se cayó de nuevo. Toda la empresa la usa, pero está en la división de Ron, en el departamento de Galen. Y cuando falla, es su problema.
>
> Los servidores son viejos y han extendido su uso más allá de los límites de capacidad. Pero los ingresos de la compañía también han caído, y Ron, cuyos ojos están siempre en los balances, no quiere invertir dinero que se mostrará a la baja en los ingresos trimestrales. Galen sabe que para evitar desastres más grandes, depende de él convencer a Ron para replantear su visión en el corto plazo y reconsiderar la inversión en un sistema nuevo y personal, capacitado para mantenerlo bien y funcionando. También sabe que no sólo dinero está en juego. Con superestrellas, siempre es así.

La *red* colapsó a las 6:28 am. Ya son 7:30. Galen está asesorando, coordinando y asignando tareas, haciendo lo que sea necesario para que el servidor funcione de nuevo. Entra Ron.

"Y bien, ¿cuándo van a arreglar esta porquería?", pregunta.

"Depende de ti."

"¿De mí? ¿Qué se supone que significa eso?"

"De cuánto quieras gastar."

"Bueno, lo que sea necesario. La *red* debe ser reparada ya. ¿Cuánto tardará?"

"Un arreglo provisional para tenerla funcionando ahorita, unas cinco horas, si pagamos por adelantado y traemos a todos nuestros especialistas."

"¿Especialistas? ¿Para qué los necesitamos?"

"Para tener el trabajo hecho hoy", responde Galen evitando dar explicaciones de lo que los especialistas harán.

"Bueno, encárgate de eso."

"Pero eso no es todo", dice Galen. "El problema real es que no importa lo que hagamos hoy, la *red* colapsará de nuevo y pronto."

"¿Qué tan pronto?"

"No lo sé, no tengo una bola de cristal, pero si no actualizamos los servidores, seguro pasará en menos de tres meses."

"Bueno, hablaremos de eso."

"El problema será peor para entonces. Si los actualizamos ahora, tendremos la oportunidad de hacerlo con menor costo de tiempo y dinero."

"Y, ¿cuánto costará?"

"600 mil"

"Sí, claro, ¿Cuánto podemos regatear?"

"600 mil es lo mínimo."

"Bueno, no será hoy. No con todos los gastos por parte de la división. Haz lo que sea necesario para reactivar la *red*."

Galen sabe que Ron no aceptará las actualizaciones sin un poco de persuasión. Le cuesta mucho trabajo a un vampiro emocional como él desacelerar su rápido pensamiento y tomar una perspectiva a largo plazo. Además, está el tema de que todos usan la *red* y es un costo en la división de Ron. Pero la batalla de titanes se peleó antes de los tiempos de Galen, y Ron aún está resentido por ella.

Ahora, mientras tuvo la atención de Ron, Galen sólo generaba el trabajo preliminar, haciendo que sus parámetros fueran claros. Después, cuando Ron tome todo en serio, tendrán que pasar más cosas.

Galen *lo* sabe.

Cuando haya sangre en el agua, cuídate de los tiburones: mientras Ron sale de la oficina por café, Galen recibe una llamada de Lloyd.

"¿Qué onda? ¿Cómo estás?" Parece que Lloyd cree que es la forma en que hablan todas las personas de menos de 50. "¿Oye, qué pasó con la *red*?"

"Ron está aquí. Dice que estará lista en cinco horas, máximo."

"Eso es lo que él dice, ¿qué dices *tú*? En realidad tú eres el que sabe."

"La mejor estimación son cinco horas. Pienso eso, pero tal vez podamos ahorrar algo de tiempo si probamos algunos trucos. Tal vez incluso una hora. En cuanto sepa algo seguro te llamo."

"Sí, será mejor."

"No hay problema."

"Oye, Galen, mientras te tengo en la línea, dime, ¿qué pasa con Ron? ¿Cuánto tiempo cree que puede posponer la actualización? Todo mundo sabe que el sistema es obsoleto. ¿Está tratando de pedirnos un rescate, o qué?"

"Deberías preguntarle a Ron."

Mientras Galen habla con Lloyd, tiene tres llamadas más en espera. Todos los vicepresidentes están en la línea. Galen toma las llamadas en orden, diciéndoles a todos las mismas cosas.

Cuando hay varios superestrellas en una misma compañía, cualquier asunto se considerará al menos en dos niveles: lo que la empresa necesita y cómo afecta el poder relativo de cada superestrella. Nada será simple y directo.

Galen sabe lo suficiente para evitar las intrigas políticas alrededor de la situación. Su papel es claro. Sabe lo que la empresa necesita, y su departamento es experto en hacer bien su trabajo. Necesita recursos y luz verde. Si eso está por venir, dependerá de Ron pelear por ellos. Galen tiene ciertos conocimientos de los asuntos políticos y los usará mientras le reporta a Ron lo que los otros vicepresidentes han dicho. Las negociaciones son usuales.

La mayor preocupación de Galen es la falta de conocimiento específico de lo que es necesario; Ron y el equipo ejecutivo tratarán de actualizarlo a un bajo precio.

Haz la presentación en power point: Si algún superior, en especial si es un superestrella, tiene que hacer una presentación para obtener algo que es importante para ti, hazla tú mismo. Si lo piensas, esta idea tiene mucho sentido. Siempre me sorprendo de las pocas personas que lo hacen.

Las presentaciones en Power Point son la literatura de la dirección, y las bien hechas son verdaderas obras de arte, tanto escritas como visuales. El arte debe ser hecho con amor, o al menos por necesidad. Las personas en la dirección pueden no tener la misma dedicación ni conocimiento que tú, pues piensan que no lo necesitan. Así que siempre ve al grano. Edita y pule. Una palabra de más o, Dios no lo quiera, una diapositiva extra y podrás perder a tu audiencia.

Hacer un Power Point es una lata. Cuando está hecho con poco entusiasmo se nota. Todas las diapositivas se ven iguales. Nada luce tan apagado como todos los puntos importantes mostrados al mismo tiempo. Incluso con gráficas ultracoloridas sigue siendo aburrida.

Una presentación efectiva es como un argumento desarrollado de manera ordenada. Y hasta el final, los puntos más relevantes deben aparecer con animaciones para mostrarlos uno por uno. Hacer esto es lo que toma tiempo, pensamiento y esfuerzo. Incluso, si tienes un departamento de diseño para hacer el formato y las gráficas, el argumento debe ser tuyo. Recuerda que la gente con poder, en especial los vampiros emocionales, ponen más atención a lo inesperado. Sorpréndelos y será más fácil que te den lo que quieres.

> Galen hace la presentación para Ron. Trabajó con diseñadores gráficos, pero las ideas son suyas y las diapositivas fluyen casi por sí mismas.
>
> Empieza con un diagrama simplificado de toda la red, mostrando cómo se conecta a la división de cada vicepresidente. Nada llama más la atención de las personas, que ver sus propios nombres en la pantalla. Los servidores están en rojo, igual que el costo de cada división cuando se descomponen.

Como vimos en el capítulo anterior, hacer de la información compleja un simple diagrama y ponerla en una diapositiva es muy útil cuando necesitas capturar la voluble atención de un narcisista. Si no puedes engancharla en tres segundos, nunca podrás.

> En la presentación en Power Point de Galen hay diapositivas que contestan preguntas que parecen educativas. Una de ellas es: "¿Por qué no podemos sólo remplazar los descompuestos?" Galen es tan apto que incluye algunos datos técnicos, pero no tantos para evitar ojos soñolientos. En general, ha reducido todo al argumento común que entienden los superestrellas: tiempo y dinero.
>
> La conclusión general es que actualizar toda la *red* no será tan barato como hacer el trabajo en partes o esperar una falla más severa.

Galen sabe que el problema necesita ser establecido de manera muy clara, algo que puede hacer mejor que Ron.

También sabe que habrá un grupo de soporte técnico para arreglar la *red*, ya que Ron será quien absorba el costo, lo más probable es que se resista a pagar por toda la actualización.

En una diapositiva se descompone el sistema usado por la división. Galen acomodó las cosas para que Ron diga que como el sistema afecta a todos, todos deberían compartir los gastos. Esto es un argumento que Ron entiende muy bien, por lo tanto, lo dice de manera convincente, pero sólo funcionará si el equipo ejecutivo acepta la idea de que la actualización es necesaria. Es el tipo de maniobras que los superestrellas adoran: las luchas de titanes.

Si haces una presentación para un superestrella, siempre llámala "borrador", "sugerencia de diapositivas" o de cualquier otro modo que suene provisional; los superestrellas las revisarán o usarán tal cual, pero el crédito se lo llevarán ellos. En su mundo, todas las buenas ideas son suyas. Si quieres algo para ti, deberás negociarlo.

Como resultado de varias reuniones y algunos compromisos de alto nivel, la compañía obtiene la actualización; los ejecutivos se llevan la gloria, y la gente de Galen obtiene lo que necesita para hacer su trabajo. Michelle y Ron siempre hablan de las situaciones en las que todos ganan (desde luego, un as bajo la manga de Galen fue una diapositiva sobre lo que todos ganan) y esta vez parece como si en realidad hubieran creado una.

No los encubras: los narcisistas rompen las reglas todo el tiempo porque no creen que les aplican. No los dejes ponerte entre ellos y las consecuencias de sus actos.

En el mejor de los casos es una posición ingrata. En el peor, tal vez te arrastren para que asumas sus fallas.

Siempre mantén una distancia profesional. Los narcisistas pueden ser autodestructivos de formas espectaculares. Cuando lo hacen, a menudo se llevan entre los pies a las personas cercanas a ellos. Aunque hay ciertos beneficios por estar en el núcleo cercano de un superestrella, también hay grandes riesgos. Debes trabajar de manera eficiente con jefes narcisistas, pero eso no significa que seas su amigo o cómplice.

Ron entra a la oficina de Galen, parece tímido. Después de llamar para pedir un café, se controla y parece recuperar el mando.

"He estado pensando sobre Ashley. Sé que es uno de tus mejores elementos y creo que es tiempo de moverla a algo más grande, con más responsabilidades, tal vez en alguna de nuestras divisiones foráneas. Algo bueno. ¿Por qué no hablas con ella y ves qué le gustaría? Está, eh, como un poco decepcionada por ahora. Creo que entendió mal algunas cosas. Y supongo que una oportunidad la hará sentir mucho mejor y, ya sabes, la calmará."

"Ron," dice Galen, "necesitas hablar con un abogado."

Sexo y los superestrellas

Los narcisistas superestrellas son famosos por hacerse tontos con el sexo. En este momento, es probable que puedas mencionar una docena o más de personas que se han disparado en el pie a la hora de estar ligando. Bueno, tal vez no en el pie.

El sexo es sólo una de las muchas formas de adulación que los narcisistas superestrellas esperan de otras personas. Son seductores de ligas mayores y adúlteros de primera clase, pero novatos en lo que se refiere al amor. Es común que no vean la relación entre éste y el sexo. Es más como un deporte. El problema es que la gente con la que tienen relaciones no siempre lo siente de la misma manera.

Mientras se sienta en la oficina del abogado, Ashley empieza a deshacer el pañuelo que ha estado usando para secarse las lágrimas. Además del caos despreciable en el que se metió, sus sentimientos van y vienen del enojo con Ron por sólo usarla y el enojo consigo misma por dejarse usar. Ashley siempre pensó que era bastante inteligente para enredarse en un romance de oficina, pero ahora está hablando de una demanda de acoso sexual, pensando, al mismo tiempo, que ella es la única a quien puede culpar. ¿Cómo dejó que esto pasara?

Todo mundo sabe el peligro de los romances en la oficina, aun así siempre existen. ¿*Cómo* personas inteligentes, como Ashley, permiten que estas cosas pasen?

Podríamos culpar a los superestrellas, y deberíamos. Es común que exploten su posición de gran poder para tener sexo. Entonces demándalos. Aun así, decidir a quién culpar no contesta la pregunta, *¿cómo es que pasan estos romances?*

Tal vez te cueste trabajo creerlo, pero es común que las personas caigan por accidente. Hablo del tipo de accidentes que ocurren cuando la gente se relaciona con pensamiento rápido en vez de lento.

Como con todo lo importante para la supervivencia, los animales están programados para el sexo. En los especiales de National Geographic, seguro has visto pájaros esponjando sus plumajes y haciendo los pasos de una elaborada danza de cortejo. Los humanos hacen lo mismo, pero sin plumas.

El comportamiento de cortejo de los humanos, como en otras especies, sigue modelos predecibles y fácilmente reconocibles. La danza ya está programada en nuestro cerebro. No se necesitan pensamientos conscientes; todo es automático. Los niños en secundaria conocen los pasos y sin ningún problema coquetearán a sus compañeras para llevarse bien con ellas y viceversa. En las oficinas, la gente tal vez haga la misma danza, pero de alguna manera, las personas incluidas se hacen tontas pensando que sólo es una relación de trabajo sin sentido y no tiene nada que ver con sexo o cualquier cosa parecida, hasta que ya es demasiado tarde.

A través de los años, he ayudado a muchos pacientes a recoger sus piezas después de devastadores romances. La mayoría de ellos se hace la misma triste pregunta *¿cómo fue que esto pasó?*

En los inicios de mi carrera siempre escuchaba esto, así que pensé que la gente tal vez se ilusiona con aprender y reconocer los pasos de la danza de cortejo para adoptar lentas decisiones informadas sobre si participar o no. En realidad, no ha sido el caso.

Antes de seguir, siento que debo advertirte. Ningún otro tema del que haya escrito o hablado ha levantado tantos comentarios negativos como delinear los pasos de la danza de cortejo en el trabajo. Las personas se enojan conmigo porque sugiero que las relaciones inofensivas que ellos valoran tanto, son, en realidad, sexuales. Ya estás advertido, debes tomar una decisión difícil:

¿Te detienes, continúas o pretendes que no sabes de qué estoy hablando? La mayoría escoge la última, aunque cuando sale a relucir les da mucha emoción hablar del tema.

Aquí están los pasos de la danza del cortejo. Léelos si te atreves.

Notarse: la danza empieza viendo a la otra persona diferente o de alguna manera especial. No es atracción sexual a fuerza, pero si es atracción.

> La primera vez que Ashley habló con Ron fue cuando apareció en su cubículo para decirle que su trabajo durante la actualización fue muy bueno. Ella dirigió a un grupo de técnicos que laboró de forma consistente, más allá del llamado del deber. Como esto es igual que arrear gatos, debió ser muy buena en lo que hizo.

No es que Ron en realidad supiera del trabajo de Ashley. Galen siempre le dice quién lo está haciendo bien para que pase a decirle una o dos palabras.

Como sea, cuando Ron entró al cubículo de Ashley, notó su cartel de *Amnesia*, porque también es una de sus películas favoritas. Hablaron de esto unos minutos, y entonces Ron se fue.

Ashley había oído que Ron era un arrogante y le sorprendió descubrir que tenía un lado lindo.

Se sorprendió aún más cuando él volvió.

Cada paso en la danza es una pregunta que, contestada de modo afirmativo, señala una disponibilidad para seguir bailando. En etapas tempranas, la cordialidad puede ser señal suficiente para mantener las cosas fluyendo.

Ponerse en cartelera: cuando notas a una persona, esperas que ella también lo haga. Los pájaros usan sus plumas esponjadas. En la oficina es más con comentarios ingeniosos, preguntas perceptivas y conversaciones inteligentes. Ashley y Ron se hablan cada que se encuentran en el vestíbulo. A menudo sus comentarios se refieren a libros o películas que los dos disfrutaron.

Encuentros "accidentales": las razones empiezan a aparecer para encontrarte a la otra persona o por ir a lugares donde él o ella estarán.

Ron se pasea cerca del cubículo de Ashley. De hecho, mucho más seguido de lo que solía hacerlo. Como sea, Ashley empezó a encontrar más razones para ir al décimo segundo piso. Ninguno de los dos notó diferencias en sus caminos acostumbrados; sólo parecían encontrarse más seguido.

Comunicación planeada: de repente, cada persona piensa en cosas que a los otros les gustaría saber. Los correos van y vienen. Y entonces, de alguna manera, parece que en sus trabajos es necesaria una relación más cercana. Al inicio discuten en la oficina los proyectos que comparten; después, las discusiones son por celular, en restaurantes o en caminatas primaverales durante la hora del almuerzo. En este punto, las conversaciones empiezan a irse cada vez más de lo laboral a lo personal. Para la mayoría de las personas, escuchar y el entendimiento al que llegan en esta etapa son más seductores que el mismo sexo.

Ashley fue programada para hacer su primera presentación al equipo ejecutivo. Le mencionó a Ron que estaba un poco nerviosa. Él le dio unos cuantos consejos útiles, e incluso se ofreció para revisar la presentación con ella.

Después de un breve repaso, Ron le dice que piensa que hizo un súper-trabajo.

Recuerda que los mentores narcisistas, por lo general son como maestros zen, y ninguno de ellos usaría la palabra *súper*.

En este momento del juego, Ron actúa fuera de su personaje, como un líder protector. En teoría, él pudo ayudar a desarrollar habilidades en alguno de los miembros prometedores del equipo de Galen, pero en definitiva no es común que se asocie con personas por debajo de él.

A Ashley le parece que Ron se preocupa por ella, y es probable que él también lo vea de esa manera. Desde fuera pareciera que Ron actúa el papel de alguien que en realidad se preocupa, como una cínica estrategia que le permita usar su poder para obtener sexo. Si eso fuera cierto, los narcisistas no serían ni la mitad de efectivos seductores que son. La seducción de cualquier clase es lo que hacen mejor porque realmente creen en lo que hacen. Cuando los narcisistas quieren algo, harán lo necesario para obtenerlo. Para seducir a Ashley, Ron necesita enamorarse de ella, así que lo hace.

Sus sentimientos le parecen reales a Ashley porque son reales. El problema es que el amor narcisista dura hasta que obtienen lo que quieren. Entonces se evapora en la siguiente búsqueda, cualquiera que sea. Si esta idea parece escalofriante para las personas comunes, es normal. Es el secreto del tremendo poder que los narcisistas ejercen en todas las personas. Creemos en ellos porque creen en nosotros, al menos hasta que nos decepcionan.

Entonces, ¿cómo podría Ashley, o cualquier otra persona, reconocer en este momento las mentiras en el aparador? Necesita recordar un aspecto del comportamiento humano sobre el cual la psicología está muy segura: el mejor indicador de lo que la gente hará es lo que ya hizo en el pasado.

Ashley sabe que Ron está con su tercera esposa, pero el poder hipnótico de la danza del cortejo, cuando la gente se encuentra en ella, está en la creencia de que esta vez es real y diferente de cualquier otra sucedida en el pasado.

Los narcisistas son muy buenos para dibujar una cortina mental alrededor de un área de su vida y pretender que no tiene nada que ver con lo demás. Es fácil para ellos, porque lo que conecta las áreas en nuestras vidas son los sentimientos de las demás personas, algo que los superestrellas rara vez notan.

Bromear: en cuarto año, los niños molestaban a las niñas que les gustaban y les pegaban. Los adultos en la oficina usan el coqueteo, las bromas y las agresiones juguetonas como signo de interés. Es como si Katherine Hepburn y Spencer Tracy de repente aparecieran en el departamento de información tecnológica.

Es un escenario peligroso si la atención no es requerida. Responder a las provocaciones, reírse de los chistes o cualquier mínimo grito de huida será interpretado como signo de interés recíproco. La línea entre la cortesía y dar alas es tan delgada que tal vez sea necesario un jurado para determinar si al menos existe.

Tocarse: ¿Masaje en el cuello? Éste es el punto donde las cosas se vuelven abiertamente sexuales. Si no lo crees, ve la secuencia del masaje de pies al inicio de *Tiempos violentos*. Ashley y Ron han visto la película varias veces. Tal vez en este momento aún no creen que se aplique con ellos, o tal vez no les importa.

Confiar: en esta etapa, la gente empieza a creer que pueden decirse todo, y lo hacen. La forma más común de iniciar un contacto sexual accidental es con el abrazo sincero para reconfortar a alguien que atraviesa tiempos difíciles.

Estos son los pasos de la danza del cortejo. Los narcisistas la hacen demasiado bien, así que ten cuidado. No sugiero que Ashley debió reconocerlos y por eso comparte la culpa de lo que sucedió. Le dejo eso al abogado de Ron.

Mi objetivo aquí es contestar la pregunta que Ashley y muchas otras personas que fueron seducidas y abandonadas por narcisistas superestrellas se hacen: *¿cómo pude permitir que algo como esto pasara?*

Sé que a veces toda la interacción que he descrito puede ocurrir y no significar nada. También sé que hay romances en la oficina que funcionan de una manera hermosa. Te aseguro, no estoy siendo cínico sobre el amor. Sólo considero que es demasiado importante como para dejar el control al piloto automático. El hecho de que los narcisistas lo hagan, no significa que tú también lo debas hacer.

Los altos mandos en la dirección están llenos de narcisistas por todos lados. Es su mundo; tú sólo trabajas en él. Sea que te guste o no, para sobrevivir y prosperar, debes entender y vivir con sus reglas mientras mantengas tu propio rumbo moral. No es una tarea fácil, pero debes enfrentarla.

CAPÍTULO 15

Culturas narcisistas

LAS ORGANIZACIONES CULTURALES NARCISISTAS son como un robusto capitalismo, o al menos es lo que ellos dicen. Es común que en sus pláticas de competencias por mercados, escuches muchas autofelicitaciones por haber aportado lo mejor en personas, productos, servicios, creaciones de lujo, y cualquier otra cosa que el sistema pueda ofrecer. Esto puede ser cierto, pero la competencia que más absorbe a los narcisistas no es por el mercado, sino dentro de su propia empresa. Siempre cuidan primero de sí mismos. Si sus necesidades coinciden con las de la organización, son líderes ejemplares; de lo contrario, venderán todo más rápido de lo que dices "contrato blindado". En las culturas narcisistas, lo único seguro es que ellos sólo están para sí mismos.

Se trata de políticas internas. Todo lo demás es incidental, superfluo. Las alianzas se hacen y deshacen con narcisistas al mando. Nada es directo; todos tienen un punto de vista, y si trabajas en una empresa así, es mejor que también tengas el tuyo. La información es la moneda del reino, pero la mayor parte de la que obtengas serán falsa.

En estas culturas hay dos reglas: las escritas, que por lo general son pura fachada, y las importantes, con las que juegan los jefes. Nadie te dirá cuáles son las verdaderas, y mucho menos te las escribirán. Para comprobar que eres lo bastante esencial para ser notificado por los jefes, debes separar las reglas verdaderas de las que son pura fachada y vivir con ellas.

Desde que hay muchos narcisistas superestrellas en altos mandos, en la mayoría de las organizaciones, acumular méritos y averiguar las reglas no escritas son una regla en sí misma, más que una excepción.

Donde sea que trabajes, tu éxito será determinado en gran parte por tu habilidad para descubrir las reglas que nadie te dirá y vivir con ellas. Los competidores ya las conocen. Rebeldes y creyentes las deben aprender.

La diferencia entre las típicas organizaciones culturales, en las que hay narcisistas en posición de autoridad, y las culturas narcisistas en que ellos hacen todo el espectáculo, depende de tu punto de vista. Una vez que suficientes narcisistas han trepado con uñas y dientes a la cima de la empresa, lo primero que harán será cambiar las reglas, para que sea más difícil competir con ellos.

Aunque se enorgullecen de vivir con los crueles estándares del mercado, donde las recompensas son directamente proporcionales a los riesgos, los narcisistas son muy aptos para minimizarlos, consolidando el poder en la cima y empujando las responsabilidades cuesta abajo, hacia los hombros de los seres inferiores. En las culturas narcisistas, es usual ver que los grandes bonos terminan con los ejecutivos de las empresas, que saben cómo despilfarrar el dinero.

No hay nada malo o dañino en las competencias, incluso internas. La línea que divide empresas normales y patológicas está en el uso del poder para cambiar las reglas del juego en favor de los poderosos. Esto pasa con cierta regularidad en las organizaciones narcisistas.

En estas culturas, debes ser narcisista para sobrevivir. Esto lo hace más contagioso que los otros desórdenes de personalidad. Aquí hay algunas características sobresalientes de las organizaciones culturales narcisistas. Si en tu trabajo encuentras tres o más, ten cuidado con las mordidas.

Propaganda

Casi todo lo que está escrito o hablado tiene un propósito engañoso. La mayoría de las comunicaciones son presiones, creadas
por las personas que ya llevan tiempo en la compañía, liberadas
para consumo de los recién llegados. Si deseas saber qué pasa en
realidad, debes leer entre líneas.

Todo es política, todo el tiempo

Los temas más importantes en una organización narcisista se relacionan con políticas internas. Todo lo que oigas debe ser procesado
por el filtro de quién tiene que ver, quién no y quién está aliado
con quién. No hay hechos, sólo partes de hechos.

Zonas libres de responsabilidad

Asimismo, cuando los narcisistas ascienden a una posición ejecutiva, redefinen el liderazgo como algo intangible que no puede ser
medido o evaluado de ninguna manera objetiva. Lo primero es eliminar la competencia; lo segundo, obtener su contrato blindado.

Cubrir los errores es trabajo personal

Todas las personas elaboran sistemas para archivar correos electrónicos y documentos, de modo que en cualquier momento puedan
defender sus acciones, desplazando la responsabilidad a alguien más.

Sistema de castas

En las organizaciones narcisistas hay una jerarquía definida, pero
los escalones hacia el liderazgo son bastante desiguales. El abismo
entre ser nadie y ser alguien es demasiado amplio para la mayoría
de los que logran cruzarlo. Las reglas varían, de acuerdo con los
estatus y, en cualquier nivel, hay tendencias en favor de las personas que ya tienen el poder. En los casos inferiores subsiste la consideración de sirviente; su mayor responsabilidad es hacerle la vida
más fácil a los que se encuentran arriba de ellos.

En el sistema de castas narcisista, las necesidades de los
consumidores en general están consideradas inconvenientes, pero

no pasa lo mismo con el alma de la empresa. Hacer tratos es mucho más importante y mejor recompensado que ver si se incluye una alta calidad de productos y servicios. Generalmente, la mercadotecnia es presionar de manera agresiva los productos con la ganacia más alta, en lugar de desarrollar nuevos que cubran las necesidades de los consumidores.

En las organizaciones narcisistas, el estatus y la compensación son casi siempre inversamente proporcionales a la proximidad con clientes individuales. Incluso cuando la organización produzca servicios profesionales, tener una cita con el narcisista cuyo nombre sólo está en el recibo es tan raro como lograr una entrevista con el papa. Las cirugías son una excepción posible, pero incluso ahí los consumidores están anestesiados. En la mayoría de estas organizaciones, el personal novato hace el trabajo mientras los jefes están en un torneo de golf haciendo tratos con otros narcisistas.

Las decisiones se toman en los altos mandos

Las decisiones más criticables en una organización narcisista se toman en el marco de reglas ancladas, no en escoger el curso específico de acción.

Los narcisistas en el mando consolidan su estancia en el poder, imponiendo un estilo. Si una acción específica lleva a beneficios o gloria, es un triunfo ejecutivo. Los resultados vergonzosos son causados por un grupo de empleados que actuaron solos. En las organizaciones narcisistas, los ejecutivos en jefe por lo regular se manejan de modo que puedan librarse de responsabilidades creadas por sus descuidos. Son demasiado grandes para fallar.

Toma de precauciones

Aun con todas sus pláticas sobre recompensas por correr riesgos, los narcisistas a menudo acomodan las cosas de manera que toman sólo pequeños riesgos personales por la recompensa que obtienen. Aman apostar, pero casi siempre con dinero de otra persona.

Machismo

En las organizaciones narcisistas, incluso las mujeres tienen pantalones. Tal vez porque el narcisismo se sustenta en la similitud de los privilegios y derechos especiales dados a los varones desde el inicio de los tiempos.

Aventura

Los niños serán niños, incluso si son niñas. En las organizaciones narcisistas, el sexo está considerado un beneficio adicional del poder. A diferencia de los enredos desastrosos de las culturas histriónicas, el sexo narcisista es una cosa de negocios, nada emocional, al menos hasta que termina la historia.

Donativos evidentes

Las organizaciones narcisistas no son tacañas cuando se trata de donar a la caridad, si sus nombres y logos aparecen grandes en las listas de benefactores.

Si la organización en la que trabajas tiene alguna de estas características, o todas, tus oportunidades de cambiar algo son mínimas. Si eres rebelde o creyente, no es probable que avances. Con algo de suerte, te mantendrás en los lugares más bajos de la compañía, donde tu destino será determinado por conspiraciones que están muy lejos de tu nivel.

Si eres un competidor, tal vez prosperes.

Si estás prosperando en un ambiente así, deberías releer la sección de narcisistas. Si te quedas en estas empresas y no eres víctima de un conflicto interno, posiblemente te convertirás en lo que la sección describe. Recuerda, el narcisismo es contagioso.

CAPÍTULO 16

Obsesivo-compulsivos

¿PUEDES IMAGINAR UN VAMPIRO EMOCIONAL que te consume con trabajo duro, siendo consciente y revisando que todos hagan siempre las cosas bien? Sabes a qué me refiero si un obsesivo-compulsivo te atrapó en un pequeño error, te sermoneó por veinte minutos sobre cómo hacer un trabajo perfecto, o hizo una reunión eterna, hablando sobre todo lo que podría salir mal.

Los obsesivo-compulsivos personifican la saturación de lo bueno. En su mundo, ningún error es insignificante ni hay detalle tan pequeño para ignorarlo. Estos vampiros tienen características del *desorden de personalidad obsesivo-compulsiva* que en la opinión pública es confundido con el *desorden obsesivo-compulsivo* (DOC), una disfunción cerebral caracterizada por la repetición ritual, como lavarse mucho las manos o cerrar siempre las puertas.

Este *desorden* involucra un trastorno en la química cerebral y a menudo se trata con medicamentos. En cambio, la personalidad obsesivo-compulsiva es un modelo de pensamientos muy rígidos y detallistas y acciones que no responden a las drogas. Para hacer las cosas más confusas, el *desorden* a menudo ocurre en gente con personalidad obsesivo-compulsiva.

Por lo general, la gente habla sobre tener "un poco de desorden obsesivo-compulsivo" cuando alguien se inclina al *hay una forma correcta y una incorrecta de hacer las cosas,* característico de la personalidad obsesivo-compulsiva. Esto es casi tan molesto para gente en el campo de la psicología, como llamar histriónico a quien actúa como si tuviera dos personalidades "esquizofrénicas" compitiendo. Como podrás ver, lidiar de manera eficaz contra los obsesivo-compulsivos significa mantener cada detalle en orden. Podrás notar también que la mayoría de los profesionistas son un poco obsesivo-compulsivos.

El motor que mueve tanto el desorden como la personalidad es el miedo. A los obsesivo-compulsivos los aterra hacer algo mal. Para ellos, la más mínima grieta en su fachada los deja vulnerables a los horrores del universo.

Los obsesivo-compulsivos ven su existencia como una batalla contra las fuerzas del caos. Sus armas son trabajo duro, apego a las reglas, demasiada atención en los detalles y capacidad de retrasar gratificaciones para la otra vida si es necesario.

Sin los obsesivo-compulsivos, que al hacer el trabajo desagradable y minucioso permiten al mundo avanzar, la naciones fallarían y los negocios se paralizarían. Al menos, es lo que piensan, y podría ser verdad. *Sí* los necesitamos. Confiamos en su honestidad, dependemos de su habilidad y creemos en su incansable esfuerzo. Podrías pensar que somos *nosotros* quienes *los* consumimos. Sin embargo hay más historia.

Los obsesivo-compulsivos quieren crear un mundo seguro, haciendo a los demás iguales a ellos. Sólo entonces estarán a salvo de sí mismos.

He aquí su secreto: dentro de cada uno existe un antisocial sexual y agresivo, tratando de salir. Buscan mantener la puerta de la jaula cerrada a través de la lógica, el trabajo duro, la atención a los detalles o cualquier otra cosa que los aleje de sus emociones peligrosas.

No serán asesinos seriales si se dejan ir. El monstruo interno es poco más que un adolescente rebelde, tan amurallado del resto de las personalidades que adoptó el aspecto de una amenaza alienígena.

Los histriónicos hacen desaparecer las partes inaceptables de su personalidad. Los obsesivo-compulsivos se ocultan tras pilas de trabajo o ahuyentan los peligros con una espada de fuego.

Como hemos visto, las emociones reprimidas no se van. No tomarlas en cuenta hace más daño que aceptarlas y vivir con ellas.

No están conscientes de su agresividad. Se perciben protegiendo con rectitud de la maldad a un mundo malagradecido. Otros los ven como quisquillosos, fanáticos del control, demasiado críticos y malvados a propósito.

Se sorprenden con frecuencia y se sienten amenazados por la forma en que la gente reacciona a lo que ellos ven como intentos de ayudarla. En vez de agradecerles por señalar errores de sus métodos, responden como si los atacaran. Se resisten y rebelan, lo que ocasiona que los asustados y perplejos obsesivo-compulsivos sean aún más críticos. Así va el ir y venir que confirma su visión sobre el mundo y la visión del mundo sobre ellos. Es este patrón recíproco de malos entendidos el que crea y prolonga problemas de autoridad entre padres e hijos, maestros y estudiantes, jefes y empleados.

El primer paso para salir de este modelo de autodestrucción es entender el mundo del obsesivo-compulsivo.

CÓMO ES UN OBSESIVO-COMPULSIVO

Imagina que todo tu futuro depende de una sola y crítica acción, un examen, una presentación, un encuentro deportivo o tal vez una entrevista de trabajo. No dejas de pensar en eso. Revisas cada detalle para asegurarte que todo es perfecto, e invade tus pensamientos con descargas de adrenalina cuando imaginas que olvidaste algo o hay un error. Así es como los obsesivo-compulsivos se sienten la mayor parte del tiempo.

Lo que sucede aquí es parte de la lucha o huida, llamada "hipervigilancia". En situaciones amenazantes, el cerebro está alerta para anticipar peligros. No hace falta decirlo, la hipervigilancia te puede salvar la vida en un combate o en la jungla.

En la actualidad, este mecanismo de protección anticipa muchos otros peligros sin que la protección en sí se vuelva un peligro. Imagina cómo sería vivir bajo constantes amenazas, haciendo lo mejor de ti para planificarlas y señalárselas a otros, sólo para que esa gente tome a mal tu intento de protegerlos. Bienvenido al mundo de los obsesivo-compulsivos.

La hipervigilancia es una parte del cuadro. La otra: imagina que entras a tu oficina con la cabeza ocupada por mil asuntos, revisas tu correo y encuentras cientos de nuevos mensajes marcados como "urgente"; después alzas la vista y observas filas de gente en el pasillo trayéndote más trabajo. Luego, imagina ver alrededor y darte cuenta de que todos están hablando, riendo y perdiendo el tiempo.

Éste es el pensamiento obsesivo-compulsivo, siempre trabajando para rechazar los peligros que quizá no existan, abrumado por errores y tareas insignificantes, resentido porque nadie más pone atención. ¿Puedes imaginar qué terrible y solo te sentirías siendo la única persona competente en el planeta?

¿QUÉ TANTO ES DEMASIADO?

No hay éxito sin compulsión. Dado que lees este libro para mejorar tus habilidades interpersonales en vez de ver televisión, es probable que sepas esto. Ser un poco obsesivo-compulsivo lleva a una vida realizada y virtuosa. Ser muy obsesivo-compulsivo conduce a derrotarte a ti mismo y consumir a otras personas.

¿Qué tanto es demasiado? Es una excelente pregunta que los obsesivo-compulsivos no pueden contestar. Como vimos en el caso de los narcisistas que se creen leyenda, uno de los elementos críticos de la socialización es hacer cosas que no deseas, pero debes hacerlas. Los obsesivo-compulsivos son cuidadosos con las fallas. Dada la opción, a menudo prefieren realizar las cosas que no quieren. Es obvio que eso tiene que acabar en algún punto, ¿pero dónde? El punto es ¿cómo saber si una persona trabaja mucho o es muy buena?

Por desgracia, la respuesta no puede expresarse con la simple oposición bueno-malo o trabajar-jugar. La diferencia entre un cuidado normal de los detalles y un comportamiento obsesivo-compulsivo no recae en qué tanto trabaja una persona, sino en su estrategia para mantenerse trabajando cuando lo que desea es jugar. Los obsesivo-compulsivos usan violencia psicológica, sacudidas de miedo, culpa y castigo. Y eso está sólo en ellos mismos.

TEST DEL VAMPIRO EMOCIONAL OBSESIVO-COMPULSIVO

Verdadero o falso: suma un punto por cada respuesta *verdadera*.

1. Esta persona es adicta al trabajo. V F

2. Le cuesta trabajo relajarse y parece menospreciar a quienes lo hacen con facilidad. V F

3. Cree que hay una manera correcta y otra incorrecta de hacer todo, y por lo general encuentra algo mal en la manera de hacer las cosas de los demás. V F

4. Cuando esta persona encuentra algo mal, considera señalarlo como ayuda más que como crítica. V F

5. Por lo general, está considerado como fanático del control. V F

6. Toma demasiado tiempo para ordenar sus pensamientos, incluso con asuntos pequeños. V F

7. Esta persona rara vez da respuestas simples, como sí o no. V F

8. Su atención a los detalles puede ser aburrida, pero ha salvado a otros de cometer errores costosos y peligrosos. V F

9. Tiene un código moral muy claro. V F

10. Esta persona guarda todo. V F

11. Conduce su vida con el lema: "Si quieres algo bien hecho, hazlo tú mismo." V F

12. Esta persona puede tardar más tiempo planeando una tarea que haciéndola. ⬚V ⬚F

13. Nunca admite estar equivocada. ⬚V ⬚F

14. En juntas, a menudo sugiere retrasar acciones hasta obtener más información. ⬚V ⬚F

15. Revisa en su chequera hasta el último centavo y se sorprende cuando los otros no lo hacen. ⬚V ⬚F

16. Esta persona es controladora. ⬚V ⬚F

17. No se ve a sí misma como controladora, sólo como justa. ⬚V ⬚F

18. Cuando debe aprobar un escrito, siempre revisa la gramática y la ortografía, y a veces no hace comentarios sobre la idea general. ⬚V ⬚F

19. Esta persona se enorgullece de ser insensible. ⬚V ⬚F

20. Se irrita o decepciona si se le pide que se desvíe de su rutina. ⬚V ⬚F

21. A menudo se siente abrumada por todo el trabajo que debe, y sin embargo desperdicia mucho tiempo en tareas de poca prioridad. ⬚V ⬚F

22. A pesar de nunca decirlo abiertamente, es claro que se enorgullece de trabajar más duro que los demás. ⬚V ⬚F

23. Es perfeccionista. ⬚V ⬚F

24. Le cuesta trabajo terminar una tarea. ⬚V ⬚F

25. Esta persona atravesará cualquier cantidad de dificultades personales para cumplir una promesa, y espera que tú hagas lo mismo. ⬚V ⬚F

Puntuación: cinco o más respuestas verdaderas califican a la persona como vampiro emocional obsesivo-compulsivo, pero esto no diagnostica un desorden de personalidad obsesivo-compulsiva. Si la persona califica con diez o más, no importa lo que hagas, nunca será suficiente.

¿QUÉ MIDEN LAS PREGUNTAS?

El comportamiento específico, relacionado con diversas características de la personalidad, define al vampiro emocional obsesivo-compulsivo.

Amor al trabajo

Olvídate de simple amor. La gran pasión en la vida de los obsesivo-compulsivos es el trabajo. Es su orgullo, dicha, obsesión, droga, el inicio y el fin de su existencia. Es su regalo y su cruz. Cuando están trabajando, se sienten bien consigo mismos y seguros. Si te quieres sentir seguro tú también, será mejor que te pongas a trabajar.

Confiabilidad

Puedes confiar en ellos. Mantienen sus promesas y son excesivamente honestos. Su palabra es tan buena como un contrato legal y a menudo igual de enredada y confusa. En su mundo, la ley es sólo letras sin espíritu.

Rigidez

Negro-blanco, correcto-incorrecto, bueno-malo, ellos inventaron la dicotomía que, como la línea recta, no existe en la naturaleza. También inventaron la línea recta. A pesar de que estos vampiros aman la complejidad, tienen dificultades con la ambigüedad, en especial con la que concierne a la moral. Luchan toda su vida por imponer orden en un universo caprichoso.

Preocupación por los detalles

Los obsesivo-compulsivos son famosos por no ver el bosque a causa de los árboles. Se precipitan frenéticamente de un detalle a otro, nunca captan que cada uno encaja en la gran pintura que casi nunca ven.

Perfeccionismo

El perfeccionismo es un vicio disfrazado de virtud. Puede conducir a la excelencia, pero a menudo no lo hace. Hacer todo bien tiende a convertirse en la principal prioridad, ocultando la importancia de la tarea o los sentimientos de las personas. Los obsesivo-compulsivos dejan a su paso filas ordenadas de tareas insignificantes hechas a la perfección, y personas importantes frustradas porque no están a la altura.

Estrangulamiento emocional

La mayoría de los obsesivo-compulsivos sufren de constipación emocional. Freud pensaba que esto era causado por un estricto aprendizaje de cómo usar el baño. Él lo llamaba "personalidad anal-retentiva", porque no yendo al baño era como conseguían el control de su demandante universo.

Para ellos, contenerse es un acto creativo. El control emocional es su mayor forma de arte. Se enorgullecen de eso, de la misma manera que cualquier artista lo haría con su obra. Los obsesivo-compulsivos parecen venir todos del mismo planeta, como el señor Spock de *Viaje a las estrellas:* un lugar donde la irritación por el pensamiento ilógico es el único sentimiento aceptado.

Indecisión

Los obsesivo-compulsivos tratan de mantener sus opciones abiertas, aun cuando la ventana de oportunidades ya se cerró. Su estrategia básica en la vida es minimizar pérdidas en vez de maximizar ganancias. Esta estrategia se refleja en cada decisión consciente que adoptan o dejan de tomar.

Una de las manifestaciones más comunes de la indecisión de los obsesivo-compulsivos es la cantidad de cosas que acumulan, porque nunca pueden tirar nada por su cuenta. A menudo estas personas necesitan más espacio para guardar cosas inútiles que para vivir o trabajar. El extremo de este comportamiento es el acaparamiento, manifestación más de disfunción cerebral que de la personalidad. Los obsesivo-compulsivos guardan cosas inútiles por una razón: creen que tendrán un uso para ellas. A los acaparadores, simplemente los aterra la idea de tirar algo.

Hostilidad no reconocida

Los obsesivo-compulsivos se resienten en secreto con los que no son tan trabajadores o respetables como ellos. Resultan ser casi todos. Este resentimiento lo esconden para sí mismos, pero todo el mundo lo conoce muy bien.

EL DILEMA OBSESIVO-COMPULSIVO

Di lo que quieras sobre los obsesivo-compulsivos acerca de ser difíciles y consumidores. Debes admitir que siempre respaldan lo que dicen. Sin su trabajo duro y sus ejemplos estrictos, todos estaríamos en tanto peligro como en el que piensan que estamos.

CAPÍTULO 17

Obsesivo-compulsivos perfeccionistas y puritanos

LOS OBSESIVO-COMPULSIVOS caen en dos categorías en el trabajo: perfeccionistas o puritanos, según si su obsesión primaria es tener a todo mundo haciendo cosas impecables o vivir una vida perfecta. Por desgracia, las técnicas obsesivo-compulsivas que acostumbran para lograr estos fines tienen el efecto opuesto. Su falta de éxito sólo parece hacerlos trabajar de más. Se mantienen haciendo una sola cosa, pero de manera más llamativa, larga y detallada. Nunca se les ocurre que sus propias acciones causan lo que los altera.

Esta mañana, con poca energía, Shannon abre el correo de Gary, jefe perfeccionista. ¡Otro paquete de instrucciones! Esta vez para explicarle que las hojas de gastos deben llevar los recibos *con un clip, no engrapados*, en la esquina superior *izquierda* de la hoja. Algún pobre tonto ha de haber engrapado sus recibos, lo que ocasionó que Gary enviara otro de sus estúpidos y obsesivos correos, diciendo de forma precisa, paso a paso, el procedimiento para desempeñar las tareas diarias.

Shannon piensa: *No tarda en mandarnos un correo para decirnos cómo usar el baño.*

Así es como empezó. Pronto Shannon se encuentra escribiendo y riendo para sí misma. El resultado fue su famoso memorándum: "Límpiate de adelante hacia atrás usando sólo una toallita."

En la oficina, todos lo consideraron gracioso, menos Gary, quien le escribió una fuerte carta de advertencia sobre el uso del tiempo laboral para hacer tonterías.

Los obsesivo-compulsivos perfeccionistas, rara vez se ríen de sí mismos. Esto es una desgracia, ya que su rigidez y preocupación por los detalles anima a parodiarlos, en especial a rebeldes creativos, como Shannon, quien es lo bastante inteligente para ser sensata.

Gary también. Los perfeccionistas han leído libros y artículos donde se dice que el exceso de control no es productivo, pero de todos modos lo hacen, piensan que es un mal necesario. Parece que no pueden dejar de explicar todo con lujo de detalles, menos sus olvidos y errores. Ésta es la parte *compulsiva* de un obsesivo-compulsivo: sentir una fuerte necesidad de hacer algo, incluso cuando sabe, o debe de saber, que no es una buena idea.

Entonces tenemos dos personas inteligentes: Gary, el perfeccionista y Shannon, la rebelde, haciendo mal las cosas para lidiar con el otro. ¿Cuál es su problema? La respuesta, en una palabra, es miedo. Gary tiene miedo de los errores, y Shannon, de perder su identidad individual por seguir ciegamente las reglas de alguien más. Los perfeccionistas y rebeldes juegan un partido en el infierno. Todos los días, en todas las oficinas del mundo se atormentan unos a otros con sus temores irracionales.

Una de las pocas cosas conocidas en psicología, con certeza casi matemática, es que la relación entre miedo y productividad es curvilínea. Un poco del primero mejora el segundo, pero mucho lo inhibe. La parte difícil es darnos cuenta de cuánto es demasiado. Para los perfeccionistas, esto no sólo es difícil, es casi imposible.

Ya vimos que el miedo se relaciona con lucha o huida, una variedad de cambios físicos y psicológicos que se conectan con nuestro cerebro para protegernos de daños físicos. El componente de la respuesta que causa más daño en los obsesivo-compulsivos es la hipervigilancia.

Cuando sentimos peligro, estamos programados para echar un vistazo a las posibles amenazas. Esto servía muy bien en el pasado, cuando los peligros eran simples, directos y casi siempre físicos. En el complicado mundo actual, la vigilancia puede salirse de control muy rápido, porque hay muchas más cosas que pueden andar mal en distintos niveles.

Los vigilantes obsesivo-compulsivos suben el alcance de sus antenas tan alto que empiezan a registrar falsos positivos. Sobreestiman peligros presentes y tratan de imaginar todos los futuros con la esperanza inútil de prepararse para cuando se presenten. El nombre común para esta costumbre es *preocupación*. Por lo general, causa más problemas que soluciones.

Los obsesivo-compulsivos serán rápidos para puntualizar que *a veces* su preocupación sí prevé problemas. En definitiva esto es verdad, pero también empeora las cosas, porque cualquier comportamiento imprevisto repetirá el modelo de bajo rendimiento. La misma regla de comportamiento que hace a las tragamonedas rentables, mantiene a los obsesivo-compulsivos preocupados cuando no hay nada por qué hacerlo.

Para empeorar las cosas, nuestros cerebros no distinguen la realidad de la fantasía, así que cada peligro que los obsesivo-compulsivos se imaginan, obtiene un incremento en la respuesta de lucha o huida, lo cual aumenta la vigilancia, y a su vez el miedo.

Además, la preocupación crea otro tipo de problema. Cuando nos aislamos y usamos la imaginación para buscar algún peligro, el proceso es igual que girar sin control. Es la razón de por qué nos preocupamos más cuando despertamos a media noche. Sin una estimulación externa, los desastres imaginarios no tienen límites.

Dados los riesgos de la respuesta que nos protege del peligro, es una maravilla no vivir aterrorizados. Lo que nos salva es la habilidad de nuestras funciones cerebrales superiores, para que nuestra respuesta automática al miedo sea manejable. Miramos alrededor para evaluar de manera racional el peligro y en muchos casos decidimos que es insignificante. En los obsesivo-compulsivos perfeccionistas, este cambio de perspectiva está rota. Para ellos, un *peligro insignificante* es una contradicción.

Los obsesivo-compulsivos perfeccionistas como Gary intentan aliviar su ansiedad haciendo cada tarea, grande o pequeña, a la perfección. Por supuesto que esto no es posible. Tampoco tiene fin.

Gary se sienta a revisar su correo. Nota que su taza de café derramó un poco e hizo un círculo en el escritorio. Se levanta y va hasta el baño de hombres por una toalla húmeda para limpiar el círculo. No hay toallas. En su camino ve el carrito del conserje. Lo busca para que ponga toallas en el dispensador. Además, le especifica algunos problemas con la higiene de los baños que debe corregir.

De regreso a su oficina, le recuerda a un colaborador que regrese las sillas que utilizó, en una junta imprevista, al área común. También debe mover una pila de papeles del corredor porque contradice el código de incendios.

Por fin Gary regresa a su cubículo con la toalla mojada, que ahora está casi seca. Antes de sentarse percibe una capa de polvo detrás de su impresora. Como tenía la toalla en la mano, mueve la impresora y limpia el polvo. Hay mucho. Para cuando limpió todo, su toalla está sucia y seca; entonces regresa al baño por otra.

En el camino, uno de sus colegas lo detiene y le pregunta sobre el presupuesto departamental. Gary no sabe la respuesta específica. Su compañero le dice que no importa, que se la dé más tarde. Pero Gary quiere atender eso ahora mismo mientras lo está pensando, así que los dos van a su cubículo donde abre la hoja de cálculo en su computadora. Mientras lo hace, nota el círculo de café en su escritorio.

Una hora después, Gary todavía no ha revisado su correo. Echa una mirada a los reportes de gastos y ve que el de arriba está engrapado. Busca en su cajón un quitagrapas y no lo encuentra. Ahí hay unas fundas de teléfono pasadas de moda, las cuales saca y pone en

---

el bote de basura reciclable. Entonces se incorpora para pedir prestado un quitagrapas.

A las seis y media, Gary está otra vez trabajando hasta tarde, escribiendo un correo a su equipo sobre no engrapar los recibos.

Este modelo de nunca acabar explica por qué los obsesivo-compulsivos perfeccionistas, siempre parecen trabajar más, haciendo menos, sintiéndose abrumados por el mucho quehacer. Cuando el alcance de tu antena es tan alto, no existe la eficiencia. Tampoco hay cómo enmarcar prioridades, porque cada tarea parece depender de otra. Siempre hay algo que se debe hacer antes de empezar otra cosa, y nunca hay suficiente información para tomar una decisión final.

Aunque los perfeccionistas organicen sus tareas y las de sus departamentos en sistemas muy complicados y conectados, desde fuera parece un caos. Sus escritorios pueden verse limpios y libres de polvo pero sus metas y objetivos están en constante movimiento. Un cambio en un área modifica todo, y no hacerlo lo deja igual de principio a fin. Cualquier pequeño error puede reducir a polvo un proyecto completo.

Gary no ve que su falta de perspectiva sea la razón de que parezca que nunca termina a tiempo. Para él, el problema son los conserjes flojos, el descuido con las engrapadoras y la gente que no toma su trabajo en serio como él. Siente que debe vigilarlos más de cerca todo el tiempo para asegurarse de que no están echando a perder algo o metiendo la pata. Gary siente un resentimiento por tener que hacer esto y es evidente para todo el mundo.

La estrategia de supervisión de Gary sigue el mismo modelo repetitivo de todo lo que hace. Entre más se acerca, más errores aparecen, se siente angustiado, resentido y piensa que necesita tomar medidas enérgicas.

Conforme Gary se vuelve más crítico y controlador, el rendimiento de su equipo disminuye. Sintiéndose heridos y criticados, los creyentes se hacen demasiado precavidos y cometen más errores. Los competidores encuentran formas para evitarlo. Los rebeldes pueden engancharse en represalias pasivo-agresivas, porque a menudo les dicen qué hacer. Cualquiera que sea la causa, el mal desempeño incrementa en Gary la necesidad de controlar y entonces el rendimiento se deteriora. Es la gran desgracia de los obsesivo-compulsivos perfeccionistas. Entre más duro trabajen, más quehacer tienen.

Para la gente que siempre es corregida, no se lamenten por sus jefes obsesivo-compulsivos.

> Shannon trabajó dos semanas en un reporte. Hizo un excelente trabajo y lo sabe. Lo envió a Gary para que lo revisara. Semana y media después lo recibe sin un solo comentario positivo. Corrigió la letra, reordenó las viñetas y cambió palabras en un par de párrafos.
>
> Shannon se siente enojada y lastimada. ¿Por qué Gary es tan maldito obsesivo? ¿Cree que es el único cerebro del planeta? ¿Quién se cree? ¿Mi papá? La molestia le da vueltas en la cabeza.

No hace falta decir que Shannon, seguro tiene razón, pero molestarse de esta forma sólo hará que las cosas empeoren, porque la ubica como un objetivo a corregir. La situación con Gary le recuerda tanto su esfuerzo adolescente (y tal vez el actual) por separarse de la dominación paterna, que ahora confunde una con otra. Su miedo de perder su identidad enciende la parte de *lucha* de la respuesta, justo como hacía en su adolescencia.

Este esfuerzo es más violento en la gente creativa. Por definición los creativos ven las cosas diferentes. De hecho, sólo la llamamos creatividad cuando produce algo útil, el resto del tiempo pensamos en eso como *ser raro*. La gente creativa, a menudo tiene conflictos de autoridad con personas que intentan hacerlos más normales.

Los obsesivo-compulsivos perfeccionistas pueden convertir casi a cualquier persona en un adolescente rebelde. La gente creativa como Shannon, con frecuencia utiliza su talento para defenderse de jefes excesivos como Gary, a quienes ven como dominantes. Los creyentes tal vez protesten. Ven a los obsesivo-compulsivos como provocadores y muy negativos.

No importa la razón, las rebeliones directas contra los controladores rara vez mejoran algo. Correos graciosos o peticiones con buena intención hacia los superiores, a menudo son el primer disparo de una batalla que nunca termina.

La gran pregunta es: *¿qué hacer en lugar de eso?* ¿Cómo lidiar con un jefe controlador obsesivo compulsivo perfeccionista como Gary? La respuesta, tan usual con los vampiros emocionales, es entrar en su mundo y salirse del modelo esperado. No puedes pelear contra los controladores, debes domesticarlos con gentileza.

¿CÓMO CONVERTIRSE EN UN ENCANTADOR DE CONTROLADORES?

Ahora que tal vez sabes más sobre cómo piensan los obsesivo-compulsivos perfeccionistas, podrás usar ese conocimiento para crear una estrategia y lidiar con ellos. Piensa en cómo convertirte en un encantador de controladores, teniendo como meta alejar al jefe excesivo, de la necesidad de controlar cada aspecto de tu trabajo.

Esopo, uno de los mejores terapeutas prefreudianos del mundo fue el primero en describir el elemento básico de la técnica de encantamiento:

> El viento del norte y el sol estaban discutiendo quién era más fuerte. Decidieron probarlo viendo quién podía quitarle la ropa a un viajero. Primero el viento sopló muy fuerte, pero esto sólo hizo que el viajero se cubriera más. Luego el sol empezó a brillar tanto que el viajero se quitó la ropa por sí sólo.

La forma de brillar ante los obsesivo-compulsivos es mostrarles con palabras y hechos que tomas tus tareas tan en serio como ellos. Para que crean en tu dedicación lo suficiente para relajarse y dejarse llevar, debes estar muy seguro. Si sienten que eres descuidado te envolverán de manera firme con su armadura de extremo control.

**Entrenamiento para encantadores. Fase uno:
Evitar expresiones negativas**
La primera fase para ser un encantador de controladores implica controlarte a ti mismo, así ellos no pensarán que deben hacerlo. He aquí cómo empezar.

Observa su miedo en vez de tu molestia: lo más importante cuando lidias con controladores obsesivo-compulsivos perfeccionistas es saber que su obsesión proviene del miedo a los errores, en vez de sadismo o amor al control. Aunque su comportamiento crítico te haga sentir atacado, no es su propósito. No eres tú. Si lo tomas personal y te enojas, tendrán otra cosa a qué temer. Entre más asustados estén, más control necesitan ejercer.

No los llames controladores: si quieres ser un encantador de controladores, no los llames así, incluso en tu mente. Los obsesivo-compulsivos atienden los pequeños detalles. Verán tu enojo tan claro como si lo hubieras pegado en la ventana de la oficina. Tu actitud será evidencia de que deben observarte más de cerca. Si piensas en ellos como gente que tiene miedo a que algo salga mal, tomarás mejores decisiones.

Discutir el tema del control resultará contraproducente, incluso si lo haces de la manera más educada posible. Los obsesivo-compulsivos nunca se ven como controladores, aun si hacen bromas sobre eso. Sólo protegen a un mundo ingrato de los errores inevitables, al no poner atención a los detalles. Olvídate de hablar del tema. También los terapeutas expertos tienen problemas para convencerlos de que su comportamiento causa más conflictos de los que resuelve.

No dejes que tu adolescente interno tome decisiones en tu carrera: a veces, mantener la tranquilidad necesaria para ser un encantador es un poco difícil por tus conflictos psicológicos. El que más altera los nervios de la gente es decirle qué hacer. La razón es lo que Freud llamó "transferencia". Significa reaccionar ante la gente en el presente como si fueran personajes de tu pasado, con los cuales tienes asuntos pendientes.

Muchos tenemos asuntos sin resolver con nuestros padres de cuando éramos adolescentes, tratando de redefinirnos en vez de seguir sus reglas y constantes intromisiones. Los perfeccionistas pueden convertirnos en adolescentes otra vez por medio de la transferencia. Los rebeldes respingan cuando les dicen qué hacer. Los creyentes sienten dolor por ser criticados y nunca premiados. Los competidores salen a escondidas después del toque de queda. Como verdaderos adolescentes, muchos de nosotros asumimos las tres actitudes.

No es necesario decir que estas respuestas inmaduras no son productivas para trabajadores adultos. Lo sabemos, pero es muy difícil manejarnos con madurez, si los perfeccionistas actúan justo como nuestros padres cuando teníamos catorce años.

Los obsesivo-compulsivos controladores sacan nuestro adolescente interno. Esto no significa que dejes al yo de catorce años tomar decisiones en tu carrera. Necesitas reconocer lo que sucede y salir del modelo, pasando tu respuesta emocional automática a modo manual. Siéntelo pero no lo representes. En vez de azotar la puerta de tu cuarto, pregúntate qué deseas que ocurra y adecua tus acciones. Esto es actuar como gente grande.

El regaño de Gary despertó a Shannon. Se dio cuenta de que le gusta su trabajo y tiene futuro en la compañía, el cual se puede poner en riesgo por hacer bromas sobre Gary. Después de una larga noche sin dormir, decidió que necesitaba ver las cosas desde el punto de vista de Gary. Su futuro podría depender de esa evaluación, así que hará lo que sea para tener una buena nota. Se siente como ir de regreso a la escuela en vez trabajar como adulto.

Este sentimiento significa que está haciendo bien las cosas.

Entrenamiento para encantadores. Fase dos:
Convertirse en un estímulo positivo

Una vez que manejas tus propias respuestas emocionales, estás listo para el siguiente paso del entrenamiento: hacer que tu jefe obsesivo-compulsivo vea tu lado bueno. Para ello necesitas entrar en su mundo y lucir como si pertenecieras a él.

La universidad es el mundo del obsesivo-compulsivo. A diferencia de los histriónicos, los obsesivo-compulsivos eran los *nerds* de la preparatoria. Empezaron a sobresalir en los salones donde la atención a los detalles era recompensada. En su mente todavía están ahí. A menudo confunden el mundo real con aquellas aulas. Ahí debes ir para ganar su confianza; entre más actúes como si estuvieras en la universidad, más creerán en ti. He aquí algunas sugerencias.

Toma apuntes: en la universidad, los obsesivo-compulsivos escribían todo lo que sus profesores decían, porque podía venir en el examen. Ninguno creía recordar cosas que no estuvieran escritas. Si hay un gesto que puedes hacer para demostrarle a tu jefe que tomas tu trabajo en serio es anotar cuando alguien importante dé recomendaciones o instrucciones. Si no lo haces, los perfeccionistas estarán seguros de que lo olvidarás y tendrán que recordártelo. Un simple cuaderno hará más por tu credibilidad que una montaña de buenos resultados.

Más allá de parecer un buen estudiante, hay otra razón para tomar apuntes. Leerlas te ayudará a tener claras las especificaciones del producto requerido. Esto será clave para la siguiente fase del entrenamiento.

Lee las instrucciones: lo más evidente para mostrar descuido en los estudios es preguntar algo ya respondido en las "preguntas frecuentes". Los obsesivo-compulsivos adoran escribir instrucciones y esperan que las leas. A veces son superfluas y confusas, pero nunca pidas una aclaración sin citar capítulo y renglón específicos.

Otra razón para leer instrucciones es que aprenderás algo. Los obsesivo-compulsivos perfeccionistas siempre hacen su tarea y saben de qué hablan.

Por cierto, si tienes un jefe controlador que no da instrucciones detalladas o no dice cómo hacer las cosas, entonces no lidias con un obsesivo-compulsivo, sino con un histriónico actuando el papel de director aplicado. Si tu jefe es así, pon menos atención a estas instrucciones y revisa las del capítulo 9.

Redacta un texto: los obsesivo-compulsivos no son breves. En la universidad, sus trabajos podrían ser los menos críticos, pero eran los más extensos. Nada hace sentir mejor a un obsesivo-compulsivo que los detalles excesivos. Nunca pierden una oportunidad para escribir instrucciones.

Siempre cita referencias: lo que hacía los trabajos de los obsesivo-compulsivos tan largos era la colección de citas y referencias, esencia de la búsqueda escolar.

Los jefes obsesivo-compulsivos se sienten amenazados por lo que no está probado y garantizado. Si tienes la audacia de ir con nuevas ideas y esperar que tu jefe las escuche, debes mostrar que lo supiste por gente que sabe más que tú. Deben ser académicos respetados, autores o, mejor, el gerente general de tu compañía. Siempre revisa sus ideas antes de mencionarlas.

Entrenamiento para encantadores. Fase tres: Controlar al controlador

Actuar como un estudiante aplicado pero no demasiado creativo incrementará tu credibilidad hasta el punto de razonar con un jefe obsesivo-compulsivo. Conserva en mente que todas las técnicas que sugiero son indirectas. Piensa en ellas como un *aikido* psicológico: debes aprender a usar el impulso de tu jefe obsesivo-compulsivo y reorientarlo de manera hábil hacia un comportamiento directivo más positivo. La sutileza lo es todo.

Conoce tu objetivo: como con todos los jefes vampiros emocionales estudiados, las personalidades de los obsesivo-compulsivos entran en el modo de la gestión efectiva. En su caso, el principal obstáculo es enfocarse en detalles pequeños en vez de ver el todo. Pueden quedar atrapados en círculos repetitivos que prolongan para siempre el más simple de los proyectos.

Para evitar este cuento de nunca acabar, convence a tu jefe perfeccionista para que defina prioridades y se apegue a ellas de principio a fin. Para ello necesitas explotar su tendencia a seguir las reglas al pie de la letra. Hazlo con cuidado y escribe tus reglas. Negociar contratos claros es la forma principal en que los encantadores ejercen un suave control.

El otro objetivo que debes negociar en un contrato claro es que tu jefe sea más preciso al evaluar tu trabajo. Para tener éxito debes ser tan aplicado y detallado como él. El momento de tomar el control es antes de un proyecto.

Productos finales especificados con detalles: Es la clave de la dirección perfeccionista. Cada tarea tiene un producto (lo que se hace) y un proceso (por el cual se logra el producto). Los obsesivo-compulsivos tienden a quedar atrapados en el proceso y pierden de vista el producto. Debes cerrar esta puerta de entrada a la repetición sin fin.

Si al principio se define un producto específico y medible en determinado tiempo, te sentirás más seguro cuando tu jefe trate de controlar el proceso.

> Gary le pidió a Shannon que escribiera un reporte de mercado, comparando el nuevo producto con el de la competencia. Mediante lo que parecía una negociación sin fin, Shannon fue capaz de reducir

el campo a los tres más vendidos en el mercado y especificar las variables en términos de precio y rendimiento. Sus objetivos para el proyecto estaban en tres páginas que Gary cambió muchas veces, agregando más variables al análisis.

A lo largo de la negociación, Shannon le recordó a Gary que el objetivo general era descubrir el lugar que ocupaba su producto y no analizar los aspectos técnicos de los demás.

Al final estuvieron de acuerdo. Ajustar los objetivos tomó casi el mismo tiempo que el proyecto.

Los obsesivo-compulsivos cumplen su palabra, pero a veces por su ansiedad olvidan lo que dijeron. Tener sus palabras por escrito como metas y objetivos será una ventaja. Redáctalos con base en las notas tomadas durante los sermones. Nunca dejes que tu jefe perfeccionista escriba los objetivos por ti o serán más una lista de "cómo-hacer tareas específicas", olvidando el propósito general. No hace falta decirlo, cualquier meta que escribas será revisada y reescrita. Toma todo el tiempo que necesites para obtener un acuerdo firme sobre el producto. Estarás feliz de hacerlo.

Escribe reportes de progresos en determinado tiempo: la ansiedad causa el comportamiento más perturbador de un obsesivo-compulsivo. Alivia la ansiedad generando tres veces más reportes escritos de los necesarios. Si tu jefe no está muy seguro de que atiendes los detalles, intervendrá para que pongas atención. Recuerda que a los obsesivo-compulsivos sólo los calma el exceso de detalles.

Resiste a los intentos para controlar el proceso: aquí es donde pintas tu raya. Si tu jefe trata de controlar el proceso, pregunta si el producto final cambió. Si no, ¿para qué modificar algo? Permanece firme. No necesito mencionar que debes tener un buen historial para que la estrategia funcione.

A lo largo del proyecto, Gary sugirió más productos y variables para el análisis. Shannon aceptaba que podían ser útiles para otro reporte que discutiera diferentes cuestiones y no para el que habían acordado. Incluso escribió las metas de un reporte posterior, lo vio como una ganga, con tal de no cambiar el proyecto.

¡Sigue así! El secreto de ser un excelente encantador de controladores es la consistencia. Si repites este procedimiento muchas veces y haces lo que dices en el tiempo indicado, tu jefe se preocupará menos por tu trabajo y su obsesión pasará a alguien más irresponsable.

Si quieres que te feliciten, pídelo en forma directa: para mucha gente, la parte más difícil de lidiar con perfeccionistas es la percepción de que siempre critican y nunca premian (como los padres con hijos adolescentes). Esto es más una percepción que un hecho. Muchos estudios demuestran que, para parecer iguales, los comentarios positivos deben superar cuatro a uno los negativos. Sea como sea, nuestra realidad está hecha de percepciones en vez de hechos objetivos; así, pese a los datos actuales, debemos lidiar con la sensación de ser siempre criticados y nunca premiados.

Si quieres que tu jefe obsesivo-compulsivo te diga que haces un buen trabajo, pregúntale. Sugiérele que una forma justa sería contar el número de metas cumplidas en lugar del número de dedazos en tu último reporte. No pongas atención a los dedazos porque tu jefe lo hará. Escucha con calma las críticas sin estar a la defensiva; luego resume la conversación y pide una evaluación global de tu desempeño.

Como de costumbre, Shannon trabajó duro y entregó el reporte de mercado dos días antes de lo estipulado en la agenda. Cuatro días después, Gary se lo regresó con dos dedazos circulados en rojo. Esta vez, no se distrajo en pensar que lastimó sus sentimientos. Arregló los errores y reimprimió el reporte.

Shannon ha aprendido lecciones sobre no dejar a su adolescente interno tomar decisiones. Esta vez decidió manejar sus emociones de modo maduro.

"Gary", dijo, "cuando me regresaste el reporte con las correcciones sentí que me decías que no estaba bien. ¿Ésa fue la intención?"

Como todos los obsesivo-compulsivos a quienes les preguntan cosas así, Gary parece perplejo: "No, no", dice. "El reporte estaba muy bien. Si no lo estuviera, lo habrías reescrito."

Por un minuto, el adolescente interno de Shannon se fastidia por la felicitación apenas visible. Luego su adulto toma el control y reconoce que ganó el equivalente al Nobel de Literatura de Gary.

"Entonces, ¿crees que estuvo bien?", pregunta.

"Sí, por supuesto", dice Gary.

Esto es todo lo que puedes esperar, así que cuando pidas una felicitación y te respondan de esta manera, tómalo de quien viene.

La ética puritana

Los puritanos quieren hacerte mejor persona a través del miedo o del castigo eterno. En la Antigüedad, enviaban a los herejes a la hoguera. Hoy la herejía ha sido remplazada por ser políticamente incorrecta. Si no corriges tus modos serán felices aplicándote el castigo eterno.

Surya avanza a la oficina de Kinesha, con una misión.

"¿Qué pasa Surya", pregunta Kinesha.

"Es este *memo*", le contesta levantando una hoja de papel rojo brillante y la deja caer sobre el escritorio de Kinesha.

Ella lo reconoce: lo envió ayer con el bono para agradecer a la gente en el departamento su duro esfuerzo durante el año y desearles felices fiestas. Se lo acerca más y lo vuelve a leer.

"No veo cual es el problema", dice y se lo regresa a Surya.

"Ese *es* el problema. No *ves* que este *memo*, con referencias directas a los cristianos, puede ser ofensivo para gente que no celebra las mismas fiestas que la cultura dominante."

"Pero no hay nada sobre Navidad", dice Kinesha. "A propósito, no mencioné ninguna fiesta específica. Pensé que el *memo* podía referirse a Navidad, Hanukkah o Kwanzaa."

"¿Y qué hay sobre Rahim que es musulmán? Los musulmanes no tienen una celebración en esta época del año. ¿O pensaste en Kelly que es Testigo de Jehová? No celebra *ninguna* fiesta."

"No sabía que Rahim y Kelly estuvieran molestos, no dijeron nada…"

Surya cruza los brazos y dice muy molesta: "En realidad esperaba más sensibilidad cultural de ti para todos. Al ser afroamericana se supone que sabes muy bien lo que significa que la gente te ignore."

Los puritanos inventaron las correcciones políticas. Sólo los obsesivo-compulsivos creen que ayudar a la gente significa atacar a alguien débil en público con palabras ofensivas. Una antigua invención puritana fue quemar gente en la hoguera para limpiar sus almas, castigo peor que el crimen.

Como sus creaciones, los puritanos son una mezcla de contradicciones. Convierten tu vida en un infierno con la intención de llevarte al cielo. No ven que está mal hacer sufrir a los demás, pues terminarán sufriendo. O ridiculizar en público a algunos para recompensar los sentimientos de otros. Acosan a todos hasta que sean tan amables y atentos como ellos. No importa cuánto disfruten haciéndote sufrir, siempre ven sus acciones como desinteresadas. Si son molestos o castigadores es por tu propio bien y el de toda la humanidad.

Antes de enviar a estos descorazonados vampiros al foso hay que hacer un esfuerzo para entenderlos. Es posible que un poco de conocimiento nos ayude a hacerlos menos molestos.

Los puritanos piensan que el mundo es poco amable con la gente moral, así que se sienten justificados al devolver el favor. En la actualidad, el mundo es más confuso que grosero, pero rara vez se dan cuenta de esta diferencia. El problema está en la típica confusión de los obsesivo-compulsivos entre proceso y producto.

Las personas con un código moral rígido y extremista se pasan la vida siguiendo reglas arbitrarias, porque esperan reconocimientos por obedecerlas y castigos por romperlas. Los puritanos no entienden que la virtud es su propia recompensa. Esperan que algún poder superior premie a los santos y castigue a los pecadores. Creen en el cielo y en el infierno con este propósito, pero para muchos, la otra vida no está tan cerca como para asegurar el resultado. Sienten que deben hacer el trabajo de Dios, al menos cuando hay que castigar a los pecadores.

Lo que en realidad buscan es una recompensa terrenal. El problema es que en el mundo real, las recompensas son para la gente que sabe obtenerlas y no siempre para quien las merece. Los puritanos siguen con detalle el proceso por el que esperan liderar la gloria y riqueza, pero todo lo que consiguen son estrellas para su corona.

Seguir las reglas *puede* premiar a las personas, dándoles sentimientos de conexión con algo más grande que ellos (llamado el resto de la humanidad). Por desgracia, en su búsqueda de mejorar los estándares de la moral, los puritanos pierden a menudo la mejor recompensa que la vida les tiene preparada. Ni preguntes por qué están amargados.

Cómo lidiar con puritanos sin salir quemado

Hay dos formas básicas para tratar con los puritanos: complacerlos y luego reír a sus espaldas o enseñarles a conseguir sus recompensas terrenales. La primera es la más fácil y la que más se practica.

Si quieres intentar la segunda, enséñales con delicadeza que la causa de los problemas es su creencia en los castigos y la censura. La gentileza es necesaria porque los puritanos diseñan estrategias externas con lo que hacen dentro de su cabeza. Si pones mucho énfasis, te dirán con orgullo que esas estrategias los convirtieron en lo que son. Esto te puede poner en una posición vergonzosa.

Como ya vimos, el castigo, sea interno o externo, es una estrategia terrible para mejorar el comportamiento de los demás. Para escapar del castigo interno, los puritanos no miran de cerca sus propias motivaciones; en su mente, son generosos altruistas que prefieren sufrir a causar dolor. Nunca se enojan (sólo cuando es necesario). Rara vez piden algo de modo directo. Esperan que el mundo les otorgue virtudes y reconocimientos por su arduo trabajo. Cuando las recompensas no llegan, se vuelven resentidos y groseros, nunca contra sí mismos, sino por el bien de los otros.

Justo porque las tácticas perfeccionistas incrementan las imperfecciones, las estrategias de los puritanos para lidiar contra la maldad saca lo peor de la gente que intentan salvar. Esto también pasa dentro de los mismos puritanos, pero explicárselos sólo hará que ardas en la hoguera. La hipocresía es algo que notan de manera inmediata en los demás, pero nunca en ellos mismos.

En el trabajo, la forma de acercarse a los puritanos es reconocer su frustración y, por ella, su anhelo de recompensas materiales. Como todo mundo, quieren amor, respeto y reconocimiento por sus esfuerzos. Pero están tan perdidos en los detalles del bien y del mal que no advierten lo que es obvio para los demás: el amor es para los amables, el respeto para los respetuosos y el reconocimiento para la gente que sabe cómo aprovechar una oportunidad.

Si trabajas con un puritano y no quieres conflictos, descubre el deseo escondido bajo la piel de alguien que parece ser pura espiritualidad. Recuerda a Surya, del ejemplo anterior. Además de justicia para los oprimidos, tal vez quiera influir en gente como Kinesha para que la respete, escuche sus ideas y la vea como buena empleada, capaz de hacer trabajo responsable y con posibilidades de obtener una promoción. Surya está dando justo la impresión contraria.

¿Qué le puede decir Kinesha? Sobre el *memo*, nada. Debe agradecerle y dejar que el conflicto pase lo más rápido posible. Si se rinde y revisa su redacción u ofrece una disculpa sólo alentará los ataques indirectos de Surya. Si se enoja, se encontrará en una batalla moral con quien es probable que acepte con mucho entusiasmo su sufrimiento. Las personas como Surya por lo general trabajan duro y pueden ser excelentes miembros, pero sólo cuando sus ocultas necesidades personales coinciden con las del equipo.

Kinesha necesita ver el incidente como indicador de que Surya se siente un poco despreciada. Sí, Surya debería ser líder de todos los otros creyentes insatisfechos de la empresa que trabajan duro y siguen las reglas, pero están frustrados porque esto no parece llevarlos a ninguna parte. Los puritanos son creyentes con colmillos.

Si estás en un puesto directivo y te atacan por tu falta de políticas correctas, no estoy sugiriendo que sólo te desahogues. Busca consuelo en una persona neutral en quien confíes. Si has ofendido a alguien, discúlpate directamente con esa persona.

Una vez hecho, concéntrate en la frustración generada. Los creyentes, en especial los más obsesivo-compulsivos, viven según las reglas. La mayoría de los reglamentos empresariales son confusos y a veces engañosos. Las realidades vergonzosas a menudo se expresan en voz alta. La gente debe darse cuenta por sí misma. Los competidores son buenos para esto. Los creyentes y rebeldes no. Piensan que si hacen un buen trabajo, como indican las reglas, tendrán éxito. Esto es cierto pocas veces, dado que el éxito implica identificar y seguir normas no escritas.

Nadie dice a los creyentes lo que en verdad deben hacer para tener éxito, porque la verdad con frecuencia es vergonzosa. Surya y sus obsesivos colegas pasan sus días redoblando esfuerzos en tareas que deberían hacer una diferencia y se molestan más y más cuando sus esfuerzos no son recompensados.

Para lidiar con problemas ocultos, Kinesha necesita quitarle a su equipo la idea de que el trabajo duro es recompensado por sí mismo y les enseñará cómo ser exitosos. Podría explicar que un buen trabajo y tener éxito son conceptos muy diferentes. Hacer un buen trabajo significa hacer bien las cosas o dirigir con competencia a subordinados. El éxito viene de dirigir a tus superiores. Las habilidades involucradas son a menudo muy diferentes, por lo que no es buena idea confundirlas.

Desconocidas para los creyentes, sobre todo para los obsesivo-compulsivos, las siguientes actividades son necesarias para hacer un buen trabajo; pero quizá no tengan nada que ver con tu ascenso dentro de la jerarquía empresarial.

Trabajar directo con los clientes: en la mayoría de los negocios, el servicio al cliente es un objetivo central, pero no lo hace la gente importante, excepto en ventas. Si quieres sobresalir y debes lidiar con clientes, es mejor estar cerca de la gente que compra tu producto en vez de quien lo usa.

Participar en grupos de trabajo de tu nivel o inferior: los grupos de trabajo y los comités resuelven problemas, organizan el trabajo y ponen en marcha los asuntos. No conceden mucha gloria a los participantes.

Educar: la educación es una necesidad absoluta, pero el mundo corporativo cree en el viejo dicho: "Si puedes, hazlo. Si no puedes, enseña."

Hacer cosas costosas para mejorar la calidad o la moral: si eres el dueño o el director ejecutivo puedes tomar riesgos financieros a largo plazo y ser premiado. Si eres cualquier otro, tales ideas serán interpretadas como evidencia de que no entiendes el mundo de los negocios.

Tal vez las siguientes actividades tengan poco que ver con hacer un buen trabajo, pero te conducirán a un ascenso en la empresa.

Traer negocios nuevos: no deben ser muchos o muy buenos, en el mundo corporativo los generadores de negocios están arriba. Sacar un producto nuevo es poca cosa comparada con traer nuevos negocios.

Recortar costos: es una tarea que viene de la dirección. Si quieres tener éxito, hazlo seguido y de manera meticulosa. En las juntas, siempre pregunta si puede conseguirse más económico. Sólo hay una excepción importante, nunca hables de recortes de costos y salarios de ejecutivos al mismo tiempo.

Hacer actividades con gente de alto rango: esto funciona, en especial si eres quien está al frente de la sala de juntas presentando gráficas impactantes. Si no, pregunta si puede conseguirse más económico.

Estar del lado de tu jefe en los conflictos: hacer un buen trabajo, a menudo incluye cooperación y compromiso. Sobresalir incluye buscar tus propios intereses en los de tus superiores. Es triste pero cierto. Las promociones no se ganan por voto popular.

Escribir: casi todo lo que salga con tu nombre (excepto los correos criticando a la dirección) ampliará tu reputación. Reportes, pólizas, manuales de procedimientos, resúmenes de objetivos, síntesis de misiones, planes para mejorar la calidad y obras sobre valores corporativos, todas son buenas opciones y lo brillante es lo mejor. Evita documentos que expliquen regulaciones gubernamentales porque pueden causarte problemas.

Socializar: las mejores recompensas siempre llegan a las personas que sé que están en buenos términos con los altos mandos, no con las que están en sus oficinas, produciendo.

En el mundo empresarial, los verdaderos secretos del éxito están a menudo censurados, porque puritanos como Surya podrían ofenderse si los conocen. Enojarse es probable, pero es lo que hacen los puritanos después de molestarse y preocuparse por pequeñeces. Si tuvieran opción, la mayoría preferiría no ser mártires de sus principios. Lo que en realidad quieren es igual a lo que todos queremos. Si les dices cómo lograrlo, en lugar de adoptar una actitud arrogante, es probable que aprendan y respondan.

Al principio, se indignarán porque la empresa no es lo que debería ser. Seguro te sermonearán con moral, pero si te aguantas y no te disculpas por decirles la verdad, tal vez te respeten e incluso te escuchen.

Ten un poco de fe en los obsesivo-compulsivos. Recuerda, los necesitamos tanto como ellos a nosotros.

CAPÍTULO 18

Culturas obsesivo-compulsivas

MEJOR CONOCIDAS COMO *BUROCRACIAS*. Si para ti quienes trabajan en ellas son una bola de flojos sentados sin hacer nada, piénsalo bien. La burocracia está llena de gente que ama el trabajo. Sólo que no son muy buenos para determinar cuál es más productivo, así que intentan hacer todo. La organización entera sigue el modelo repetitivo de los obsesivo-compulsivos. Cada uno se siente abrumado todo el tïempo. Cuando los compañeros se encuentran en los pasillos y se preguntan: "¿cómo estás?", la respuesta siempre es: "ocupado."

Serás considerado un haragán, a menos que tengas mucho qué hacer. El trabajo es lo que cuenta, la eficiencia casi parece una tontería. De hecho, para los obsesivo-compulsivos es más fácil trabajar demasiado que establecer prioridades.

Trabajan bien, se orientan hacia los detalles y vigilan en extremo. Las organizaciones que crean son ideales para el meticuloso desempeño de tareas aburridas y reiteradas. Por desgracia, todo se vuelve así. Las juntas son frecuentes y largas, con agendas que por lo general son el refrito de un problema pasado. Abundan los conflictos por pequeñeces. Los menos importantes son una molestia y los más grandes una batalla.

En una empresa donde la gente destaca minúsculos errores, nadie está satisfecho con lo que hacen los demás. Un sello de las culturas obsesivo-compulsivas son los letreritos pegados sobre las máquinas de la oficina o de la sala de descanso, con instrucciones detalladas de cómo no hay que usarlas.

En estas culturas, la atención se centra en el proceso y no en el producto. El indicador principal es hacer las tareas de manera correcta. Hay manuales para todo. Cada librero y armario están llenos de carpetas y los cubículos, a reventar.

Al saber la inclinación de los obsesivo-compulsivos por poner cada cosa en su lugar y viceversa, esperas encontrar escritorios limpios y alineados. Habrá algunos, pero sólo porque las cosas de los acumuladores están en otro lado. La tarea más difícil es decidir qué no necesitan guardar.

A pesar de toda esta actividad, el objetivo final es pequeño y a menudo fuera de la agenda. Se hace un poco de trabajo, pero por lo general se gasta mucho tiempo en la aprobación para que salga un producto. Cuando lo hace, siempre es seguro, pero aburrido, repetitivo y complicado.

Los obsesivo-compulsivos trabajan duro y ponen mucha atención en los detalles, pero sus empresas distan mucho de ser eficientes. He aquí algunas características:

Fragmentación

En las empresas obsesivo-compulsivas, los departamentos se convierten en áreas independientes con sus propias culturas y rituales. Cada uno cree estar en lo correcto y los otros deberían seguirlo. Hay una competencia continua por los recursos. El poder se mueve según el tamaño del presupuesto y el número de personas a su cargo.

Los jefes tienden a poner sus intereses sobre los de la empresa, no porque sean codiciosos, sino porque creen que son los correctos. También lo hacen porque no están muy de acuerdo con el manejo de la empresa. Las juntas son constantes, pero poca la comunicación y cooperación, y no se logran acuerdos generales en los objetivos.

Como es probable que hayas adivinado, muchas organizaciones gubernamentales siguen este modelo obsesivo-compulsivo y se convierten en gobiernos por y para ellos.

Resistencia al cambio

La burocracia es el patio trasero de las nuevas ideas. Los programas innovadores se convierten en lo mismo de siempre, porque cada quien cree que sabe la manera correcta para hacer las cosas. En estas culturas, muy pocos pueden procesar un cambio, pero casi cualquiera para en seco una fase diciendo que se necesita más tiempo para estudiarlo.

Pequeños conflictos

Los obsesivo-compulsivos creen que los demás no hacen bien su trabajo. Ningún conflicto es pequeño a la hora de generar controversia.

Acoso

En estas empresas, casi nunca despiden a la gente. Las personas no apreciadas por su jefe son acosadas hasta autoexiliarse debido a la enorme cantidad de pequeños insultos y humillaciones.

Quejas

Los obsesivo-compulsivos adoran las quejas. Siempre son porque tienen mucho trabajo o por la ineptitud de alguien más.

Legalidad

A pesar de todos los pequeños conflictos, los obsesivo-compulsivos siguen las reglas. Por lo general son tema de discusión. La mayoría de los individuos en estas organizaciones tiene un alto grado de integridad y rectitud. No es necesario decir que a diferencia de otras organizaciones vampíricas, en las culturas obsesivo-compulsivas hay un sentido general del juego limpio. Ésta es una fortaleza que les permite trabajar, a pesar de las diferencias. También es una debilidad, ya que hace a la organización vulnerable a la explotación de otros vampiros menos escrupulosos que ascienden al poder.

Cómo obtener algo terminado en una cultura obsesivo-compulsiva

Para introducir el cambio más mínimo en una empresa obsesivo-compulsiva, debes formar alianzas. Esto implica reconocer que todos tienen claro su sentido del bien y del mal; pero los separan pequeñas diferencias que para ellos son críticas.

Para formar una alianza debes estructurar las cosas de manera que todos estén en lo correcto, parezcan grandiosos y tengan la sensación de que serán los ganadores de la competencia. Esta habilidad se llama *diplomacia*. He aquí algunas sugerencias sobre cómo ejercerla en las empresas.

Premia a cada grupo en público: es un ejemplo de cómo entrar en su mundo y salir del modelo que esperan. La gente de cada centro de poder en una organización obsesivo-compulsiva cree tener la verdad absoluta sobre todo. Desean comprensión y respeto, pero esperan críticas. Busca la oportunidad para sorprenderlos con premios, tu credibilidad aumentará y, con ella, tu influencia.

El premio no debe ser de dientes para fuera, porque están acostumbrados a ello. Para ser efectivo haz tu tarea y fíjate en quiénes son buenos para premiarlos.

Si por casualidad eres un obsesivo-compulsivo, no caigas en la tentación de verte como una voz solitaria en la jungla, clamando justicia. A menos que tengas el apoyo de todos, permanece en la jungla porque en el trabajo nadie te escuchará.

Reúnete de manera individual con cada grupo: una vez que tu credibilidad sea alta, crea alianzas personales. Hazlo en juntas individuales donde escuches en vez de hablar. En estas reuniones atiende a lo que quiere cada región autónoma y en lo que piensan es la meta por la que compiten con los otros departamentos.

Copia todo a todos: haz que todos sepan que aprendes en cada paso del camino, que todos se vean bien. Siempre pide consejo y regístralo. Recuerda, con los obsesivo-compulsivos entre más palabras, mejor. Piensa en cómo redactar más y no tanto en el tipo de letra de tu presentación.

Menciona los consejos que recibes y qué desarrollas con ellos: si quieres que la gente piense que todo lo tuyo es una excelente idea, déjales el crédito. Tú sólo escucharás. Nunca elimines las ideas de alguien en un documento.

Escribe en código: casi siempre, los obsesivo-compulsivos piensan que está mal guiarse por el interés propio aunque, como todo mundo, lo hacen. Por lo general, hablan de ello en clave, porque así parece que se refieren a un valor universal y no a su egoísmo. Piensa pro-vida y pro-elección.

En cualquier propuesta que generes, comunica a cada grupo, cuál será el código de palabras adecuado. Si todos los centros de poder obtienen algo, te apoyarán incluso mientras se quejan de que los otros tienen un mejor negocio.

CAPÍTULO 19

Paranoicos

OTRO TÉRMINO MAL ENTENDIDO. Para la mayoría de la gente, *paranoico* equivale a delirios de persecución. En realidad, la palabra describe una forma simple y exquisita de percibir un mundo complejo. Los paranoicos no toleran la ambigüedad. En su mente, nada es accidental o azaroso; el mundo entero significa algo y todas las cosas se relacionan entre sí. Este tipo de pensamiento crea genios o psicóticos, según se utilice.

No hay duda de que los paranoicos ven cosas que nosotros no, pero la pregunta es: ¿en verdad existen?

Estos vampiros emocionales tienden al desorden de personalidad paranoica que, como ellos mismos, a menudo es incomprendido incluso por quienes lo atienden. La palabra *paranoia*, que significa "pensar fuera de sí", se ha utilizado para describir de manera virtual todas las formas de locura, en especial las que incluyen creencias falsas. El problema con el concepto, como cualquier paranoico te dirá, es que no es fácil determinar qué pensamientos son falsos y cuáles verdaderos.

La paranoia es más fácil de entender mediante los patrones de pensamiento de creencias falsas, en vez de por las creencias en sí mismas. Los paranoicos son benditos y malditos porque perciben las señales más pequeñas. A diferencia de los obsesivo-compulsivos, quienes se desconcentran y agobian por los pequeños detalles de la vida, los paranoicos se vuelven locos cuando intentan organizar cada pista en un todo coherente y preciso.

La compulsión de organizar y la habilidad para percibir de los vampiros paranoicos quizá se originan en un nivel neurológico. No importa de dónde venga, este comportamiento crea grandes ideas y tremendos problemas relacionados con los seres humanos. Cuando los paranoicos miran a otra persona, ven también mucho de sí mismos. Y de todos los demás.

Los paranoicos anhelan un mundo donde la gente confíe en lo que dicen, donde la gente entienda que lo que desean sea comprendido sin importar como lo piden. En cambio, ven la condición humana en toda su ambigüedad. La gente existe en diferentes niveles al mismo tiempo, ningún humano es singular ni puro. Muchos conflictos de la gente se observan cuando dudan un poco, cambian de expresión, se muerden los labios. La mayoría de las personas ignoran estas pequeñas pistas, pero los paranoicos las clasifican en categorías de "o uno, o el otro": por ejemplo, amor u odio; sí o no; verdadero o falso. A veces, en su búsqueda de respuestas simples recurren a todas las excusas para llegar al corazón de un problema. Así de fácil, pueden romper el corazón de una persona y esparcir los pedazos, en especial si se trata de alguien cercano, cuyo único crimen es ser humano.

Los paranoicos intentan sacar la ambigüedad de sus vidas, organizando todo alrededor de principios contundentes. Verdad, lealtad, valor, honor, no son algo abstracto para ellos. Son seres que viven y respiran a través del vampiro y matarían o morirían si los llamaran para hacerlo. Al menos es lo que se imaginan. Claro que la realidad es más compleja. Los paranoicos son tan simples como cualquiera para justificar sus acciones, de acuerdo con principios elevados. Lo más peligroso es su absoluta certeza en su propia virtud.

Son capaces de una pureza extrema de pensamiento. Pueden ser excelentes científicos, teóricos y líderes religiosos. Muchos principios que mantienen al universo unido derivan del pensamiento paranoico. También la conspiración más loca que hayas escuchado.

Esa certeza que los convierte en peligrosos, también los hace atractivos. Son líderes por nacimiento. La gente menos segura de sí misma los sigue feliz por promoverse a posiciones de autoridad. Cuando los paranoicos dominan, tienden a crear cultos. Su objetivo es una empresa feliz, en la que todo mundo siga las mismas reglas simples y rígidas como ellos. Cuando la gente es obediente, los paranoicos son líderes maravillosos, felices, gentiles y amorosos. Pero si alguien piensa por sí mismo lo consideran un insulto personal. Se sienten decepcionados y heridos cuando alguien abandona sus pequeños paraísos. Cuando los paranoicos son lastimados por alguno, se desquitan con otros.

De todos los vampiros, los paranoicos hipnotizan con más determinación y conciencia. Inventaron los cultos religiosos y lavados de cerebro para mantener a todos trabajando. Cuando tienen cualquier tipo de organización (secta, familia, negocio, agrupación política o movimiento religioso) usan su poder persuasivo para crear realidades alternas sin ambigüedades, en las que todas las recompensas dependen de lealtad y creencia. Los obsesivo-compulsivos te dicen que trabajes mucho si quieres ir al cielo, los paranoicos, que sólo debes creer. Si dejas de creer lo pagarás en el infierno.

Nunca ven su propia responsabilidad en crear la ambigüedad que tanto los asusta. Su desconfianza estimula las dudas. Sus sospechas impiden a la gente decirles toda la verdad. Sus dudas constantes apartan a la gente, aunque siempre estarán ahí. Los paranoicos sienten que son el centro de una vasta conspiración para robarles la certeza que desean con fervor. Como es de esperarse, se vuelven más cautelosos y suspicaces.

TEST DEL VAMPIRO EMOCIONAL PARANOICO

Verdadero o falso. Suma un punto por cada respuesta *verdadera*.

1. Esta persona sospecha demasiado.	V	F
2. Tiene seguidores, pero pocos amigos cercanos.	V	F
3. Puede hacer un gran problema de la nada.	V	F

4. Tiende a ver muchas situaciones como dilemas entre el bien y el mal. [V] [F]

5. Al parecer esta persona nunca olvida una herida. [V] [F]

6. A menudo toma al pie de la letra lo que dice. [V] [F]

7. Esta persona ignora los comentarios o ideas de los colaboradores que dudan o no lo respetan. [V] [F]

8. Es capaz de detectar la más mínima decepción, incluso a veces donde no la hay. [V] [F]

9. Esta persona demanda lealtad absoluta de pensamiento, palabra, obra y omisión. [V] [F]

10. Confunde el desacuerdo con la falta de respeto. [V] [F]

11. Encuentra relaciones entre cosas que la mayoría de la gente ve desvinculadas. [V] [F]

12. Esta persona considera que pequeños errores como la impuntualidad o el olvido de instrucciones son signos de deslealtad y falta de respeto. [V] [F]

13. Dice que los demás, seguro hablan a sus espaldas. [V] [F]

14. Tiene sentido del humor, pero no puede reír de sí misma. [V] [F]

15. Es impredecible lo que la hace enojar. [V] [F]

16. Esta persona se ve como víctima de múltiples discriminaciones. [V] [F]

17. Cree que la confianza se gana. [V] [F]

18. Es conocida por confundir acciones irreflexivas y "principios". [V] [F]

19. A menudo dice que demandará a alguien por corregir de manera inapropiada. [V] [F]

20. Interroga a la gente para determinar su lealtad y fidelidad. [V] [F]

21. Esta persona colecciona pequeños detalles que parecen sustentar sus teorías favoritas. [V] [F]

22. Cree en la interpretación literal de la Biblia y otros textos religiosos.

23. Es partidaria de algo, desprecia a los que no están de su lado y los ve como malos, estúpidos o ambas cosas.

24. Propone castigos crueles e inusuales para cierta gente. Un comentario típico puede empezar así: "Deberían agarrar a todos esos fanáticos y..."

25. A pesar de no admitirlo, esta persona, a veces es tan correcta en sus percepciones de mí, que me molesta.

Puntuación: cinco o más respuestas verdaderas califican a la persona como vampiro emocional paranoico, pero esto no define un desorden de personalidad paranoica. Si la persona califica con doce o más, cualquier pequeño desacuerdo te pondrá en la lista de enemigos.

¿Qué miden las preguntas?

El comportamiento específico, relacionado con características de la personalidad, define al vampiro emocional paranoico.

Intuición

Estos vampiros ven cosas que los demás no pueden, incluso más de lo que te gustaría. Siempre buscan bajo la superficie para encontrar significados ocultos y realidades oscuras. A veces hacen grandes descubrimientos, pero la mayoría de las veces encuentran razones para dudar de gente en la que deberían confiar. En el mundo de los paranoicos, la línea entre intuición y sospecha es tan delgada como una telaraña y tan filosa como una navaja.

Intolerancia a la ambigüedad

Los paranoicos exigen respuestas, aun donde no las hay. Adoran explicar por qué las situaciones complejas se reducen a blanco y negro. Para ellos, todo es simple y claro. La única razón de que no sepamos todo es que alguien, en algún lugar, conspira para ocultar la verdad. Lo que más adoran es una buena teoría de la conspiración.

La simplificación excesiva del mundo también les proporciona gran coraje y dedicación. Son fuertes defensores de sí mismos, sus principios y la gente que consideran cercana. Dan sus vidas por lo que creen, pero también suprimen las de otros.

Impredecibilidad
Pueden llenarte de premios en un minuto y de baldes de agua helada al siguiente. Su humor depende de sus percepciones sobre honestidad y falsedad respecto a la gente que los rodea. Si experimentan traición, atacarán tan rápido que no sabrás qué te pegó, ni por qué.

Pueden retroceder igual de rápido. Muchos ataques sólo son pruebas de lealtad. Si te rindes, apruebas y se calman de inmediato. Si no, prepárate para pelear toda la noche.

Exageración
Un paranoico anhela ser comprendido. Su idea de intimar con alguien es pasar seis o siete horas compartiendo sus ideas políticas o religiosas y explicando cómo tus acciones lo lastimaron a él o a su organización.

Celos
Para los vampiros paranoicos no existe la confianza. Nunca parecen darse cuenta de que la confianza está en sus propias mentes, no en las acciones de otras personas. En consecuencia, si trabajas con un paranoico, deberás ganarte su confianza una y otra vez.

Ideas de referencia
En su búsqueda de la verdad, conectan todo con todo y, entonces, lo consideran algo personal. Para los pobres y virtuosos paranoicos, el universo parece conspirar para hacerles la vida miserable.

Si trabajas con uno, no será posible decir o hacer algo sin que lo relacionen con algo más.

Resentimientos

Los paranoicos creen que la venganza cura todas sus aflicciones. Nunca aceptan que también es la causa. No es que nunca perdonen, lo hacen a cuentagotas.

Los vampiros paranoicos viven en un universo paralelo simple, donde todo es maravilloso, siempre y cuando les sean fieles en pensamiento, palabra, obra y omisión. La certeza de su mundo puede ser atractiva en lo exterior, pero una vez dentro es difícil salir, y más aún pasar los exámenes de confianza. Para estar seguro, primero y sobre todo, conoce en qué te metes.

Si ya estás dentro, recuerda tres cosas:

1. No escondas nada, un paranoico siempre lo encontrará.
2. Sé leal, pero nunca cargues con la responsabilidad de probar tu lealtad. Una vez que lo hagas, no podrás disminuirla.
3. Si te ofrecen un refresco, piensa bien antes de beberlo.

CAPÍTULO 20

Vampiros visionarios

LOS VAMPIROS EMOCIONALES PARANOICOS son visionarios: aprecian verdades simples e interrelaciones complejas que los demás no ven. La gran pregunta es si estas realidades y conexiones existen. Tu respuesta será una guía interna, nunca un tema de discusión con un paranoico.

Trabajar para un patriota

Los paranoicos aprecian comportamientos externos, por minúsculos que sean, como atributos internos de honestidad, lealtad y moralidad. Son lo más importante en su vida. Si eres jefe de uno, muestra respeto por sus creencias. Si trabajas para uno, comparte esas creencias o pagarás las consecuencias.

Jeb Carver empezó su compañía de la nada. Ahora gracias a Dios y al *know how* (saber-cómo) de todo buen estadounidense, es líder regional de suministros agrícolas.

Si trabajas para Jeb, debes creer en Dios y en Estados Unidos tanto como él. Cada día empieza con el juramento a la bandera y una plegaria. Hay banderas en botones sobre cada solapa, bordadas en gorras y overoles; y otras, enormes, pegadas o izadas en todos los

> vehículos de la compañía. Cuando llega el fin de semana, no importa si es sábado o domingo, todos sus virtuosos empleados van a la iglesia de su elección.

Antes de continuar puntualizo que no hay nada malo en los valores de Jeb. El problema aparece cuando empleados competentes y ejemplares en otras áreas no comparten estos valores, como espera Jeb. Ahora bien, en caso de que alguien se ofenda, aclaro que es mucho más común encontrar este tipo de cultura, que tendencias más liberales en los negocios.

En la costa oeste y en otros lugares hay empresas dirigidas por paranoicos vegetarianos y ciclistas que siguen patrones similares. Incluso hay algunos en Portland, donde vivo.

> María es una contadora de primer nivel. Desde hace dos años trabaja para la compañía de Jeb y siempre obtiene críticas excelentes. Cuando su jefe se retiró, parecía la favorita para remplazarlo. . . hasta que llegó un candidato menos calificado.
>
> El rumor fue que Jeb la había rechazado.
>
> El hermano de María es *gay*. Él y su eterno novio fueron noticia cuando se casaron en otro estado. Aparecieron en el periódico local y María salió en la foto.
>
> ¿El apoyo implícito al matrimonio motivó el rechazo? Todos piensan eso, pero no hay suficiente evidencia para probarlo en la corte.

Sí, siempre hay leyes contra la discriminación de todo tipo, pero cumplirlas es difícil, y los paranoicos saben todos los trucos para sortearlas. Si no compartes los valores de un dueño o jefe paranoico, entorpecerá tu carrera. Puedes iniciar un juicio, aunque yo no lo recomendaría, a menos que tengas un abogado muy bueno.

He visto muchos casos como el de María y afirmo (a quienes su vida laboral es controlada por un paranoico que se rige por sus valores): "Si no compartes esos valores busca otro trabajo."

Si apoyar cualquier sistema de creencias, no relacionadas de manera directa con el trabajo, es un requerimiento no escrito del éxito y no eres parte del sistema, no tendrás éxito. Sólo si eres muy buen actor, al final tus creencias surgirán y eso arruinará cualquier labor desarrollada. Por muy buen actor que seas, el conflicto interno te consumirá y eso sería peor que ver cómo se te niega una promoción.

Los paranoicos en el poder, sin importar sus politicas, convierten los negocios en familias disfuncionales, con una típica figura paterna de autoridad absoluta. Cualquier error, transgresión o desviación de pensamiento será como una afrenta personal. Los castigos se basan en qué tan enojado esté el jefe paranoico, no en la gravedad de la falta o en sus efectos para el negocio.

Jeb vigila mucho los gastos. Cuando notó que la cuenta de misceláneos aumentaba, llamó a la gente de compras e hizo una revisión minuciosa para descubrir la fuga de dinero. Concluyó que la compañía compraba más artículos de los que necesitaba. Para Jeb era obvio que algunos empleados robaban cosas y las usaban en otra parte.

Esto lo enojó tanto que obligó a la gente de compras a desarrollar e implantar un control individual para racionar los insumos y que los empleados sólo tuvieran lo necesario (según Jeb).

Se mostró satisfecho al ver que el "robo" disminuía poco a poco. Problema resuelto.

Sin embargo, no calculó que la gente podía quedarse sin suministros en medio de un proyecto y tendrían que conseguirlos. El sistema era tan torpe y consumía tanto tiempo que algunos jefes los compraron con su propio dinero para que sus empleados no carecieran de ellos en un momento crítico.

Algunos gerentes de Jeb intentaron explicarle que los utensilios de oficina eran costos menores de los gastos generales, y el sistema costaba más, en términos de tiempo de trabajo y frustración de los empleados, que el presupuesto de insumos completo. Sus argumentos no sirvieron. Jeb dijo que no era dinero ni tiempo, sino la intención. No perdonaría el robo en ningún nivel, sin importar cuán pequeño fuera. Si la gente empieza a robar cosas insignificantes, muy pronto cogerá las más grandes. Si no eliminas un problema de raíz, destruirá toda la compañía. Su sermón de principios y lealtad duró casi una hora.

Así que el sistema continuó. Esto obligó a los gerentes a imaginar maneras para evitar que su departamento se quedara sin suministros.

Los paranoicos como Jeb, a menudo pierden de vista el propósito general del negocio. Con tal de evitar que algunos rompan las reglas, inventan controles policiacos que no convienen a la compañía. Siempre se guían por las intenciones tras los actos.

Así como crean una familia disfuncional, los estrictos policías hacen que la gente sea furtiva y mentirosa en los negocios. Cuando los paranoicos los descubren se vuelven más estrictos, lo cual produce más estafas. Todo el tiempo creen que tratan de engañarlos y, por lo general, no es una ilusión. Los paranoicos tienen razón para serlo. Pero no ven que su propia tendencia a sobreactuar ocasiona que la gente les hurte cosas.

Los paranoicos partidarios como Jeb son peligrosos para la gente que no comparte sus ideas, pero más aún para quienes sí lo hacen. Recuerda, inventaron los cultos religiosos y el lavado de cerebro. Aun si compartes la mayoría de sus creencias, puedes ser sometido a un test de lealtad.

Jeb cree en su país. Pero lo que define como su país es la nación en la que creían los forjadores de la Independencia. Jefferson no habría tolerado regulaciones federales ridículas, así que Jeb tampoco. Él no advierte a nadie ignorarlas pero si le sales con OSHA (Administración de Ocupación Segura y Salud, por sus siglas en inglés) o una regulación ambiental, te tratará como si tú las hubieras escrito: te suministrará un sermón de por qué son inmorales, inconstitucionales y planeadas de forma estúpida.

Entonces, ¿rompes las reglas o las defiendes? Cuando se trata de esto, a menudo los directores de Jeb luchan con sus conciencias porque él no lo hace.

Seguir las creencias de paranoicos visionarios lleva a a promover religiones, ejércitos, negocios y organizaciones de caridad que benefician a todos. Esta misma obediencia crea cultos que te roban el alma. Si trabajas para un visionario decide cuál es cuál.

Los ladrones de almas son declarados creyentes de la verdad, escogen de un sistema dado las reglas que les convienen. Usan complicados criterios para ignorar las que no los benefician. Los paranoicos de verdad peligrosos creen que no necesitan obedecer las leyes o sólo siguen los mandamientos que Dios ni siquiera imaginó.

Con frecuencia esta patología es muy sutil. Cada organización tiene un profundo sistema de creencias, pegado en las paredes o inscrito en las dicisiones de sus seguidores. La gente sana y madura también crea organizaciones. Pero los vampiros emocionales, como ya hemos visto, crean culturas a su imagen y semejanza. Si tu empresa la dirige uno de ellos, he aquí algunas preguntas sobre tus creencias que deberás responder antes de tomar cualquier refresco.

¿A quién beneficia?

Como vimos en el primer capítulo, la diferencia básica entre gente normal y vampiros emocionales es la falta de empatía. Estos últimos creen que sus necesidades son las más importantes. Todo lo que generan es para su beneficio, sin importar su justificación filosófica o espiritual.

Siempre dirán que seguirlos es bueno para ti, el país o... ¡el mundo! En los cultos más dañinos o peligrosos, el mayor beneficio se lo llevan los líderes.

Es fácil ver el defecto en un culto cuando el gurú tiene una colección de Rolls-Royces, pero recuerda que el beneficio psicológico, no el material, mueve más a los paranoicos. Están hambrientos de seguidores que confirmen su visión y acepten como ley cada palabra que salga de su boca. Poder, reverencia, lealtad y obediencia son las recompensas que buscan.

¿Qué obtienen los miembros del culto a cambio? En negocios, por supuesto premios financieros, pero para la mayoría de los seguidores el atractivo es verse mejor de lo que eran antes.

Hay algunas estructuras parecidas a un culto que benefician a todos los interesados. El entrenamiento militar es un buen ejemplo. Todos esperamos que un soldado dé la vida por su país. A cambio, él o ella será parte de algo más importante con gran tradición en el honor y el deber. Ésos son beneficios para todos los interesados.

No hay duda de que el servicio militar forja el carácter en mucha gente, pero destruye a otras. Todo depende de quién esté al frente del pelotón.

¿Cómo ve la organización a quienes no son miembros?

Los cultos más peligrosos menosprecian a todo el que no sea integrante. En general, mientras más desprecian a los de fuera, más daño psicológico ocasionan a sus miembros. El daño deriva de aferrarse estrictamente al sistema de creencias. Si no lo haces te conviertes en uno de *ellos*.

¿De qué parte del cerebro proviene esta doctrina?

A lo largo de este libro he escrito sobre pensamiento rápido y lento, el cual implica el uso de funciones cerebrales básicas y superiores. Las básicas se programan mediante instintos, parte fundamental del egoísmo. Las superiores, más desarrolladas, utilizan ideas, adoptan decisiones, analizan evidencias para alcanzar conclusiones sobre ética moral y formar parte así de un mundo más grande.

Una forma para diferenciar entre organizaciones peligrosas y benéficas es especular de qué parte del cerebro proviene la doctrina del grupo.

En el nivel más bajo, el instintivo, nuestros cerebros están programados para organizar la complejidad del mundo en sistemas de categorías dobles. A nivel reptílico, sólo hay *yo* y *no yo.* Uno es seguro, el otro peligroso. De este primitivo entendimiento proviene la percepción de correcto e incorrecto, verdadero y falso, bueno y malo. Vemos estos sistemas como propiedades de un mundo externo en lugar de artefactos de nuestra propia percepción. Los cultos más dañinos infunden la ilusión de que el mundo es blanco y negro. Quienes están de acuerdo con el culto son buenos, los que no son malos.

Todas las religiones visionarias positivas se dirigen a nuestras funciones cerebrales superiores. El mundo del que hablan tiene muchas escalas de grises. Sus palabras te ayudan a decidir por ti mismo. Su doctrina está menos concentrada en *qué* y más en *cómo* piensas.

Las organizaciones benéficas hacen su trabajo y producen dinero. También promueven salud mental y madurez, o al menos no se quedan en el camino. Como describo en el capítulo 2, tienen tres componentes: la percepción de que controlas tu propio destino, un sentimiento de vinculación con algo más grande y la búsqueda de retos.

Las organizaciones parecidas a los cultos dañinos, causan la mayoría de sus problemas porque los paranoicos a menudo se confunden con algo más grande que ellos. Su concepción de lo más poderoso del mundo puede ser pequeña y miserable.

El peligro potencial de un culto se relaciona de modo directo con su concepción del universo en cuanto a las categorías duales de nuestro cerebro.

¿Qué es la verdad?

En las organizaciones más riesgosas, la verdad se revela, no se descubre. Sólo debes creer, no pedir evidencias. Todo lo que dice el líder está bien, no importa si es absurdo. Todo lo que la gente externa propone al culto es falso, sin importar las razones.

Antes de que te rías de este pensamiento tan simple e infantil, escucha a liberales y conservadores en la radio, o a los de izquierda o derecha.

¿Qué pasa si dudas?

En los cultos más destructivos, la duda y la irreverencia son pecados, porque te llevan a pensar por ti mismo, el peor pecado de todos.

¿El grupo se ve como un cazador de minorías?

A lo largo de la historia, los peores crímenes contra la humanidad los llevaron a cabo personas que se consideran perseguidoras, o perseguidas. Desde tiempos remotos, lo hacen mediante la creencia de que las personas diferentes intentan destruir *nuestra* forma de vida. Así, de manera milagrosa, la discriminación se transforma en defensa de todo lo bueno y verdadero. Esta transformación es paranoia y es la más terrible. Una verdad psicológica anterior, que por desgracia siempre se presentará, es que las víctimas ven su sufrimiento como permiso para victimizar a otros.

Tu mayor riesgo con los vampiros emocionales paranoicos y los cultos que generan no es perder tu trabajo por ser un "no-creyente". El peligro real está dentro. De manera muy sutil, te roban la identidad; te convencen de que los dejes pensar por ti hasta que descubres que ya es muy difícil hacerlo por ti mismo.

CAPÍTULO 21

Culturas paranoicas

COMO HEMOS VISTO a lo largo de este libro, las personas con desórdenes de personalidad poseen características positivas y negativas. Entre los paranoicos, el rango de posibilidades es enorme. Pueden ser tanto visionarios religiosos y filósofos como innovadores en negocios, capaces de cambiar al mundo para bien. Pero también fanáticos con malas intenciones. Lo que reflejen para ti depende de qué tanto concuerdes con ellos. Los paranoicos son los vampiros emocionales más raros de encontrar en el trabajo o en cualquier otro lugar, pero con frecuencia son los más peligrosos. La seguridad y firmeza de sus propósitos los hacen líderes natos. La gente quiere seguirlos.

Estos líderes crean empresas estructuradas más como cultos religiosos que como negocios; su propósito es promover un sistema de creencias y proporcionar servicios y productos que generen dinero.

Como todos los vampiros emocionales, los paranoicos obtienen y fomentan el pensamiento rápido como medio de control. Tu única protección es usar el cerebro para controlar tus respuestas emocionales y analizar con cuidado lo que ves, sientes y te dicen. A continuación te presento algunas características sobresalientes de las culturas paranoicas. Si estás involucrado en una empresa semejante, nunca permitas que nadie te impida pensar por ti mismo.

Sistema central de creencias

Las empresas paranoicas tienen un sistema de creencias en su núcleo. Puede ser explícito o implícito, pero ahí está. En compañías lucrativas, el sistema se relaciona directamente con los productos y servicios que ofrece. En empresas riesgosas, las metas se basan en el sistema de creencias y los propósitos de la compañía. Mientras más se aparten del proyecto de la empresa, más precavido debes ser. Por ejemplo, para vender seguros no es necesario conformar ninguna secta, o grupo religioso, o tener alguna convicción política. Si esto es necesario para crecer en tu empresa, sé cuidadoso y aférrate a tu alma.

Dentro y fuera del grupo

Es frecuente que las jerarquías en las culturas paranoicas se relacionen más con la pureza de creencias que con la realización del trabajo. Existe una mentalidad *nosotros* y *ellos,* pero a diferencia de la mayoría de las empresas, en las que *ellos* son la competencia, en las culturas paranoicas los extraños también son personas de la empresa que, por no profesar la creencia principal, no son de confianza.

Responsabilidad regresiva

En las culturas paranoicas, la responsabilidad es inversamente proporcional a tu posición dentro de la jerarquía. Los líderes del culto responden sólo a Dios y, a veces, ni siquiera a él.

Manejo de información

En las empresas paranoicas nada es lo que parece. Hay lineamientos para todo. La información es un privilegio de los altos mandos. No hay transparencia y las filtraciones se castigan con severidad.

Desaparecer a los disidentes

Los jefes paranoicos tienen menos remordimientos al despedir empleados que a cualquier vampiro emocional, incluso acosadores antisociales. Los despidos se relacionan más con una supuesta deslealtad que con la incapacidad para el trabajo.

Altas aspiraciones

A partir de las características descritas, quizá pienses que las empresas paranoicas están llenas de gente con mente débil a la que se debe decir qué pensar.

Nada de eso. Las empresas paranoicas atraen lo mejor de lo mejor, gente con grandes aspiraciones que desea lograr algo y hacer una diferencia. Esto, más que ganancia financiera, es la recompensa que la empresa paranoica ofrece.

No hay duda de que las empresas paranoicas hacen la diferencia. Que lo hagan de manera positiva o negativa depende sólo de lo que tú creas.

CAPÍTULO 22

Culturas disfuncionales peligrosas

CUANDO VAMPIROS EMOCIONALES manejan empresas, crean culturas que reflejan sus propias personalidades disfuncionales. Ellos no lo establecen, sólo ocurre. Para sobrevivir dentro de estas culturas, la gente debe seguir las mismas reglas no escritas que impone el jefe. Pronto todo mundo actúa como vampiro, quiera o no.

Hay otra parte aún más aterradora en esta historia: los vampiros van en bandada. Las personas con más probabilidad de desarrollarse en un ambiente disfuncional creado por vampiros, son otros vampiros. Esto tiene sentido si piensas que los jefes con desórdenes de personalidad contratan gerentes que les dan lo que desean, lo cual para un vampiro es un buen trabajo. Y como se caracterizan por ofrecer cualquier cosa, tienen una gran ventaja cuando se trata de contrataciones. El resultado de este proceso es una cultura que combina elementos con varios desórdenes de personalidad, por lo que son disfuncionales de muchas maneras. Si tu empresa se ajusta a alguna dominada por vampiros, ésta es la razón. Si es así, cuidado.

Una cosa es pertenecer a una cultura sana en la que hay uno que otro vampiro y otra trabajar en una creada por vampiros, para vampiros. La posibilidad de convertirte en uno o ser presa de ellos son muy altas; incluso usando las técnicas descritas en este libro, será casi imposible salir de ella.

Las empresas vampiro quizá hagan grandes hazañas y tengan mucho dinero, pero son destructivas para las persones que trabajan ahí y para la sociedad en general.

Las 15 señales de peligro

¿Cómo saber si trabajas en una cultura creada por y para vampiros? Aquí están las 15 señales.

Los principios obvios de visión, valor y misión están llenos de palabras vagas pero rimbombantes como *Excelencia y Calidad.*
Estas palabras, rara vez son definidas, y los conceptos a que aluden nunca son claros. Hay una regla no escrita: *lo real es lo que digo, no lo que hago.* Los vampiros emocionales ofrecen a cambio es desorientación, aunque la utilicen de manera distinta. Los gerentes histriónicos, que inventaron la práctica de decorar con palabras, creen con firmeza en su propio principio rector y esperan que el resto del mundo lo haga. Los narcisistas estarán de acuerdo, pues saben que la confusión puede ser una herramienta efectiva para conservar el poder. Los antisociales son a menudo más directos en cuanto al engaño. Quizá digan que esas palabras son sólo para consumo público mientras la verdadera regla es *hacerlo tan rápido y barato como sea posible.*

Los creyentes son más vulnerables ante esta desorientación. Se confunden al comparar lo que les dicen con lo que ven. Desperdician energía intentando que los vampiros digan la verdad y hagan lo que dicen.

A los competidores no les molesta la inconsistencia. Aprenden rápido las palabras de moda y su uso adecuado. Los rebeldes tampoco, porque no leen los principios de visión o cualquier otra cosa que consideren basura corporativa. Ninguna de estas respuestas automáticas es productiva, pues de una u otra manera ceden el control a los vampiros.

Para lidiar de forma más efectiva con esta expresión tan particular de las culturas vampíricas, debes reconocerla primero. Entiende que mientras más directa sea la instrucción, es menos probable que sea verdad. Para averiguarlo, formula preguntas astutas como: "¿Qué es excelente en este contexto? ¿Cómo sabemos en qué momento lo logramos?" Quizá no respondan, pero es tu mejor recurso para saber si hay claridad. Como hemos visto a lo largo de este libro, al lidiar con vampiros, las preguntas son siempre más poderosas que las afirmaciones.

Señalar un problema se considera evidencia de un defecto de personalidad más que una observación sobre la realidad.

En una empresa operada por vampiros, parecer es más importante que ser. Si no lo crees, tú eres el problema. Señalar errores es inútil y hasta peligroso.

Los vampiros funcionan mejor en la oscuridad. Cuando están a cargo, una sorprendente cantidad de información es clasificada. Las compañías disfuncionales tienen más secretos de estado que la CIA.

Los histriónicos temen que los hechos sean desmotivadores. Los narcisistas sospechan que serán vergonzosos. Los antisociales no se preocupan por ellos: confían en que si no concuerdas y te hablan bonito o te acosan terminarás por hacerlo.

Si en tu compañía la gente se mete en problemas por señalar lo obvio, tú no lo hagas. Muchos rebeldes han sido enviados a Siberia por hacer agudos comentarios sobre cosas que los vampiros no encuentran divertidas.

Si por casualidad hay problemas, la solución usual es un seminario motivacional.

Los histriónicos tienen una tremenda y quizá inmerecida influencia. Su creencia de que la actitud lo es todo y sus esfuerzos por suprimir cualquier cosa que pueda desmotivar, penetran el mundo organizacional, en especial donde los hechos son ilegales, vergonzosos o inconvenientes. Otros tipos de vampiros aman trabajar para histriónicos porque se hacen de la vista gorda ante lo que no quieren ver.

En una familia disfuncional hay un elefante (casi siempre uno de los padres alcohólico y abusivo) en la sala, pero nadie lo menciona. Para parecer sano, pretenderás que el elefante es invisible y eso te vuelve loco. Las empresas operadas por vampiros, también están llenas de elefantes invisibles. Por lo general, son cosas que podrían provocar dificultades a gente con suficiente criterio para evitarlas. El emperador puede estar desnudo, pero si tienes buena actitud, no lo mencionarás. Los vampiros de todo tipo desarrollan este tipo de maldad.

Mensajes dobles son enviados con seriedad.

Calidad y cantidad son la principal tarea. Todo se puede hacer más barato y mejor. No preguntes cómo. Si estás motivado lo sabrás. Ésta es otra idea histriónica que funciona bastante bien para otros vampiros.

En respuesta a este doble mensaje, los creyentes se confunden casi siempre con lo que deben hacer, así que trabajan más duro. Los rebeldes pueden defender su lado de la ecuación con hechos y cifras a los que nadie presta atención. Los competidores responden el mensaje doble al leer entre líneas de manera correcta y ponerse del lado que más le convenga.

De nuevo, estas respuestas automáticas ayudan al vampiro a mantener el poder.

Se fomenta y recompensa la competencia interna.

Las palabras *trabajo en equipo* serán bateadas como una bola suave en una compañía disfuncional, los jugadores estrella son los únicos que obtienen reconocimiento y dinero. Los histriónicos se engañan a sí mismos pensando que las competencias internas hacen que todo mundo sea listo.

La estrategia que todos los vampiros usan para mantener el poder es *eliminar la competencia.* Tan pronto como ocupan un puesto de poder, se desharán de gente calificada que pueda representar un estorbo a su próximo ascenso. Esta práctica es el ejemplo más claro de cómo los vampiros emocionales crean culturas disfuncionales, anteponiendo sus prioridades sobre las necesidades de la empresa. Cada vampiro destruye a sus rivales con maneras diferentes. Si eres competente, tu mayor peligro es que un vampiro al mando te vea como amenaza para ascender en la escala corporativa.

Los acercamientos de los *best sellers* recientes han sido malinterpretados para que signifiquen lo que nos lleva por buen camino.
Los libros inspiradores como *Los siete hábitos de la gente altamente efectiva, Empresas que sobresalen* y *¿Quién se ha llevado mi queso?* Parecen reducirse a: *deja de quejarte y haz más con menos.* Los histriónicos siempre se darán a sí mismos una calificación de diez. Si trabajas para uno, tú también tendrías que hacerlo.

La historia casi siempre es reescrita para hacer ver las decisiones ejecutivas más correctas de lo que son en realidad y viceversa.
Por lo general, los narcisistas con poder se asignan grandes salarios que requieren *alguna* justificación. Son conocidos por darse crédito hasta porque el Sol sale por el Oriente.

Las instrucciones son ambiguas y con frecuencia amenazas vagas.
El estilo *Hazlo o si no...* es el favorito de los antisociales y el crimen organizado.

Antes de responder a estas vagas amenazas, recuerda que casi todos los escándalos corporativos comienzan con alguien diciendo: "Sólo hazlo, no me importa cómo." Esa persona rara vez es acusada.

Se espera que te sientas afortunado por tener trabajo, y sepas que puedes perderlo si no te ajustas a las normas.
Los antisociales inventaron la Teoría X de gestión durante los primeros días de la Revolución Industrial, cuando la mayor parte del trabajo era físico y realizado por rufianes. La idea básica de esta teoría es que los empleados en realidad no quieren trabajar; entonces, para que lo hagan, los gerentes deben patear sus traseros

y pasar lista de manera constante. Esta anticuada teoría aún sobrevive, pero ahora usan trajes en lugar de overoles. Las compañías disfuncionales mantienen el control mediante la amenaza del castigo. La mayoría sostendrá que ofrece también recompensas positivas, como tu cheque de pago. El precepto es tan simple y elegante como todas las creaciones antisociales: *hazlo o encontraremos alguien que lo haga.*

Se convence a la gente de llevar un registro escrito.

Lo que se escribe, en especial contratos y registros financieros, son confusos a propósito. Los antisociales saben cómo no dejar ningún rastro en papel. Los vampiros de todo tipo siempre usarán un poco de negación.

Las decisiones son tomadas desde los mandos más altos.

Lo que se deba hacer, primero se verifica con el jefe inmediato. Éste a su vez lo hace con su jefe.

Es el tipo de cultura burocrática que los obsesivo-compulsivos generan cuando están a cargo. Ningún detalle es tan pequeño que no requiera un control central.

Los creyentes, muy buenos para llenar formularios, manejan mejor la burocracia que rebeldes o competidores.

Delegar significa decirle a alguien que haga algo sin el poder de hacerlo.

De acuerdo con Webster, tú delegas autoridad, no tareas. En compañías disfuncionales, tienes responsabilidades, pero la autoridad está en la oficina del piso superior. Esto es otra creación de los obsesivo-compulsivos que creen en el dicho: "Cuando quieres algo bien hecho lo debes hacer tú mismo."

Los recursos son bastante controlados.

Tu departamento necesita actualizaciones de *software,* pero los gastos están congelados desde 2009. Los obsesivo-compulsivos, que contabilizan todo, inventaron este estilo y otros vampiros los explotan.

El control de costos corresponde a los niveles altos, pero en las compañías disfuncionales, lo más sofisticado está considerado un lujo. Cualquiera que sea tu propuesta la primera pregunta será: ¿Puede hacerse más barato?

Las reglas se aplican según quién eres y no qué haces.

En una compañía disfuncional hay privilegiados y no privilegiados, y todo mundo sabe a qué grupo pertenece. *Responsabilidad* tiene distintos significados, dependiendo del grupo al que pertenezcas.

Es el modo en que los paranoicos se favorecen. Cuando dirigen el *show*, casi siempre le dan el poder a una raza, etnia, familia o grupo religioso en particular. Todos saben que este arreglo es ilegal, pero nunca hay suficiente evidencia para probarlo ante una corte.

La compañía reprueba el Test *Dilbert*.

Los vampiros emocionales son incapaces de reírse de sí mismos. En las empresas disfuncionales puedes burlarte de la gente que está debajo de ti, pero nunca de los de arriba. Quien publique caricaturas poco halagadoras corre el riesgo de unirse a la fila de desaparecidos.

Sobrevivir a una cultura de vampiros

Éstos son quince de los muchos ejemplos sobre distintas empresas que reflejan los desórdenes de personalidad de las personas que las dirigen. Lidiar con un vampiro emocional como jefe es posible. Intentarlo con una consagrada cultura de vampiros tal vez sea inútil. Éstas son imposibles de cambiar, si no es mediante la cabeza organizacional.

Las culturas vampíricas son ineficientes, la mayoría de sus recursos se destinan a satisfacer necesidades irracionales de la gente a cargo en lugar de cuidar los negocios. Estas empresas son aún menos eficientes si se toman en cuenta costos humanos y sociales, que para los vampiros emocionales no valen nada.

Si ves reflejada a toda tu compañía en más de siete de los quince ejemplos ofrecidos aquí, quizá debas convertirte en un vampiro emocional para sobrevivir. Siempre hay mejores lugares para trabajar. Encontrar uno puede ser tu mejor protección.

Epílogo

Los vampiros emocionales están en todas partes. Sin duda has reconocido a alguno en tu trabajo. Si es así, ¡felicidades! El primer paso para protegerte es identificar sus ilusiones y descubrir lo que realmente son.

El siguiente es utilizar tus funciones cerebrales superiores para pensar más lento que ellos. Si eres ingenioso entrarás en su mundo y te apartarás del modelo esperado. Así no sólo te proteges, también ejerces más control sobre tu trabajo y tu vida del que jamás imaginaste. Demostrarlo es el propósito final de este libro.

Confía en ti y duerme sano y salvo cada noche.

Esta obra se terminó de imprimir en febrero de 2014
en los talleres de Edamsa Impresiones S.A. de C.V.
Av. Hidalgo No. 111, Col. Fracc. San Nicolá s Tolentino,
Del. Iztapalapa , C.P. 09850, México, D.F.